Jean-Michel de Kermadec

Das große Buch
der
chinesischen Astrologie

Jean-Michel de Kermadec

# Das große Buch
# der
# chinesischen Astrologie

Orbis Verlag

Die französische Originalausgabe erschien 1981
bei L'Asiathèque, Paris, unter dem Titel
*Les Huit Signes de votre Destin.*
© 1981 by L'Asiathèque und Jean-Michel de Kermadec.

Mit 116 Zeichnungen und 24 Tabellen.

Ins Deutsche übertragen von Stefan Kappstein,
bearbeitet von Roland Pawlowski.

Genehmigte Sonderausgabe 2000
Orbis Verlag für Publizistik, München
in der Verlagsgruppe Bertelsmann GmbH

© für die deutsche Ausgabe
Ebertin Verlag, Freiburg im Breisgau

Covergestaltung: Norbert Pautner, München

Druck und Bindung: GGP, Pößneck
Printed in Germany
ISBN 3-572-01159-0

Für Yanru –
dafür, daß sie mir die
chinesische Wahrsagung erschlossen hat.

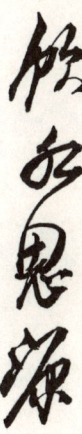

Wenn du Wasser trinkst,
gedenke seines Quells.

# Inhalt

# Vorwort

» ... wenn wir eine ganze Reihe von Werken über chinesische Astrologie an uns vorbeiziehen lassen, finden wir auch nicht ein einziges, das hinsichtlich der Dokumentation dem vergleichbar wäre, was Sie bringen – eine erstaunlich weite Dokumentation, die ihre Quellen sogar aus den uralten chinesischen Manuskripten schöpft. Diese Dokumentation hat Ihnen eine bemerkenswert vollständige Theorie über das chinesische Horoskop zu finden ermöglicht. Die Vielfalt der ins Spiel gebrachten Parameter ist zur Erstellung umfassender individueller Horoskope besser als jede andere Literatur geeignet.«

Yves Lecerf        Directeur du Laboratoire ethnologique des sectes et mythes du futur de l'Université Paris VII.

»Dieses Buch ist im weiten Umfeld des Taoismus eine Fundgrube an Information. Für die unaufhörlich wachsende Zahl derer, die sich dem Studium und der Praxis der chinesischen Medizin, der Akupunktur, der Wahrsagung durch das *I Ging*, des *T'ai Ki* und zahlreicher anderer Wissenschaften widmen, die eine Anwendung der taoistischen Prinzipien enthalten, ist es von großem Nutzen.[61] Besonders vortrefflich ist die Erklärung der zwölf Himmlischen Stämme und der zehn Irdischen Zweige, der fünf Elemente oder Wirkkräfte *(Wu Hsing)*, der zwölf Tiere des Sechzigerzyklus usw. Das Werk ist sehr klar aufgebaut und leicht zu lesen. Ich bin mir sicher, daß dieses Werk eines Tages ein Nachschlagewerk für alle diejenigen sein wird, die diese Fragen studieren. Meine eigenen Arbeiten über den Taoismus wären gediegener, hätte mir zur Zeit der Niederschrift dieses Buch zur Verfügung gestanden.«

John Blofeld        Autor von: *Aux confins du Nirvana;* Albin Michel, 1962. *Le Bouddhisme tantrique du Tibet;* Seuil, 1976. *Le Taoïsme vivant;* Albin Michel, 1977.

11

# An den Leser

Das erste Konzept dieser Studie war einfach ein Kapitel einer sehr bedeutenden Arbeit zum Thema »Die Weltanschauung der Chinesen«. Von ganz besonderem Interesse waren für mich dabei die Bräuche und die chinesische Volksreligion. Im Laufe dieser Arbeit wurde ich von dem Kalender und der in China weit verbreiteten Art der Wahrsagung, die auf den sogenannten acht Charakteren beruht, gefesselt. Nachdem ich die Methode einmal kannte, wurde ich neugierig, sie auch praktisch zu erproben ... Dies fand das Interesse eines Verlegers.

Ein wenig ungern ließ ich mich dazu überreden, im ersten praktischen Teil dem Leser die Möglichkeit zu bieten, ohne Umschweife und ohne Vorbildung sein Horoskop auf einfache chinesische Art zu erstellen. Ich habe versucht, mich so klar und einfach wie möglich auszudrücken, so daß dies meines Erachtens jedem gelingen muß.

Im zweiten Teil findet man die technische Darlegung des Zusammenwirkens des Systems als Ganzes. Tatsächlich ist dies eine sinologische Arbeit, die sich auf das unmittelbare Studium chinesischer Dokumente gründet. Es ist dies eine knappe, aber vollständige Studie des Kalenders, des Sechzigerzyklus, so wie der sich auf ihnen gründenden Wahrsagungsmethode. Es kann alle diejenigen interessieren, die sich mit China beschäftigen, selbst wenn sie für eine praktische Anwendung der Wahrsagung nichts übrig haben.

Manche werden mir entgegenhalten, daß all dieses nichtige Gefasel einer längst vergangenen Zeit angehöre, mit der das neue Regime gründlich aufgeräumt habe. Nun, ich konnte mich davon überzeugen, daß die dreißig Jahre der Revolution keineswegs die über viertausend Jahre alte Vergangenheit auslöschen konnten. Zahlreiche ernstzunehmende Indizien scheinen das Gegenteil zu beweisen ... Auf jeden Fall kann man kein Volk verstehen, wenn man seine Traditionen und seine Kultur nicht berücksichtigt.

# Einführung

*Für einen Chinesen ist nicht der Wahrheitsgehalt eines
Horoskops der Probierstein, sondern sein Nutzwert.*

Manche Menschen glauben überhaupt nicht an Astrologie, andere wiederum sind davon überzeugt, daß sie eine ernstzunehmende Wissenschaft sei. Ich persönlich halte mich bei diesem Meinungsstreit, in Übereinstimmung mit den Weisen Chinas, an die goldene Mitte und neige
dazu, weder der einen noch der anderen Überzeugung recht zu geben.
Diejenigen, die die bewundernswerten Fähigkeiten des Menschen allein
auf die Verstandestätigkeit zurückführen wollen, stimmen mich traurig.
Es ist mir, als stände ich einem Blindgeborenen gegenüber. Diejenigen,
die ausschließlich die Ratio gelten lassen möchten, verweise ich auf ein
Beispiel: Obwohl vom marxistischen Rationalismus durchdrungen, prakti-
zieren derzeit in China Heilkundige traditioneller Richtung in aller Ruhe
die Akupunktur, ein auf jahrtausendealter Erfahrung beruhendes Verfahren, für das es bis heute noch keine vernünftige Erklärung gibt. Bei der
chinesischen Wahrsagung kann man auch gar nicht von einer Wissenschaft im strengen Sinne sprechen – wenn man unter Wissenschaft eine
reine Konstruktion des Geistes versteht –; es handelt sich dabei vielmehr
um eine Kunst und Technik.

Wenn Sie dennoch jenseits der Grenzen Ihrer Vernunft der Meinung
sind, daß poetische Intuition und Inspiration Ihre Weltanschauung verändern könne, dann sollten Sie bereit sein, einen Augenblick innezuhalten
und mit den acht Zeichen Ihres Schicksals zu spielen; wenn Sie das tun,
sehen Sie sich und andere in einem neuen Bild. Und das ist meine
Absicht. Muß man an das Ergebnis glauben? Meiner Meinung nach hat
eine solche Frage keinen Sinn, sie läßt sich auch gar nicht beantworten.
Spielen Sie das Spiel, und Sie werden es selbst feststellen.

Um Ihnen klar verständlich zu machen, mit welcher Geisteshaltung ein Chinese die Kunst des Horoskops betreibt, sind zwei Bemerkungen wohl angebracht.

*Wir sind niemals mit gebundenen Händen und Füßen einem blinden Schicksal ausgeliefert.*

Zunächst sei bemerkt, daß das, was man aus den Gestirnen abliest, nichts determiniert. Ein Horoskop ist lediglich eine Diagnose, es engt die Freiheit des einzelnen nicht ein. Keine seriöse Astrologie glaubt an den zwingenden Wert ihrer Analysen und Voraussagen, da sie sich des alten Sprichwortes »Astra inclinant non necessitant« bewußt ist. »Die Sterne bewirken bestimmte Veranlagungen, sie üben jedoch keinen Zwang aus.« Die Chinesen stimmen sicherlich damit überein, fassen sie doch eine Wahrheit in eine für ihre Ansicht selbstverständliche Formel, daß nämlich unser Schicksal nie »völlig gargekocht« ist. Die Kenntnis unseres Schicksals und der das Schicksal beherrschenden Kräfte macht es uns möglich, an ihnen gleichsam besser Teil zu haben und weitgehend zu vermeiden, in Fallen zu geraten. Das ist die ganz besondere moralische Aufgabe eines Horoskops. Im übrigen fühlen die Chinesen nur zu gut, daß unser aller Existenz nur von relativer Bedeutung ist; außerdem haben sie zu viel Humor, als daß sie die Dinge zu tragisch nehmen würden.

Weisheit besteht darin, sich mit einem gewissen Lächeln zu betrachten und dabei zu versuchen, aus dem Geschick das Beste · · machen. Bald muß man dem Wasserlauf folgen, bald muß man, im Gegenteil, gegen den Strom schwimmen oder (um ein chinesisches Sprachbild zu benutzen) »anrudern«. Wohl oder übel dürfen wir auch mit unserem Gesundheitszustand nicht hadern, er beschreitet denselben Weg wie unser Charakter und unser Schicksal. So oder so, die Erkenntnis gibt uns einen Maßstab zum besseren Dasein und zum klügeren Handeln.

*Man darf ein Horoskop nicht so betrachten, als zeichne es von uns ein starres Bild; das stände im Gegensatz zur Offenbarung der persönlichen Dynamik.*

Die zweite, ebenfalls sehr einfache Bemerkung, die leichter zu formulieren als in die Tat umzusetzen ist, ist folgende: Man soll vermeiden, ein chinesisches Horoskop als ein starres, ein für allemal feststehendes Bild unserer Persönlichkeit anzusehen. In den Augen eines Chinesen setzt sich das Universum aus wirkenden und zusammenwirkenden Kräften zusammen. Der Mensch ist dazu ein Analogon, er ist als Mikrokosmos unauflöslich mit allen Energien des Makrokosmos verbunden. Der Chinese betrachtet alles, sei es Malen oder Schreiben, unter dem Blickpunkt der Tat und der Bewegung. In der Welt etwas statisch zu sehen, beruht auf einer bestimmten Modalität des Geistes; wenn ein laufender Film stehenbleibt, verliert er sofort alles Leben. Entsprechend dazu ist auch unsere medizinische Wissenschaft paradox, versucht sie doch das Leben durch Sezieren von Leichen zu verstehen! In der völligen Ablehnung von Metaphysik sind die Chinesen vielleicht bessere Philosophen als wir, denn sie haben nie versucht, die Begriffe von Raum und Zeit als zwei unterschiedliche Entitäten festzusetzen. Womit sie dem Sophismus des Zenon von Eleos entgangen sind.

Mehr als unser eigenes Bild gestattet es das Horoskop, unsere Möglichkeiten aufzudecken. Wenn das Horoskop uns ein klares Bild unserer Kräfte und Schwächen vermittelt, ist es sodann Aufgabe unseres freien Willens, sie zu benutzen, zu verstehen, oder sie, im Gegenteil, zu neutralisieren.

*Anstoß zu meiner Beschäftigung mit dem Wahrsagen waren meine Freundschaften mit Chinesen.*

Es war für mich ein großer Glücksfall, daß ich Gelegenheit hatte, viele Jahre in einem rein chinesischen Milieu zu leben, und ein noch größerer Glücksfall war meine Heirat mit einer Chinesin aus Peking. Wobei die Liebe für mich das »Dritte Auge« war, das es mir gestattete, dieses äußerst verführerische und gleichzeitig verunsichernde Universum zu durchdringen. Die ausreichenden Sprachkenntnisse waren das primäre und unersetzliche »Sesam-öffne-dich«, und die Freundschaften taten den Rest.

Diese Erfahrung erlaubt mir die Feststellung, daß die Chinesen, die in ihren einzelnen Lebensbereichen nur wenig zu einer übertriebenen Religiosität neigen, ihr Schicksal sehr gern erforschen. Sei es, daß sie durch Befragung des Kalenders versuchen, die glückbringendsten Zeitpunkte festzustellen, um irgendeine wichtige Handlung vorzunehmen, oder sei es, daß sie durch Erstellung ihres Horoskops versuchen, die ihr Schicksal regierenden Einflüsse herauszufinden oder die näheren Umstände vorauszusagen, von denen ihre familiären oder sozialen Beziehungen beeinflußt werden. Dies alles ließ mich begreifen, wie wichtig die Chinesen die acht Zeichen nehmen, mit denen ihr Horoskop erstellt und ihre Persönlichkeit bestimmt werden kann.

In der Gesellschaft hört man in China häufig die Frage: »Unter welchem Tierkreiszeichen sind Sie geboren?« Diese Frage wird nicht gestellt, weil man auf Ihr Alter neugierig ist, sondern weil die Antwort darauf erstmals und grundlegend die Möglichkeiten gegenseitigen Verständnisses und künftiger persönlicher Beziehungen klarstellt. Obwohl es dabei um Jahre und nicht um Monate geht, entspricht das dem, was diejenigen tun, die zum Beispiel prüfen, ob ein Widder und ein Krebs zu freundschaftlicher oder liebevoller Übereinstimmung gelangen können.

Bei nicht festen Beziehungen genügt die Kenntnis desjenigen der acht Zeichen, mit dem Ihr Tierkreiszeichen verbunden ist. Wenn man jedoch feste Beziehungen oder eine Eheschließung in Betracht zieht, ist es klug, sich nach den acht Zeichen zu erkundigen. In Ausnahmefällen könnte dieses Wissen, wie auch das Ihres Namens, in der Hand eines Böswilligen gefährlich werden.

Anfangs war es so, daß ich mich in einer Art amüsierter Neugier auf das Studium der acht Zeichen gestürzt habe. Zu Beginn skeptisch, wurde ich durch die Ergebnisse ermutigt. Dann machte ich mich – vom Spiel gefangen – daran, die Grundbestandteile dieses Werkes nach und nach zusammenzubringen.

## Aufriß des Werkes

*Der erste Teil enthält die methodische Gliederung aller Bestandteile, die es dem Leser ermöglichen, sein Horoskop auf chinesische Weise leicht zu erstellen.*

Der erste Teil dieses Buches beabsichtigt, es dem Leser zu ermöglichen, sein eigenes Horoskop oder das eines anderen nach chinesischer Methode zu erstellen. Die Aufstellung des Horoskops erfordert ein wenig Mühe, die sodann folgende Interpretation des Horoskops verlangt zur Klarheit Intuition. Ausgehend vom Geburtsdatum und ohne dabei die Geburtsstunde zu vergessen, muß man auf der Grundlage des von unserem sehr verschiedenen chinesischen Kalenders die acht Zeichen auffinden, die bei allen Menschen das Schicksal regieren. In China ist die Zeit durch zwei Reihen von zyklischen Zeichen festgelegt: es gibt einen Zehner- und einen Zwölferzyklus. Diese Zeichen, die zweifach angeordnet sind, regieren jeweils das Jahr, den Monat, den Tag und die Stunde. In der volkstümlichen Überlieferung ist die Zwölferreihe mit einer Liste von zwölf Tierzeichen verbunden; sie wird besonders zur Bezeichnung der Jahre benutzt und ist in Frankreich durch die Verbindungen mit Vietnam sehr bekanntgeworden.

Um es dem Leser leicht zu machen, wurde der erste, vorwiegend praktische Teil, stark vereinfacht. Dennoch enthält er sämtliche zur Erstellung eines Horoskops notwendigen Bestandteile. Insbesondere wurde dort vereinfacht, wo es sich um die Interpretation eines Horoskops handelt; dort müssen wir uns beschränken, da die möglichen Entwicklungen endlos wären. Ist das Horoskop erst einmal vollständig erstellt, ist es Sache jedes einzelnen, durch Überlegen und Nachdenken die Bedeutung freizulegen. Es verhält sich hierbei ähnlich wie bei einem Bild, das uns jedesmal, wenn wir es betrachten, neue Einzelheiten offenbart. Die Erstellung eines Horoskops erfolgt nach ganz klaren Regeln, seine Interpretation ist Sache der Betrachtung und Intuition. Man kann dazu einige Hinweise geben, eindeutige Regeln gibt es hierfür nicht.

Die Arbeit sollte so vollständig wie möglich und gleichsam mechanisch ausgeführt werden. Falls nicht sämtliche Elemente bekannt sind, wäre es nämlich voreilig, sich auf irgendeine Interpretation einzulassen; denn diese Elemente dürfen nicht isoliert, sondern müssen als eine Gesamtheit betrachtet werden. Um voreilige Urteile völlig auszuschließen, ist es während dieser einführenden Übung ratsam, über die zur Frage stehende Person nicht nachzudenken. Es ist oft viel leichter, sich mit einer völlig unbekannten Person zu beschäftigen, da auf diese Weise jegliches Mitwirken unseres Unterbewußtseins ausgeschaltet ist.

Wir dürfen nie vergessen, daß das Horoskop nur die Möglichkeiten einer Person aufzeigt. Sie gleichen den Karten in den Händen eines Spielers, man muß sie nur noch ausspielen, und einige innewohnende Möglichkeiten können latent bleiben. Die Einflüsse des Milieus, der Familie, des Ehegatten oder der Ehegattin, der allgemeinen Lebenssituation, der gesellschaftlichen Verhältnisse usw. können tiefgreifende Tendenzen versteckt oder erstickt haben und den Charakter und das Verhalten einer Person verändern.

*Der zweite Teil enthält eine detaillierte Studie auf
sinologischer Ebene über den chinesischen Kalender,
über den Sechzigerzyklus und über alle Elemente, die
mittels der acht Schicksalszeichen die Erstellung eines
Horoskops ermöglichen.*

In diesem zweiten Teil zeichne ich die im ersten Teil vorgestellten Einzelheiten unter völlig neuem Blickpunkt. Nach einer vollständigen Untersuchung des Kalenders, sowohl des Sonnen- als auch des Mondkalenders und des dazugehörigen Sechzigerzyklus, versuche ich, den Sinn und die Grundlagen des Wahrsagens aus der Sicht der Chinesen zu erklären.

Meine Quellen? Das sind allem voran meine zahlreichen chinesischen Freunde. Dabei nicht zu vergessen die Buchhändler, bei denen ich mich gern aufhielt; das Wesentliche meiner Dokumentation (darunter volkstümliche Almanache und Traktätchen über Wahrsagung) verdanke ich ihnen. Praktisch wird allerdings alles, was zum Wahrsagen gehört, ebenso wie die Kunst der Akupunktur, weitgehend nur mündlich überliefert. Inhalt dieser mündlichen Überlieferung sind unzählige Vielzeiler und Reime, die in der Regel sieben Schriftzeichen enthalten; die Traktätchen über Wahrsagung bewahren lediglich diesen Schatz, dessen Ursprung sich im Dunkel der Zeiten verliert.

Selbstverständlich sah ich mich alsbald auch dazu gezwungen, auf die Klassiker zurückzugreifen, darunter vor allem auf das bemerkenswerteste Werk, nämlich auf das *I Ging* (Buch der Wandlungen), das sämtliche Grundlagen der chinesischen Wahrsagung enthält. Wichtig sind auch die Kapitel des *Li Ki* (Buch der Riten), die (im Teil *Yue Ling*) über den Kalender handeln. Auch die Texte des *Nei King,* das älteste Buch der chinesischen Medizin, habe ich sorgfältig studiert; es enthält in den Kapiteln 66, 67, 68 und 74 die Unterhaltungen des legendären Kaisers Huang Ti mit einem seiner Berater. Obwohl dieses Dokument nicht so alt ist wie manche annehmen, enthält es doch die älteste und vollständigste Darlegung der Beziehungen, die zwischen dem Kalender, den zyklischen Zeichen der fünf Wirkkräfte, den Himmelsrichtungen, den Körperorganen, den Gerüchen und Düften, den Geschmacksrichtungen usw. bestehen. Auch eine Menge anderer Werke zog ich zu Rate, die hier genannten bilden jedoch in erster Linie die Grundlage für meine Studie.[1]

Mit Ausnahme von R. P. Havret und J. Needham[2] waren mir Sinologen von äußerst geringem Nutzen. Sich mit dem Gegenstand meiner Forschungen zu befassen, wäre in ihren Augen der Sinologie zweifellos ein wenig unwürdig. Vor allem ist aber meine Grundhaltung der ihrigen diametral entgegengesetzt: Von den Grundlagen der Fachsinologie ausgehend, können sie sich nicht davor bewahren, aufbauend auf dem westlichen Rationalismus, diesem konforme philosophische Konstruktionen aufzurichten. Unglücklicherweise haben diese zur chinesischen Wirklichkeit nur entfernte Bezüge.

Diese Manie, das chinesische Denken in ein fremdes System zu übertragen, ist eine Versuchung, der nur sehr wenige Übersetzer entgehen. So besitze ich etwa zehn ausgesprochen verschiedene Übersetzungen des berühmten Buches des Stammvaters des Taoismus, des Laotse, nämlich das *Tao te King* (Buch vom rechten Wege und von der rechten Gesinnung). Jede dieser Übersetzungen ist bemüht, die metaphysische Bedeutung von dem freizulegen, was lediglich eine poetische und mystische Schau der Welt und des Lebens ist. Als Leitspruch seines Werkes, und um gerade seinen Nutzen zu rechtfertigen, beginnt jeder der Autoren damit, ganz bescheiden, den Bannfluch über die anderen zu schleudern, indem er sich zum einzigen Bewahrer der authentischen Überlieferung erklärt. Ich ziehe es vor, mich auf den Text des alten Weisen zu beziehen, dessen erster Satz genaugenommen eine Vorsichtsmaßregel gegen die Versuchungen des Philosophierens ist.[3]

Es ist kaum notwendig zu unterstreichen, daß ich zu vermeiden versucht habe, die chinesische Wahrsagung durch westliche Begriffe zu erklären, daß ich jedoch darum bemüht war, den Leser daran zu gewöhnen, die Wahrsagung ähnlich zu betrachten wie die Chinesen. Sollte es mir dadurch gelungen sein, einen Zipfel des atavistischen Schleiers zu lüften, der nach Ansicht von Rudyard Kipling den Osten vom Westen notwendigerweise trennt, wäre das kein geringer Erfolg.

Zu guter Letzt ist klar, daß ich mich auf eine notwendigerweise begrenzte persönliche Erfahrung stütze, und daß ich mich bemüht habe, die empfangene Botschaft so getreu wie möglich wiederzugeben. Aber das Zeugnis ist so viel wert wie der Zeuge, und einziger Richter bleibt der Leser.

*Die acht Zeichen des Schicksals soll man ernsthaft und ehrfürchtig befragen.*

In den Augen eines Chinesen sind die acht Zeichen, die unser Schicksal bestimmen, mit Sinn erfüllt und sollten daher respektvoll betrachtet werden. Wie alle Schriftzeichen ist jedes dieser acht Zeichen ein sichtbar in den Raum geschriebener Wink, der nochmals durchgespielt werden sollte, damit er verstanden wird. Die acht Zeichen sind ein Mittel, um mit den uns beherrschenden Kräften in Beziehung zu treten.

Erster Teil

# Wie Sie Ihr
# chinesisches Horoskop erstellen

Der Grüne Drache, Symbol des Ostens und des Yang-Prinzips, trägt die zwölf Zeichen des Zwölferzyklus: das erste auf dem Maul; das zweite auf dem Hals; das dritte auf der Mitte des Schwanzes; das vierte auf der linken Vordertatze; das fünfte auf der rechten Hintertatze; das sechste auf der rechten Vordertatze; das siebente auf der linken Hintertatze; das achte, neunte und zehnte auf dem Rumpf von links nach rechts; das elfte auf dem Schwanzansatz; das zwölfte auf dem Schwanzende.

Holzschnitt, einem alten Handbuch entnommen und in Hongkong nachgedruckt.[21]

## Erstes Kapitel

# Wie man die vier Binome berechnet, die Ihr Schicksal bestimmen

## Die Binome und der Sechzigerzyklus

*Ein Binom des Sechzigerzyklus (zusammengesetzt aus je einem Zeichen aus dem Zehner- und aus dem Zwölferzyklus) bezeichnet jedes Jahr, jeden Monat, jeden Tag, jede Stunde. Jeder Augenblick ist also durch vier Binome dargestellt, die die acht Zeichen bilden.*

Jeder Zeitabschnitt – Jahr, Monat, Tag und Stunde – ist für einen Chinesen durch eine Kombination zweier Reihen von Zeichen festgelegt: eine Reihe aus der Zehnergruppe (der Zehnerzyklus) und eine Reihe aus der Zwölfergruppe (der Zwölferzyklus). Beide entwickeln sich parallel und sind jedesmal doppelt angeordnet. So, wie beide Reihen denselben Ausgangspunkt haben, so findet jedes geradzahlig angeordnete Zeichen stets ein geradzahlig angeordnetes Zeichen aus der anderen Reihe. Das gleiche geschieht bei den Zeichen ungeradzahliger Ordnung. Infolge des Unterschiedes der beiden Einheiten, der zwischen den beiden Reihen vorhanden ist, findet jedes Zeichen der geradzahligen Ordnung nach und nach alle Zeichen der geradzahligen Ordnung der anderen Reihe, und ein Zeichen der ungeradzahligen Ordnung findet sämtliche ungeradzahligen Zeichen. Es handelt sich hierbei um den Sechzigerzyklus, der nach sechzig Kombinationen zu seinem Ausgangspunkt zurückkehrt. Er ist der wichtigste Schlüssel für den gesamten chinesischen Kalender.

Für die Jahre dauert ein Zyklus sechzig Jahre, für die Monate fünf Jahre (60 : 12), für die Tage sechzig Tage (ungefähr zwei Monate) und für die Stunden fünf Tage (die chinesische Stunde umfaßt zwei unserer Stunden).

*Das einzige, was Sie tun müssen, um ein chinesisches Horoskop zu erstellen, ist, Ihre vier Binome aufzufinden.*

Um uns die Sache zu vereinfachen, wollen wir uns zunächst einmal mit dem Versuch begnügen, die Ordnungszahlen eines jeden unserer vier Binome aufzustellen. So gehen auch die Chinesen vor, die diese Binome *Säulen des Schicksals* nennen. Dabei ist zu bemerken, daß den Chinesen ihre Binome von der Geburt an bekannt sind. Auch läßt sich ihr chinesischer Name leicht merken, denn beide Reihen, der Zehner- und der Zwölferzyklus, werden in China häufig als Ordnungsreihen benutzt, was dem entspricht, wie wir es mit den Buchstaben des Alphabets tun.[4]

Die vier Säulen des Schicksals oder die acht Zeichen des Schicksals bedeuten dasselbe und werden unterschiedslos gebraucht; ersteres beschreibt die Binome, das zweite die individuellen Zeichen.

Diese vier Binome aufzufinden, ist das einzige, was Sie tun müssen, um Ihr Horoskop zu erstellen. Diese Binome sind für Sie eine Art unwandelbarer Typenkarte, auf die Sie sich bei allen kleinen Studien oder zur Vertiefung Ihres Horoskops beziehen müssen. Ist dieser »Personalausweis« ein für allemal aufgestellt, haben Sie nichts weiter zu tun als die in den folgenden Kapiteln gegebenen Erklärungen zu Rate zu ziehen.

Bemerkt sei auch noch – wir kommen später darauf zurück –, daß die Reihen der ungleichartigen Reihe Yang, die der gleichartigen Reihe Yin sind.[5]

Vier Dinge sind nun zu tun.

## Das Binom des Jahres

*Der Beginn eines Jahres ist unterschiedlich. Das Mondjahr beginnt zu einer anderen Zeit als das astrologische Jahr.*

Der Jahresbeginn ist erst einmal zu definieren. Da wir in die Praxis einsteigen wollen, halten wir uns übrigens selbstverständlich an unsere gewohnte Jahreszahl. So beginnt das chinesische Mondjahr 1980 am 16. Februar 1980 und endet am 4. Februar 1981, während das astrologische Jahr am 5. Februar beginnt.

Im Fernen Osten gibt es zur Festlegung des Jahresbeginns drei Möglichkeiten:

Erstens gibt es unseren 1. Januar (ich nenne ihn der Vollständigkeit halber), den übrigens auch die Japaner, die ebenfalls den Sechzigerzyklus benutzen, seit der Meiji-Ära als Jahresbeginn annehmen.

Zweitens kann man den Mondkalender benutzen, einen Kalender, der seit unvordenklichen Zeiten jedes Jahr vom Kaiser feierlich verkündet wurde. Obwohl der Mondkalender seit der Revolution von 1911 offiziell durch den »allgemeinen Kalender« ersetzt wurde und theoretisch seit der »Befreiung« überhaupt beseitigt ist, genießt er in China, vor allem bei den Bauern, immer noch öffentliche Gunst; deshalb heißt er jetzt »Bauernkalender«. Aber wie auch immer, das Neujahrsfest ist für die Chinesen das große Fest des Jahres geblieben. Das Jahr beginnt jedenfalls am ersten Tag des ersten Monats im Frühling (eine Jahreszeit, die in China, wie wir noch sehen werden, anderthalb Monate vor unserem Frühling beginnt). Dieses »Frühlingsfest« kann auf jeden Tag zwischen dem 21. Januar und dem 20. Februar (jeweils einschließlich) fallen. Viele Astrologen, vor allem in Vietnam, benutzen dieses in China allgemein bekannte Datum als Ausgangspunkt des Binomens des Jahreszyklus. (Wir finden es in den Tabellen auf den Seiten 30 und 33.)

Drittens: Viele chinesische Wahrsager ziehen jedoch die Benutzung eines rein astrologischen Kalenders, des sogenannten »Vierundzwanzig Solareinheiten«-Kalenders vor.[6] Dem schließe auch ich mich an, wie ich noch darlegen werde. Danach beginnt das Jahr an einem ungefähr mitten zwischen den Tierkreiszeichen des Wassermanns und der Fische gelegenen Datum, also am 4. oder 5. Februar (vgl. die Tabellen auf S. 36 ff.).

*Welchen Tag wir auch immer als Jahresbeginn wählen, das Jahresbinom finden wir durch ein sehr einfaches Verfahren.*

Wenn Sie sich erst einmal über den Jahresbeginn nach chinesischer Vorstellung sicher sind, ist es kinderleicht, das Binom des Jahres, dem Sie zugehören, zu finden; es bedarf lediglich einer einfachen Rechnung: Nachdem man eine 3 von der Zahl, die das Jahr bezeichnet, abgezogen hat, braucht man lediglich die so erhaltene Zahl durch 60 zu teilen; der dabei herauskommende Rest (oder die 60, wenn es keinen Rest gibt) bezeichnet das gesuchte Binom.

Wenn zum Beispiel jemand im Jahre 1912 geboren ist, gehen wir so vor: 1912 − 3 : 60; der Rest, 49, nennt das Jahresbinom. Nebenbei sei bemerkt, daß das Binom eines Jahresbinoms geradzahliger Ordnung im Sechzigerzyklus ungeradzahlig und folglich Yang ist, und umgekehrt.

## Das Binom des Monats

*Je nachdem ob man sich an den Mondkalender hält oder ob man den astrologischen Kalender vorzieht, können die Ergebnisse ausgesprochen verschieden sein, da sich die beiden Systeme nur unvollständig miteinander decken.*

Der Mondkalender setzt sich aus 12 Monaten von 29 oder 30 Tagen zusammen, entsprechend dem Datum des Neumonds. Ein solches Jahr hat also 354 oder 355 Tage. Um die Differenz von etwa 10 Tagen wieder aufzuholen, wird von Zeit zu Zeit ein Schaltmonat (ein sogenannter »Embolismus«) eingeschoben (ebenso, wie wir in den Schaltjahren einen Zusatztag einschieben). Diesen Schaltmonat, der regelmäßig siebenmal in 19 Jahren erscheint, faßt man als Verdoppelung eines zur Zeit der Einschaltung gerade vorhandenen Monats auf. Liegt der Schaltmonat nach dem fünften Mondmonat, heißt er »fünfter Schaltmonat«. Er hat keine eigenständige Bedeutung und hat dieselbe Bezeichnung, in diesem Falle das Binom, wie der Monat, den er verdoppelt.

Die zur Aufstellung dieses Kalenders erforderlichen Berechnungen sind sehr kompliziert. Eine Tabelle gibt die Mondmonate Ihrer Geburt an (siehe S. 30 ff.).

Der astrologische Kalender basiert auf demselben System wie unser Tierkreis, mit dem er genau übereinstimmt; mit dem einen Unterschied, daß der Tag, an dem der Zeichenwechsel stattfindet, nicht mehr der Beginn, sondern der Kulminationspunkt des Monats ist. Genauso verhält es sich bei den Jahreszeiten, die bei Sonnenwende oder Tagundnachtgleiche kulminieren und daher anderthalb Monate vor unseren Jahreszeiten beginnen. Jeder astrologische Monat beginnt also 15 Tage vor den Tierkreisdaten. Die Anzahl der Tage sind in den astrologischen Monaten nicht gleich; jeder Monat stellt 30 oder 360 Grade dar, die die Eklipse beinhaltet. Da jedoch die winterlichen Stationen kürzer sind als die sommerlichen, hat der astrologische Monat etwas mehr als 29 Tage im Winter und 31 im Sommer. Eine Tabelle (S. 34 ff.) ermöglicht leicht die Auffindung des gesuchten Monats. In Übereinstimmung mit den chinesischen Almanachen und Ephemeriden habe ich die Stunde einigermaßen annähernd bezeichnet – und ich bereue dies –, bei der jeder neue Monat beginnt. Nach einigen fruchtlosen Versuchen, mehr Genauigkeit zu erzielen, war ich gezwungen, mich mit der Übersetzung der in den chinesischen Texten genannten Bezeichnungen zu begnügen. (Die himmlische Sphärenmusik konnte den Aristoteles begeistern, aber ihre Unregelmäßigkeiten können jemanden, der kein beschlagener Astronom ist, zur Verzweiflung bringen.) Dabei ergibt sich, daß die angegebenen Bezeichnungen denen der Uhrzeit des Meridians von Peking entsprechen.

Wie bereits festgestellt, ist der Begriff »Monat« ein Ausdruck, der Verwirrung stiften kann, da er in unserem Fall unterschiedslos den Gregorianischen Monat, den Mondmonat sowie den astrologischen Monat bezeichnen kann, die alle ausgesprochen verschieden sind. Um Verwirrung zu vermeiden, gebrauche ich von jetzt an folgende Bezeichnungen: *Monat,* wenn es sich um einen Monat im Sinne unseres Kalenders handelt, *Lunation* für den Mondmonat und *Periode* für den astrologischen Monat.

# Tabelle der Konkordanzen zwischen dem allgemeinen Kalender und dem Mondkalender

Diese Tabelle enthält sämtliche Lunationen innerhalb der Jahre 1900 bis 1999. Der Schaltmonat, der kein eigenes Zeichen hat, wird in demselben Kästchen dieser Tabelle aufgeführt wie der Monat, den er verdoppelt; auf diese Weise bewahrt er die Ordnungsnummer und die Zeichen. Um Verwechslungen zu vermeiden, benutzen wir das Symbol L (Lunation), um den Monat des Mondkalenders zu bezeichnen.[7]

Die erste Ziffer in den einzelnen Kolumnen bezeichnet den Tag, die zweite (fettgedruckte) Ziffer bezeichnet den Monat des westlichen Kalenders, bei dem eine jede Lunation beginnt. Diejenigen, die die Benutzung des astrologischen Kalenders vorziehen, finden mit Hilfe dieser Tabelle die Mondphasen eines gegebenen Tages.

Die erste, oberste Zeile dieser Tabelle enthält die chinesische Bezeichnung (die Ordnungszahl) der einzelnen chinesischen Monate; die Übersetzung finden wir in der dritten Zeile. Die zweite Zeile enthält das jeweilige Zwölferzeichen der einzelnen Monate.

Die letzten Zeilen der Tabelle enthalten auf chinesisch die Jahreszeiten, deren Tagundnachtgleichen und Sonnenwenden die Kulminationspunkte bilden. Im Mondkalender stimmen sie mit jeder Periode von drei Monaten nur beinahe annähernd überein.

| Allg. Kalender | 正月 寅 III 1. | 二月 卯 IV 2. L | 三月 辰 V 3. L | 四月 巳 VI 4. L | 五月 午 VII 5. L | 六月 未 VIII 6. L | 七月 申 IX 7. L | 八月 酉 X 8. L | 九月 戌 XI 9. L | 十月 亥 XII 10. L | 十一月 子 I 11. L | 十二月 丑 II 12. L |
|---|---|---|---|---|---|---|---|---|---|---|---|---|
| 1900 | 31 **1** | 1 **3** | 31 **3** | 29 **4** | 28 **5** | 27 **6** | 26 **7** | 25 **8** / 24 **9** | 23 **10** | 22 **11** | 22 **12** | 20 **1** |
| 1901 | 19 **2** | 20 **3** | 19 **4** | 18 **5** | 16 **6** | 16 **7** | 14 **8** | 13 **9** | 12 **10** | 11 **11** | 11 **12** | 10 **1** |
| 1902 | 8 **2** | 10 **3** | 8 **4** | 8 **5** | 6 **6** | 5 **7** | 4 **8** | 2 **9** | 2 **10** | 31 **10** | 30 **11** | 30 **12** |
| 1903 | 29 **1** | 27 **2** | 29 **3** | 27 **4** | 27 **5** / 25 **6** | 24 **7** | 23 **8** | 21 **9** | 20 **10** | 19 **11** | 19 **12** | 18 **1** |
| 1904 | 16 **2** | 17 **3** | 16 **4** | 15 **5** | 14 **6** | 13 **7** | 11 **8** | 10 **9** | 9 **10** | 7 **11** | 7 **12** | 6 **1** |
| 1905 | 4 **2** | 6 **3** | 5 **4** | 4 **5** | 3 **6** | 3 **7** | 1 **8** | 31 **8** | 29 **9** | 28 **10** | 27 **11** | 26 **12** |
| 1906 | 25 **1** | 23 **2** | 25 **3** | 24 **4** / 23 **5** | 22 **6** | 21 **7** | 20 **8** | 18 **9** | 18 **10** | 16 **11** | 16 **12** | 14 **1** |
| 1907 | 13 **2** | 14 **3** | 13 **4** | 12 **5** | 11 **6** | 10 **7** | 9 **8** | 8 **9** | 7 **10** | 6 **11** | 5 **12** | 4 **1** |
| 1908 | 2 **2** | 3 **3** | 1 **4** | 30 **4** | 30 **5** | 29 **6** | 28 **7** | 27 **8** | 25 **9** | 25 **10** | 24 **11** | 23 **12** |
| 1909 | 22 **1** | 20 **2** / 22 **3** | 20 **4** | 19 **5** | 18 **6** | 17 **7** | 16 **8** | 14 **9** | 14 **10** | 13 **11** | 13 **12** | 11 **1** |
| 1910 | 10 **2** | 11 **3** | 10 **4** | 9 **5** | 7 **6** | 7 **7** | 5 **8** | 4 **9** | 3 **10** | 2 **11** | 2 **12** | 31 **12** |
| 1911 | 30 **1** | 28 **2** | 30 **3** | 29 **4** | 28 **5** | 26 **6** / 26 **7** | 24 **8** | 22 **9** | 22 **10** | 20 **11** | 20 **12** | 19 **1** |
| 1912 | 18 **2** | 19 **3** | 17 **4** | 17 **5** | 15 **6** | 14 **7** | 13 **8** | 11 **9** | 10 **10** | 9 **11** | 9 **12** | 7 **1** |
| 1913 | 6 **2** | 8 **3** | 7 **4** | 6 **5** | 5 **6** | 4 **7** | 3 **8** | 1 **9** | 1 **10** | 30 **10** | 28 **11** | 28 **12** |
| 1914 | 26 **1** | 25 **2** | 27 **3** | 25 **4** | 25 **5** / 23 **6** | 23 **7** | 21 **8** | 20 **9** | 19 **10** | 17 **11** | 17 **12** | 16 **1** |
| 1915 | 14 **2** | 16 **3** | 14 **4** | 14 **5** | 12 **6** | 12 **7** | 10 **8** | 9 **9** | 9 **10** | 7 **11** | 7 **12** | 5 **1** |
| 1916 | 3 **2** | 4 **3** | 3 **4** | 2 **5** | 1 **6** | 30 **6** | 30 **7** | 29 **8** | 27 **9** | 27 **10** | 25 **11** | 25 **12** |
| 1917 | 23 **1** | 21 **2** / 23 **3** | 21 **4** | 21 **5** | 19 **6** | 18 **7** | 17 **8** | 16 **9** | 15 **10** | 14 **11** | 14 **12** | 13 **1** |
| 1918 | 11 **2** | 13 **3** | 11 **4** | 10 **5** | 9 **6** | 8 **7** | 7 **8** | 5 **9** | 5 **10** | 3 **11** | 3 **12** | 2 **1** |
| 1919 | 1 **2** | 2 **3** | 1 **4** | 30 **4** | 29 **5** | 28 **6** | 27 **7** / 25 **8** | 24 **9** | 24 **10** | 22 **11** | 22 **12** | 21 **1** |

Die nachstehende Tafel ist um 90° gedreht gedruckt. Sie gibt für die Jahre 1920–1949 die (Mond-)Kalenderdaten der zwölf 中氣 (Mittel-Glieder) an; die vier Hauptpunkte sind mit deutschen Bezeichnungen versehen:

| 公元 | 春分 Tagundnachtgleiche des Frühling | | | 夏至 Sommerwende des Sommers | | | 秋分 Tagundnachtgleiche des Herbstes | | | 冬至 Sommerwende des Winters | | |
|---|---|---|---|---|---|---|---|---|---|---|---|---|
| | 2 | 3 | 4 | 5 | 6 | 7 | 8 | 9 | 10 | 11 | 12 | 1 |
| 1920 | 20 2 | 20 3 | 19 4 | 18 5 | 16 6 | 16 7 | 14 8 | 12 9 | 12 10 | 11 11 | 10 12 | 9 1 |
| 1921 | 8 2 | 10 3 | 8 4 | 8 5 | 6 6 | 5 7 | 2 8 | 9 9 | 10 10 | 10 11 | 29 12 |  1 |
| 1922 | 28 2 | 27 3 | 28 4 | 27 5·25 6 | 24 6 | 24 7 | 21 8 | 20 9 | 19 10 | 18 11 | 17 12 |  1 |
| 1923 | 16 2 | 17 3 | 16 4 | 14 5 | 14 6 | 12 7 | 11 8 | 10 9 | 8 10 | 8 11 | 6 12 |  1 |
| 1924 | 5 2 | 5 3 | 4 4 | 2 5 | 2 6 | 1 7 | 30 8 | 29 9 | 28 10 | 27 11 | 26 12 |  12 |
| 1925 | 24 2 | 23 3 | 24 4 | 23 4·22 5 | 21 6 | 21 7 | 18 8 | 18 9 | 16 10 | 16 11 | 14 12 |  1 |
| 1926 | 13 2 | 14 3 | 12 4 | 12 5 | 10 6 | 10 7 | 7 8 | 7 9 | 5 10 | 5 11 | 4 12 |  1 |
| 1927 | 2 2 | 4 3 | 2 4 | 1 5 | 29 6 | 29 7 | 27 8 | 26 9 | 24 10 | 24 11 | 24 12 |  12 |
| 1928 | 23 2 | 21 2·22 3 | 20 4 | 19 5 | 17 6 | 17 7 | 14 8 | 13 9 | 12 10 | 11 11 | 11 12 |  1 |
| 1929 | 10 2 | 11 3 | 10 4 | 9 5 | 7 6 | 7 7 | 5 8 | 3 9 | 1 10 | 1 11 | 31 12 |  1 |
| 1930 | 30 2 | 28 3 | 30 4 | 29 5 | 28 6·26 6 | 26 7 | 24 8 | 22 9 | 22 10 | 20 11 | 19 12 |  1 |
| 1931 | 17 2 | 19 3 | 18 4 | 17 5 | 16 6 | 15 7 | 14 8 | 12 9 | 11 10 | 10 11 | 9 12 | 8 1 |
| 1932 | 6 2 | 7 3 | 6 4 | 6 5 | 4 6 | 4 7 | 2 8 | 1 9 | 30 10 | 29 11 | 28 12 | 27 1 |
| 1933 | 26 2 | 24 3 | 26 4 | 25 4·24 5 | 24 5·23 6 | 22 7 | 21 8 | 20 9 | 19 10 | 18 11 | 17 12 |  1 |
| 1934 | 14 2 | 15 3 | 14 4 | 13 5 | 12 6 | 12 7 | 10 8 | 9 9 | 8 10 | 7 11 | 7 12 |  1 |
| 1935 | 4 2 | 5 3 | 3 4 | 3 5 | 1 6 | 1 7 | 30 8 | 29 9 | 27 10 | 26 11 | 26 12 |  12 |
| 1936 | 24 2 | 23 3 | 24 4 | 23 4·21 5 | 19 6 | 18 7 | 17 8 | 16 9 | 14 10 | 14 11 | 13 12 |  1 |
| 1937 | 11 2 | 13 3 | 11 4 | 10 5 | 9 6 | 23 3·21 4·8 7 | 6 8 | 5 9 | 3 10 | 3 11 | 2 12 |  1 |
| 1938 | 31 2 | 2 3 | 31 4 | 30 5 | 29 6 | 27 7·25 8·28 7 | 24 8 | 23 9 | 22 10 | 22 11 | 20 12 |  1 |
| 1939 | 19 2 | 21 3 | 20 4 | 19 5 | 17 6 | 17 7 | 15 8 | 13 9 | 11 10 | 11 11 | 9 12 |  1 |
| 1940 | 8 2 | 9 3 | 8 4 | 7 5 | 6 6 | 5 7 | 4 8 | 2 9 | 1 10 | 31 11 | 29 12 |  12 |
| 1941 | 27 2 | 26 3 | 28 4 | 26 5 | 26 6 | 25 6·24 7 | 23 8 | 21 9 | 20 10 | 19 11 | 18 12 | 17 1 |
| 1942 | 15 2 | 17 3 | 15 4 | 15 5 | 14 6 | 13 7 | 12 8 | 10 9 | 10 10 | 8 11 | 8 12 | 6 1 |
| 1943 | 5 2 | 6 3 | 5 4 | 3 5 | 3 6 | 2 7 | 1 8 | 31 9 | 29 10 | 29 11 | 27 12 |  1 |
| 1944 | 25 2 | 24 3 | 24 4 | 23 4·21 5 | 21 6 | 20 7 | 19 8 | 17 9 | 16 10 | 16 11 | 14 12 |  1 |
| 1945 | 13 2 | 14 3 | 12 4 | 12 5 | 10 6 | 9 7 | 8 8 | 6 9 | 5 10 | 5 11 | 3 12 |  1 |
| 1946 | 2 2 | 2 3 | 2 4 | 1 5 | 29 6 | 29 7 | 28 8 | 25 9 | 25 10 | 24 11 | 23 12 |  12 |
| 1947 | 22 2 | 21 2·23 3 | 21 4 | 20 5 | 18 6 | 18 7 | 15 8 | 14 9 | 13 10 | 12 11 | 11 12 |  1 |
| 1948 | 10 2 | 11 3 | 9 4 | 9 5 | 7 6 | 7 7 | 5 8 | 3 9 | 1 10 | 1 11 | 30 12 |  12 |
| 1949 | 29 2 | 28 3 | 29 4 | 28 5 | 26 5·28 6 | 26 6·24 7·6 | 24 8·24 3 | 22 9 | 20 10 | 20 11 | 18 12 |  1 |
|  | Tagundnachtgleiche | des Frühling | | Sommerwende | des Sommers | | Tagundnachtgleiche | des Herbstes | | Sommerwende | des Winters | |

31

# Tabelle der Konkordanzen zwischen dem allgemeinen Kalender und dem Mondkalender

| Allg. Kalender | 正月 寅 1. (III · L) | 二月 卯 2. (IV · L) | 三月 辰 3. (V · L) | 四月 巳 4. (VI · L) | 五月 午 5. (VII · L) | 六月 未 6. (VIII · L) | 七月 申 7. (IX · L) | 八月 酉 8. (X · L) | 九月 戌 9. (XI · L) | 十月 亥 10. (XII · L) | 十一月 子 11. (I · L) | 十二月 丑 12. (II · L) |
|---|---|---|---|---|---|---|---|---|---|---|---|---|
| 1950 | 2/17 | 3/18 | 4/17 | 5/17 | 6/15 | 7/15 | 8/14 | 9/12 | 10/11 | 11/10 | 12/9 | 1/8 |
| 1951 | 2/6 | 3/8 | 4/6 | 5/6 | 6/5 | 7/4 | 8/3 | 9/1 | 10/1 | 10/30 | 11/29 | 12/28 |
| 1952 | 1/27 | 2/25 | 3/26 | 4/24 | 5/24 · 6/22 (L) | 7/22 | 8/20 | 9/19 | 10/19 | 11/17 | 12/17 | 1/15 |
| 1953 | 2/14 | 3/15 | 4/14 | 5/13 | 6/11 | 7/11 | 8/9 | 9/8 | 10/8 | 11/7 | 12/6 | 1/5 |
| 1954 | 2/3 | 3/5 | 4/3 | 5/3 | 6/1 | 6/30 | 7/30 | 8/28 | 9/27 | 10/27 | 11/25 | 12/25 |
| 1955 | 1/24 | 2/22 | 3/24 · 4/22 (L) | 5/22 | 6/20 | 7/19 | 8/18 | 9/16 | 10/16 | 11/14 | 12/14 | 1/13 |
| 1956 | 2/12 | 3/12 | 4/11 | 5/10 | 6/9 | 7/8 | 8/6 | 9/5 | 10/4 | 11/3 | 12/2 | 1/1 |
| 1957 | 1/31 | 3/2 | 3/31 | 4/30 | 5/29 | 6/28 | 7/27 | 8/25 · 9/24 (L) | 10/23 | 11/22 | 12/21 | 1/20 |
| 1958 | 2/18 | 3/20 | 4/19 | 5/19 | 6/17 | 7/16 | 8/15 | 9/13 | 10/13 | 11/11 | 12/11 | 1/9 |
| 1959 | 2/8 | 3/9 | 4/8 | 5/8 | 6/6 | 7/6 | 8/4 | 9/3 | 10/2 | 11/1 | 11/30 | 12/30 |
| 1960 | 1/28 | 2/27 | 3/28 | 4/26 | 5/25 | 6/24 · 7/24 (L) | 8/22 | 9/21 | 10/20 | 11/19 | 12/18 | 1/17 |
| 1961 | 2/15 | 3/17 | 4/15 | 5/15 | 6/13 | 7/13 | 8/11 | 9/10 | 10/10 | 11/8 | 12/8 | 1/6 |
| 1962 | 2/5 | 3/6 | 4/5 | 5/4 | 6/2 | 7/2 | 7/31 | 8/30 | 9/29 | 10/28 | 11/27 | 12/27 |
| 1963 | 1/25 | 2/24 | 3/25 | 4/24 · 5/23 (L) | 6/21 | 7/21 | 8/19 | 9/18 | 10/17 | 11/16 | 12/16 | 1/15 |
| 1964 | 2/13 | 3/14 | 4/12 | 5/12 | 6/10 | 7/9 | 8/8 | 9/6 | 10/6 | 11/4 | 12/4 | 1/3 |
| 1965 | 2/2 | 3/3 | 4/2 | 5/1 | 5/31 | 6/29 | 7/28 | 8/27 | 9/25 | 10/24 | 11/23 | 12/23 |
| 1966 | 1/21 | 2/20 | 3/22 · 4/21 (L) | 5/20 | 6/19 | 7/18 | 8/16 | 9/15 | 10/14 | 11/12 | 12/12 | 1/11 |
| 1967 | 2/9 | 3/11 | 4/9 | 5/9 | 6/8 | 7/8 | 8/6 | 9/4 | 10/4 | 11/2 | 12/2 | 12/31 |
| 1968 | 1/30 | 2/28 | 3/29 | 4/27 | 5/27 | 6/26 | 7/25 · 8/24 (L) | 9/22 | 10/22 | 11/20 | 12/20 | 1/18 |
| 1969 | 2/17 | 3/18 | 4/16 | 5/16 | 6/15 | 7/14 | 8/13 | 9/12 | 10/11 | 11/10 | 12/9 | 1/8 |

この表は、各年（1970–1999）における春分・夏至・秋分・冬至を含む四季の朔（新月=各太陰月初日）のグレゴリオ暦日付を、各季につき3組（日・月）で示したものです。うるう月のある年には二重表記が現れます。

| 公元 (Year) | 春分 des Frühling (Tag·Monat) | | | 夏至 des Sommers (Tag·Monat) | | | 秋分 des Herbstes (Tag·Monat) | | | 冬至 des Winters (Tag·Monat) | | |
|---|---|---|---|---|---|---|---|---|---|---|---|---|
| 1970 | 6·2 | 8·3 | 6·4 | 5·5 | 4·6 | 3·7 | 2·8 | 1·9 | 30·9 | 30·10 | 29·11 | 28·12 |
| 1971 | 27·1 | 25·2 | 27·3 | 25·4 | 24·5 | 23·6 | 21·7 | 20·8 | 19·9 | 19·10 | 18·11 | 16·1 |
| 1972 | 15·2 | 15·3 | 14·4 | 13·5 | 11·6 | 11·7 | 9·8 | 8·9 | 7·10 | 6·11 | 6·12 | 4·1 |
| 1973 | 3·2 | 5·3 | 3·4 | 3·5 | 1·6 | 30·6 | 29·7 | 28·8 | 26·9 | 26·10 | 24·11 | 24·12 |
| 1974 | 23·1 | 22·2 | 24·3 | 22·4 / 22·5 | 20·6 | 19·7 | 18·8 | 16·9 | 15·10 | 14·11 | 12·1 | |
| 1975 | 11·2 | 13·3 | 12·4 | 10·5 | 9·6 | 5·7 | 8·8 | 6·9 | 5·10 | 3·11 | 3·12 | 1·1 |
| 1976 | 31·1 | 1·3 | 31·3 | 30·4 | 29·5 | 27·6 | 25·8 / 24·9 | 23·9 | 23·10 | 22·11 | 21·12 | 19·1 |
| 1977 | 18·2 | 20·3 | 18·4 | 17·5 | 16·6 | 14·7 | 13·8 | 18·9 | 11·10 | 11·11 | 9·12 | 9·1 |
| 1978 | 7·2 | 9·3 | 7·4 | 7·5 | 5·6 | 2·7 | 4·8 | 2·9 | 2·10 | 31·10 | 30·11 | 30·12 |
| 1979 | 28·1 | 27·2 | 28·3 | 26·4 | 24·6 / 24·7 | 23·8 | 21·9 | 20·10 | 18·11 | 18·12 | | |
| 1980 | 16·2 | 17·3 | 15·4 | 14·5 | 13·6 | 12·7 | 10·8 | 9·9 | 9·10 | 9·11 | 7·12 | 6·1 |
| 1981 | 5·2 | 6·3 | 5·4 | 4·5 | 2·6 | 2·7 | 31·7 | 29·8 | 28·9 | 28·10 | 26·11 | 26·12 |
| 1982 | 25·1 | 24·2 | 25·3 | 24·4 / 23·5 | 23·6 | 21·7 | 19·8 | 17·9 | 17·10 | 15·11 | 14·1 | |
| 1983 | 13·2 | 15·3 | 13·4 | 13·5 | 11·6 | 10·7 | 9·8 | 7·9 | 6·10 | 6·11 | 5·12 | 3·1 |
| 1984 | 2·2 | 3·3 | 1·4 | 1·5 | 31·5 | 29·6 | 28·7 | 26·9 | 24·10 / 23·11 | 22·11 | 21·1 | |
| 1985 | 20·2 | 21·3 | 20·4 | 20·5 | 18·6 | 18·7 | 16·8 | 15·9 | 14·10 | 12·11 | 11·12 | 10·1 |
| 1986 | 9·2 | 10·3 | 9·4 | 9·5 | 7·6 | 7·7 | 6·8 | 4·9 | 4·10 | 2·11 | 2·12 | 31·12 |
| 1987 | 29·1 | 28·2 | 29·3 | 27·4 | 26·6 / 26·7 | 25·8 | 23·9 | 23·10 | 21·11 | 21·12 | 19·1 | |
| 1988 | 17·2 | 18·3 | 16·4 | 16·5 | 14·6 | 14·7 | 12·8 | 11·9 | 11·10 | 9·11 | 8·12 | 8·1 |
| 1989 | 6·2 | 8·3 | 6·4 | 5·5 | 4·6 | 3·7 | 1·8 | 31·8 | 30·9 | 29·10 | 28·11 | 28·12 |
| 1990 | 27·1 | 25·2 | 27·3 | 25·4 | 24·5 / 23·6 | 22·7 | 20·8 | 19·9 | 18·10 | 17·11 | 16·1 | |
| 1991 | 15·2 | 16·3 | 15·4 | 14·5 | 12·6 | 11·7 | 10·8 | 8·9 | 8·10 | 6·11 | 6·12 | 5·1 |
| 1992 | 4·2 | 4·3 | 4·4 | 3·5 | 1·6 | 30·6 | 28·7 | 26·9 | 26·10 | 24·11 | 24·12 | |
| 1993 | 23·1 | 21·2 | 23·3 / 22·4 | 21·5 | 20·6 | 19·7 | 18·8 | 16·9 | 15·10 | 14·11 | 12·1 | |
| 1994 | 10·2 | 12·3 | 11·4 | 11·5 | 9·6 | 9·7 | 7·8 | 6·9 | 5·10 | 3·11 | 3·12 | 1·1 |
| 1995 | 31·1 | 1·3 | 31·3 | 29·5 | 28·6 | 27·7 | 26·8 / 25·9 | 24·10 | 22·11 | 22·12 | 20·1 | |
| 1996 | 19·2 | 19·3 | 18·4 | 17·5 | 15·6 | 14·7 | 12·8 | 11·9 | 9·10 | 9·11 | 7·12 | 9·1 |
| 1997 | 7·2 | 9·3 | 7·4 | 7·5 | 5·6 | 4·7 | 2·8 | 1·9 | 30·9 | 30·10 | 29·11 | 30·12 |
| 1998 | 28·1 | 27·2 | 28·3 | 26·4 | 26·5 / 24·6 | 23·7 | 21·8 | 20·9 | 19·10 | 17·11 | 17·1 | |
| 1999 | 16·2 | 18·3 | 16·4 | 15·5 | 14·6 | 13·7 | 11·8 | 10·9 | 9·10 | 9·11 | 7·12 | 8·1 |

# Tabelle der Konkordanzen zwischen dem allgemeinen Kalender und dem chinesischen astrologischen Kalender

Diese Tabellen fußen auf den 24 Solareinheiten (S. 160). Die Daten der ungeradzahligen Ordnung geben den Beginn einer jeden der zwölf Perioden an, die Daten geradzahliger Ordnung bezeichnen den Kulminationspunkt, der genau mit unserem Tierkreiszeichen übereinstimmt. Alle chinesischen Almanache geben die genaue Stunde an, in der eine jede Einheit beginnt. Da uns keine vollständige Sammlung der Almanache ab 1900 zur Verfügung stand, haben wir einen Mittelwert der Zeit berechnet und auf 0 oder 5 abgerundet (wie das in der Regel die westlichen Astrologen hinsichtlich der Tierkreiszeichen tun). Da die angegebene Stunde der Zeit von Peking entspricht, muß man acht Stunden abziehen, wenn man die mitteleuropäische Zeit erhalten will. Die astrologischen Monate sind oben in der Tabelle auf chinesisch angegeben. Die Abkürzung P bedeutet Periode. Der in unserem Kalender angegebene Monat ist derjenige, zu dem jeder astrologische Monat beginnt. In jedem Fall gibt die erste Ziffer den Monatstag an, an dem die astrologische Periode beginnt, die zweite Ziffer (nicht fett gedruckt) die der Stunde.

In diesem astrologischen Kalender stimmen die Jahreszeiten in chinesischem Sinne genau mit jeder Reihe der drei Perioden oder der astrologischen Monate überein.

| Allg. Kalender | 孟春 Februar 寅 III 1. P | 仲春 März 卯 IV 2. P | 季春 April 辰 V 3. P | 孟夏 Mai 巳 VI 4. P | 仲夏 Juni 午 VII 5. P | 季夏 Juli 未 VIII 6. P | 孟秋 August 申 IX 7. P | 仲秋 September 酉 X 8. P | 季秋 Oktober 戌 XI 9. P | 孟冬 November 亥 XII 10. P | 仲冬 Dezember 子 I 11. P | 季冬 Januar 丑 II 12. P |
|---|---|---|---|---|---|---|---|---|---|---|---|---|
| 1900 | 4 15h10 | 6 09h10 | 5 14h05 | 6 07h30 | 6 11h45 | 7 22h00 | 8 07h50 | 8 10h35 | 9 02h05 | 8 05h05 | 7 21h50 | 6 09h00 |
| 1901 | 4 21h00 | 6 15h00 | 5 19h55 | 6 13h20 | 6 17h35 | 8 03h50 | 8 13h35 | 8 16h25 | 9 07h55 | 8 10h55 | 8 03h40 | 6 14h50 |
| 1902 | 5 02h50 | 6 20h45 | 6 01h40 | 6 19h10 | 6 23h20 | 8 09h40 | 8 19h25 | 8 22h15 | 9 13h40 | 8 16h45 | 8 09h25 | 6 20h40 |
| 1903 | 5 08h35 | 7 02h35 | 6 07h30 | 7 01h00 | 7 05h10 | 8 15h30 | 9 01h15 | 9 04h00 | 9 19h30 | 8 22h30 | 8 15h15 | 7 02h25 |
| 1904 | 5 14h25 | 6 08h25 | 5 13h20 | 6 06h45 | 6 11h00 | 7 21h15 | 8 07h05 | 8 09h50 | 9 01h20 | 8 04h20 | 7 21h05 | 6 08h15 |
| 1905 | 4 20h15 | 6 14h15 | 5 19h10 | 6 12h35 | 6 16h50 | 8 03h05 | 8 12h50 | 8 15h40 | 9 07h10 | 8 10h10 | 8 02h55 | 6 14h05 |
| 1906 | 5 02h05 | 6 20h00 | 6 01h00 | 6 18h25 | 6 22h40 | 8 08h55 | 8 18h40 | 8 21h30 | 9 12h55 | 8 16h00 | 8 08h40 | 6 19h55 |
| 1907 | 5 07h50 | 7 01h50 | 6 06h45 | 7 00h10 | 7 04h25 | 8 14h45 | 9 00h30 | 9 03h15 | 9 18h45 | 8 21h45 | 8 14h30 | 7 01h40 |
| 1908 | 5 13h40 | 6 07h40 | 6 12h35 | 6 06h00 | 6 10h15 | 7 20h30 | 8 06h20 | 8 09h05 | 9 00h35 | 8 03h35 | 7 20h20 | 6 07h30 |
| 1909 | 4 19h30 | 6 13h30 | 6 18h25 | 6 11h50 | 6 16h05 | 8 02h20 | 8 12h05 | 8 14h55 | 9 06h25 | 8 09h25 | 8 02h10 | 6 13h20 |
| 1910 | 5 01h20 | 6 19h15 | 6 00h15 | 6 17h40 | 6 21h50 | 8 08h10 | 8 17h55 | 8 20h45 | 9 12h10 | 8 15h15 | 8 08h00 | 6 19h10 |
| 1911 | 5 07h05 | 7 01h05 | 6 06h00 | 6 23h25 | 7 03h40 | 8 14h00 | 8 23h45 | 9 02h30 | 9 18h00 | 8 21h00 | 8 13h45 | 7 01h00 |
| 1912 | 5 12h55 | 6 06h55 | 5 11h50 | 6 05h15 | 6 09h30 | 7 19h45 | 8 05h35 | 8 08h20 | 8 23h50 | 8 02h50 | 7 19h35 | 6 06h45 |
| 1913 | 4 18h45 | 6 12h45 | 5 17h40 | 6 11h05 | 6 15h20 | 8 01h35 | 8 11h20 | 8 14h10 | 9 05h40 | 8 08h40 | 8 01h20 | 6 12h35 |
| 1914 | 5 00h35 | 6 18h30 | 5 23h30 | 6 16h55 | 6 21h05 | 8 07h25 | 8 17h10 | 8 20h00 | 9 11h30 | 8 14h30 | 8 07h10 | 6 18h25 |
| 1915 | 5 06h20 | 7 00h20 | 6 05h15 | 6 22h40 | 7 02h55 | 8 13h15 | 8 23h00 | 9 01h50 | 9 17h15 | 8 20h15 | 7 13h00 | 7 00h15 |
| 1916 | 5 12h10 | 6 06h10 | 5 11h05 | 6 04h30 | 6 08h45 | 7 19h00 | 8 04h50 | 8 07h35 | 8 23h05 | 8 02h05 | 7 18h50 | 6 06h00 |
| 1917 | 4 18h00 | 6 12h00 | 5 16h55 | 6 10h20 | 6 14h35 | 8 00h50 | 8 10h35 | 8 13h25 | 9 04h55 | 8 07h55 | 8 00h40 | 6 11h50 |
| 1918 | 4 23h50 | 6 17h45 | 5 22h45 | 6 16h10 | 6 20h20 | 8 06h40 | 8 16h25 | 8 19h15 | 9 10h45 | 8 13h45 | 8 06h30 | 6 17h40 |
| 1919 | 5 05h35 | 6 23h35 | 6 04h30 | 6 22h00 | 7 02h10 | 8 12h30 | 8 22h15 | 9 01h05 | 9 16h30 | 8 19h30 | 8 12h15 | 6 22h30 |

| 公元 | Frühling 春 | | | Sommer 夏 | | | Herbst 秋 | | | Winter 冬 | | |
|---|---|---|---|---|---|---|---|---|---|---|---|---|
| 1920 | 5 11h25 | 6 05h25 | 5 10h20 | 6 03h45 | 6 08h00 | 7 18h20 | 8 04h05 | 8 06h50 | 8 22h20 | 8 01h20 | 7 18h05 | 6 05h15 |
| 1921 | 4 17h15 | 6 11h15 | 5 16h10 | 6 09h35 | 6 13h50 | 8 00h05 | 8 09h50 | 8 12h40 | 9 04h10 | 8 07h10 | 7 23h55 | 6 11h05 |
| 1922 | 4 23h05 | 6 17h00 | 5 22h00 | 6 15h25 | 6 19h35 | 8 05h55 | 8 15h40 | 8 18h30 | 9 10h00 | 8 13h00 | 8 05h45 | 6 16h55 |
| 1923 | 5 04h50 | 6 22h50 | 6 03h45 | 6 21h15 | 6 01h25 | 8 11h45 | 8 21h30 | 9 00h20 | 9 15h45 | 8 18h45 | 8 11h30 | 6 22h45 |
| 1924 | 5 10h40 | 6 04h40 | 5 09h35 | 6 03h00 | 6 07h15 | 7 17h35 | 8 03h20 | 8 06h05 | 8 21h35 | 8 00h35 | 7 17h20 | 6 04h30 |
| 1925 | 4 16h30 | 6 10h30 | 5 15h25 | 6 08h50 | 6 13h05 | 7 23h20 | 8 09h05 | 8 11h55 | 9 03h25 | 8 06h25 | 7 23h10 | 6 10h20 |
| 1926 | 4 22h20 | 6 16h15 | 5 21h15 | 6 14h40 | 6 18h50 | 8 05h10 | 8 14h55 | 8 17h45 | 9 09h15 | 8 12h15 | 8 05h00 | 6 16h10 |
| 1927 | 5 04h05 | 6 22h05 | 5 03h00 | 6 20h30 | 7 00h40 | 8 11h00 | 8 20h45 | 8 23h35 | 9 15h00 | 8 18h00 | 8 10h45 | 6 22h00 |
| 1928 | 5 09h55 | 6 03h55 | 5 08h55 | 6 02h15 | 6 06h30 | 7 16h50 | 8 02h35 | 8 05h20 | 8 20h50 | 7 23h50 | 7 16h35 | 6 03h45 |
| 1929 | 4 15h45 | 6 09h45 | 5 14h40 | 6 08h05 | 6 12h20 | 7 22h35 | 8 08h20 | 8 11h10 | 9 02h40 | 8 05h40 | 7 22h25 | 6 09h35 |
| 1930 | 4 21h35 | 6 15h30 | 5 20h30 | 6 13h55 | 6 18h05 | 8 04h25 | 8 14h10 | 8 17h00 | 9 08h30 | 8 11h30 | 8 04h15 | 6 15h25 |
| 1931 | 5 03h20 | 6 21h20 | 6 02h15 | 6 19h45 | 6 23h55 | 8 10h15 | 8 20h00 | 8 22h50 | 9 14h15 | 8 17h15 | 8 10h00 | 6 21h15 |
| 1932 | 5 09h10 | 6 03h10 | 5 08h05 | 6 01h30 | 6 05h45 | 7 16h05 | 8 01h50 | 8 04h35 | 9 20h05 | 8 23h05 | 7 15h50 | 6 03h00 |
| 1933 | 4 15h00 | 6 09h00 | 5 13h55 | 6 07h20 | 6 11h35 | 7 21h50 | 8 07h35 | 8 10h25 | 9 01h55 | 8 04h55 | 7 21h40 | 6 08h50 |
| 1934 | 4 20h50 | 6 14h45 | 5 19h45 | 6 13h10 | 6 17h20 | 8 03h40 | 8 13h25 | 8 16h15 | 9 07h45 | 8 10h45 | 8 03h30 | 6 14h40 |
| 1935 | 5 02h40 | 6 20h35 | 6 01h30 | 6 19h00 | 6 23h10 | 8 09h30 | 8 19h15 | 8 22h05 | 9 13h30 | 8 16h30 | 8 09h15 | 6 20h30 |
| 1936 | 5 08h25 | 6 02h25 | 5 07h20 | 6 00h45 | 6 05h00 | 7 15h20 | 8 01h05 | 8 03h50 | 9 19h20 | 8 22h20 | 7 15h05 | 6 02h15 |
| 1937 | 4 14h15 | 6 08h15 | 5 13h10 | 6 06h35 | 6 10h50 | 7 21h05 | 8 06h50 | 8 09h40 | 9 01h10 | 8 04h10 | 7 20h55 | 6 08h05 |
| 1938 | 4 20h05 | 6 14h00 | 5 19h00 | 6 12h25 | 6 16h35 | 8 02h55 | 8 12h40 | 8 15h30 | 9 07h00 | 8 10h00 | 8 02h45 | 6 13h55 |
| 1939 | 5 01h55 | 6 19h50 | 6 00h45 | 6 18h15 | 6 22h25 | 8 08h45 | 8 18h30 | 8 21h20 | 9 12h45 | 8 15h45 | 8 08h30 | 6 19h45 |
| 1940 | 5 07h40 | 6 01h40 | 5 06h35 | 6 00h00 | 6 04h15 | 7 14h35 | 8 00h20 | 8 03h05 | 8 18h35 | 7 21h35 | 7 14h20 | 6 01h30 |
| 1941 | 4 13h30 | 6 07h30 | 5 12h25 | 6 05h50 | 6 10h05 | 7 20h20 | 8 06h05 | 8 08h55 | 9 00h25 | 8 03h25 | 7 20h10 | 6 07h20 |
| 1942 | 4 19h20 | 6 13h15 | 5 18h15 | 6 11h40 | 6 15h50 | 8 02h10 | 8 11h55 | 8 14h45 | 9 06h15 | 8 09h15 | 8 02h00 | 6 13h10 |
| 1943 | 5 01h10 | 6 19h05 | 6 00h00 | 6 17h30 | 6 21h40 | 8 08h00 | 8 17h45 | 8 20h35 | 9 12h00 | 8 15h00 | 8 07h45 | 6 19h00 |
| 1944 | 5 06h55 | 6 00h55 | 5 05h50 | 5 23h15 | 6 03h30 | 7 13h50 | 7 23h35 | 8 02h20 | 8 17h50 | 7 20h50 | 7 13h35 | 6 00h45 |
| 1945 | 4 12h45 | 6 06h45 | 5 11h40 | 6 05h05 | 6 09h20 | 7 19h35 | 8 05h20 | 8 08h10 | 8 23h40 | 8 02h40 | 7 19h25 | 6 06h35 |
| 1946 | 4 18h35 | 6 12h30 | 5 17h30 | 6 10h55 | 6 15h10 | 8 01h25 | 8 11h10 | 8 14h00 | 9 05h30 | 8 08h30 | 8 01h15 | 6 12h25 |
| 1947 | 5 00h25 | 6 18h20 | 5 23h15 | 6 16h45 | 6 20h55 | 8 07h15 | 8 17h00 | 8 19h50 | 9 11h15 | 8 14h15 | 8 07h00 | 6 18h15 |
| 1948 | 5 06h10 | 6 00h10 | 5 05h05 | 5 22h30 | 6 02h45 | 7 13h00 | 7 22h50 | 8 01h35 | 9 17h05 | 7 20h05 | 7 12h50 | 6 00h00 |
| 1949 | 4 12h00 | 6 06h00 | 5 10h55 | 6 04h20 | 6 08h35 | 7 18h50 | 8 04h40 | 8 07h25 | 8 22h55 | 8 01h55 | 7 18h40 | 6 05h50 |

35

# Tabelle der Konkordanzen zwischen dem allgemeinen Kalender und dem chinesischen astrologischen Kalender

| Allg. Kalender | 孟春 Februar 寅 1. III P | 仲春 März 卯 2. IV P | 季春 April 辰 3. V P | 孟夏 Mai 巳 4. VI P | 仲夏 Juni 午 5. VII P | 季夏 Juli 未 6. VIII P | 孟秋 August 申 7. IX P | 仲秋 September 酉 8. X P | 季秋 Oktober 戌 9. XI P | 孟冬 November 亥 10. XII P | 仲冬 Dezember 子 11. I P | 季冬 Januar 丑 12. II P |
|---|---|---|---|---|---|---|---|---|---|---|---|---|
| 1950 | 4 17h50 | 6 11h45 | 5 16h45 | 6 10h10 | 6 14h25 | 8 00h40 | 8 10h25 | 8 13h15 | 9 04h45 | 8 07h45 | 8 00h30 | 6 11h40 |
| 1951 | 4 23h40 | 6 17h35 | 5 22h30 | 6 16h00 | 6 20h10 | 8 06h30 | 8 16h15 | 8 19h05 | 9 10h30 | 8 13h30 | 8 06h15 | 6 17h30 |
| 1952 | 5 05h25 | 5 23h25 | 5 04h20 | 5 21h45 | 6 02h00 | 7 12h20 | 7 22h05 | 8 00h50 | 8 19h20 | 7 19h20 | 7 12h05 | 5 23h15 |
| 1953 | 4 11h15 | 6 05h15 | 5 10h10 | 6 03h35 | 6 07h50 | 7 18h05 | 8 03h55 | 8 06h40 | 8 22h10 | 8 01h10 | 7 17h55 | 6 05h05 |
| 1954 | 4 17h05 | 6 11h00 | 5 16h00 | 6 09h25 | 6 13h40 | 8 23h55 | 8 09h40 | 8 12h30 | 9 04h00 | 8 07h00 | 8 23h45 | 6 10h55 |
| 1955 | 4 22h55 | 6 16h50 | 5 21h45 | 6 15h15 | 6 19h25 | 8 05h45 | 8 15h30 | 8 18h20 | 9 09h45 | 8 12h50 | 8 05h30 | 6 16h45 |
| 1956 | 5 04h40 | 5 22h40 | 5 03h35 | 5 21h00 | 6 01h15 | 7 11h35 | 7 21h20 | 8 00h05 | 8 15h35 | 7 18h35 | 7 11h20 | 5 22h30 |
| 1957 | 4 10h30 | 6 04h30 | 5 09h25 | 5 02h50 | 6 07h05 | 7 17h20 | 8 03h10 | 8 05h55 | 8 21h25 | 8 00h25 | 7 17h10 | 6 04h20 |
| 1958 | 4 16h20 | 6 10h15 | 5 15h15 | 6 08h40 | 6 12h55 | 7 23h10 | 8 08h55 | 8 11h45 | 8 03h15 | 8 06h15 | 7 23h00 | 6 10h10 |
| 1959 | 4 22h10 | 6 16h05 | 5 21h00 | 6 14h30 | 6 18h40 | 8 05h00 | 8 14h45 | 8 17h35 | 9 09h00 | 8 12h05 | 8 04h45 | 6 16h00 |
| 1960 | 5 03h55 | 5 21h55 | 5 02h50 | 5 20h15 | 6 00h30 | 7 10h50 | 8 20h35 | 7 23h20 | 8 14h50 | 7 17h50 | 7 10h35 | 6 21h45 |
| 1961 | 4 09h45 | 6 03h45 | 5 08h40 | 6 02h05 | 6 06h30 | 7 16h35 | 8 02h25 | 8 05h10 | 8 20h40 | 7 23h40 | 8 16h25 | 6 03h35 |
| 1962 | 4 15h35 | 6 09h30 | 5 14h30 | 6 07h55 | 6 12h10 | 7 22h25 | 8 08h10 | 8 11h00 | 9 02h30 | 8 05h30 | 7 22h15 | 6 09h25 |
| 1963 | 4 21h25 | 6 15h20 | 5 20h15 | 6 13h45 | 6 17h55 | 8 04h15 | 8 14h00 | 8 16h50 | 9 08h15 | 8 11h20 | 8 04h00 | 6 15h15 |
| 1964 | 5 03h10 | 5 21h10 | 5 02h05 | 5 19h30 | 5 23h45 | 7 10h05 | 7 19h50 | 7 22h40 | 8 14h05 | 7 17h05 | 7 09h50 | 5 21h00 |
| 1965 | 4 09h00 | 6 03h00 | 5 07h55 | 6 01h20 | 6 05h35 | 7 15h50 | 8 01h40 | 8 04h25 | 8 19h55 | 7 22h55 | 7 15h40 | 6 02h50 |
| 1966 | 4 14h50 | 6 08h45 | 5 13h45 | 6 07h10 | 6 11h25 | 7 21h40 | 8 07h25 | 8 10h15 | 9 01h45 | 8 04h45 | 7 21h30 | 6 08h40 |
| 1967 | 4 20h40 | 6 14h35 | 5 19h30 | 6 13h00 | 6 17h10 | 8 03h30 | 8 13h15 | 8 16h05 | 9 07h30 | 8 10h35 | 8 03h15 | 6 14h30 |
| 1968 | 5 02h25 | 5 20h25 | 5 01h20 | 5 18h45 | 5 23h00 | 7 09h20 | 7 19h05 | 7 21h55 | 8 13h20 | 7 16h20 | 7 09h05 | 5 20h15 |
| 1969 | 4 08h15 | 6 02h15 | 5 07h10 | 6 00h35 | 6 04h50 | 7 15h05 | 8 00h55 | 8 03h40 | 8 19h10 | 7 22h10 | 7 14h55 | 6 02h05 |

| 公元 | 春 Frühling | | | 夏 Sommer | | | 秋 Herbst | | | 冬 Winter | | |
|---|---|---|---|---|---|---|---|---|---|---|---|---|
| 1970 | 4 14h05 | 6 08h00 | 5 13h00 | 6 06h25 | 6 10h40 | 7 20h55 | 8 06h40 | 8 09h30 | 9 01h00 | 8 04h00 | 7 20h45 | 6 07h55 |
| 1971 | 4 19h55 | 6 13h50 | 5 18h45 | 6 12h15 | 6 16h25 | 8 02h45 | 8 12h30 | 8 15h20 | 9 06h45 | 8 09h50 | 8 02h30 | 6 13h45 |
| 1972 | 5 01h40 | 5 19h40 | 5 00h35 | 5 18h00 | 5 22h15 | 7 08h35 | 7 18h20 | 7 21h10 | 8 12h35 | 7 15h35 | 7 08h20 | 5 19h30 |
| 1973 | 4 07h30 | 6 01h30 | 5 06h25 | 6 23h50 | 6 04h05 | 7 14h20 | 8 00h10 | 8 02h55 | 8 18h25 | 7 21h25 | 7 14h10 | 6 01h20 |
| 1974 | 4 13h20 | 6 17h15 | 5 12h15 | 6 05h40 | 6 09h55 | 8 20h10 | 8 05h55 | 8 08h45 | 9 00h15 | 8 03h15 | 7 20h00 | 6 07h10 |
| 1975 | 4 19h10 | 6 13h05 | 5 18h00 | 6 11h30 | 6 15h40 | 8 02h00 | 8 11h45 | 8 14h35 | 9 06h00 | 8 09h05 | 8 01h45 | 6 13h00 |
| 1976 | 5 00h55 | 5 18h55 | 4 23h50 | 5 17h15 | 5 21h30 | 7 07h50 | 7 17h35 | 7 20h25 | 8 11h50 | 7 14h50 | 7 07h35 | 5 18h45 |
| 1977 | 4 06h45 | 6 00h45 | 5 05h40 | 6 23h05 | 6 03h20 | 7 13h40 | 8 23h25 | 8 02h10 | 8 17h40 | 7 20h40 | 7 15h25 | 6 00h35 |
| 1978 | 4 12h35 | 6 06h30 | 5 11h30 | 6 04h55 | 6 09h10 | 7 19h25 | 8 05h10 | 8 08h00 | 8 23h30 | 8 02h30 | 7 19h15 | 6 06h25 |
| 1979 | 4 18h25 | 6 12h20 | 5 17h15 | 6 10h45 | 6 14h55 | 8 21h15 | 8 11h00 | 8 13h50 | 9 05h15 | 8 08h20 | 8 01h00 | 6 12h15 |
| 1980 | 5 00h10 | 5 18h10 | 4 23h05 | 5 16h30 | 5 20h45 | 7 07h05 | 7 16h50 | 7 19h40 | 8 11h05 | 7 14h05 | 7 06h50 | 5 18h00 |
| 1981 | 4 06h00 | 6 00h00 | 5 04h55 | 5 22h20 | 6 02h35 | 7 12h55 | 8 22h40 | 8 01h25 | 8 16h55 | 7 19h55 | 8 12h40 | 5 23h50 |
| 1982 | 4 11h50 | 6 05h45 | 5 10h45 | 6 04h10 | 6 08h25 | 7 18h40 | 8 04h25 | 8 07h15 | 8 22h45 | 8 01h45 | 7 18h30 | 6 05h40 |
| 1983 | 4 17h40 | 6 11h35 | 5 16h30 | 6 10h00 | 6 14h10 | 8 00h30 | 8 10h15 | 8 13h05 | 9 04h30 | 8 07h35 | 8 00h15 | 6 11h30 |
| 1984 | 4 23h25 | 5 17h25 | 4 22h20 | 5 15h45 | 5 20h00 | 7 06h20 | 7 16h05 | 7 18h55 | 8 10h20 | 7 13h20 | 7 06h05 | 5 17h15 |
| 1985 | 4 05h15 | 5 23h15 | 5 04h10 | 6 03h25 | 6 01h50 | 7 12h10 | 7 21h55 | 8 00h40 | 8 16h10 | 7 19h10 | 7 11h55 | 5 23h05 |
| 1986 | 4 11h05 | 6 05h00 | 5 10h00 | 6 09h15 | 6 07h40 | 7 17h55 | 8 03h40 | 8 06h30 | 8 22h00 | 8 01h00 | 7 17h45 | 6 04h55 |
| 1987 | 4 16h55 | 6 10h50 | 5 15h55 | 6 09h15 | 6 13h25 | 7 23h40 | 8 09h30 | 8 12h20 | 9 03h45 | 8 06h55 | 7 23h30 | 6 10h45 |
| 1988 | 4 22h40 | 6 16h40 | 4 21h35 | 5 15h00 | 5 19h15 | 7 05h35 | 7 15h20 | 7 18h10 | 8 09h35 | 7 12h35 | 7 05h20 | 5 16h30 |
| 1989 | 4 04h30 | 6 22h30 | 5 03h25 | 5 20h50 | 6 01h05 | 7 11h25 | 7 21h10 | 7 23h55 | 8 15h25 | 7 18h25 | 7 11h10 | 5 22h20 |
| 1990 | 4 10h20 | 6 04h15 | 5 09h15 | 6 02h40 | 6 06h55 | 7 17h10 | 8 02h55 | 8 05h45 | 8 21h15 | 8 00h15 | 7 17h00 | 6 04h10 |
| 1991 | 4 16h10 | 6 10h05 | 5 15h00 | 6 08h30 | 6 12h40 | 7 23h00 | 8 08h45 | 8 11h35 | 9 03h00 | 8 06h05 | 7 22h45 | 6 10h00 |
| 1992 | 4 21h55 | 6 15h55 | 5 20h50 | 5 14h15 | 5 18h30 | 7 04h50 | 7 14h35 | 7 17h25 | 8 08h50 | 7 11h50 | 7 04h35 | 5 15h45 |
| 1993 | 4 03h45 | 6 21h45 | 5 02h40 | 6 20h05 | 6 00h20 | 7 10h40 | 7 20h25 | 7 23h10 | 8 14h40 | 7 17h40 | 7 10h25 | 5 21h35 |
| 1994 | 4 09h35 | 6 03h30 | 5 08h30 | 6 01h55 | 6 06h10 | 7 16h25 | 8 02h10 | 8 05h00 | 8 20h30 | 8 23h30 | 7 16h15 | 6 03h25 |
| 1995 | 4 15h25 | 6 09h20 | 5 14h15 | 6 07h45 | 6 11h55 | 7 22h15 | 8 08h00 | 8 10h50 | 9 02h15 | 8 05h20 | 7 22h00 | 6 09h15 |
| 1996 | 4 21h10 | 5 15h10 | 4 20h05 | 5 13h30 | 5 17h45 | 7 04h05 | 7 13h50 | 7 16h40 | 8 08h05 | 7 11h05 | 7 03h50 | 5 15h00 |
| 1997 | 4 03h00 | 5 21h00 | 5 01h55 | 6 19h30 | 5 23h35 | 7 09h55 | 7 19h40 | 7 22h25 | 8 13h55 | 7 16h55 | 7 09h40 | 5 20h50 |
| 1998 | 4 08h50 | 6 02h50 | 5 07h45 | 6 01h10 | 6 05h25 | 7 15h40 | 8 01h25 | 8 04h15 | 8 19h45 | 8 22h45 | 7 15h30 | 6 02h40 |
| 1999 | 4 14h40 | 6 08h35 | 5 13h30 | 6 07h00 | 6 11h10 | 7 21h30 | 8 07h15 | 8 10h05 | 9 01h30 | 8 04h35 | 7 21h15 | 6 08h30 |

*Für die Auffindung Ihres Monatsbinoms gibt es ein*
*einfaches Verfahren.*

Welchen Kalender Sie auch zur Grundlage nehmen: ist einmal Ihr
Geburtsmonat bekannt, stellen Sie Ihr Monatsbinom sehr einfach fest.
Der Zyklus von 60 Monaten währt 5 Jahre, und das Gesetz der Wieder-
kehr eines jeden Binoms ist ausgesprochen einfach. Man muß allerdings
daran denken, daß als ein Überbleibsel der uralten Epoche, bei der das
Jahr mit dem Monat begann, in dem die Wintersonnenwende stattfand,
die ersten und zweiten Binome traditionell für den elften oder zwölften
(Mondmonat oder astrologischen) Monat reserviert sind, und daß der
Frühling mit dem dritten Binom beginnt. Wir können nun folgendes sehr
einfache Rückläufigkeitsgesetz aufstellen:

| Für die Jahre, bei denen die Jahreszahlen mit folgenden Ziffern enden, | ist der erste Monat durch folgende Binome bezeichnet |
|---|---|
| 4 oder 9 | das 3. Binom |
| 5 oder 0 | das 15. Binom |
| 6 oder 1 | das 27. Binom |
| 7 oder 2 | das 39. Binom |
| 8 oder 3 | das 51. Binom |

Die ersten und die zweiten Binome werden jeweils von den zwei
letzten Monaten dieser letzten Reihe beeinflußt.

Wenn wir unser Beispiel von der am 19. August 1912 geborenen
Person wieder aufnehmen, stellen wir anhand der Tabelle auf Seite 30
fest, daß 1912 die 7. Lunation am 13. August beginnt, um am 10.
September zu enden, und anhand der zweiten Tabelle (S. 34), daß 1912
die 7. Periode am 8. August beginnt (was zwischen den beiden Kalendern
einen Unterschied von 5 Tagen ausmacht). In den einem wie im anderen
Fall wird das Binom dasselbe sein. Wir haben gesehen, daß das Jahr 1912
mit dem 39. Binom beginnt; als das Monatsbinom wird in diesem Falle
das 45. angesehen.

# Das Binom des Tages

*Ein sehr einfach zu benutzender Abakus und eine kinderleichte Rechnung ermöglichen das Auffinden des Tagesbinoms.*

Die Tageszyklen folgen endlos, ohne Eingreifen anderer Zyklen, aufeinander, und es gibt eine einfache Methode zur Berechnung der Binome. Doppeltes ist zu tun:

1. Zunächst muß man die Reihennummer auffinden, die der gesuchte Tag im Jahr einnimmt. (Diese Zahl ist in den meisten amtlichen Ephemeriden auf der linken Seite und unterhalb des Datums aufgeführt.) Falls wir über diese Unterlagen nicht verfügen, können wir sie an Hand der nachstehenden Tabelle rasch errechnen. (Anmerkung: Im Falle eines Schaltjahres darf man nicht vergessen, zur erhaltenen Zahl eine Einheit vom ersten März an hinzuzufügen.)

| Monat | Januar | | Februar | | März | | April | | Mai | | Juni | |
|---|---|---|---|---|---|---|---|---|---|---|---|---|
| Tag | 1 | 16 | 1 | 16 | 1 | 16 | 1 | 16 | 1 | 16 | 1 | 16 |
| Reihennr. | 1 | 16 | 32 | 47 | 60 | 75 | 91 | 106 | 121 | 136 | 152 | 167 |

| Monat | Juli | | August | | September | | Oktober | | November | | Dezember | |
|---|---|---|---|---|---|---|---|---|---|---|---|---|
| Tag | 1 | 16 | 1 | 16 | 1 | 16 | 1 | 16 | 1 | 16 | 1 | 16 |
| Reihennr. | 182 | 197 | 213 | 228 | 244 | 259 | 274 | 289 | 305 | 320 | 335 | 350 |

2. Zu der aufgefundenen Zahl füge man die Ziffer hinzu, die in der Tabelle auf Seite 40 der Jahre 1900 bis 1999 rechts von der Jahreszahl steht. Durch 60 geteilt, gibt der Rest die Ordnungsnummer des gesuchten Binoms an; die Null entspricht in diesem Falle der 60.

| 1900 | 10 | 1920 | 54 | 1940 | 39 | 1960 | 24 | 1980 | 9 |
|------|----|------|----|------|----|------|----|------|----|
| 1901 | 15 | 1921 | 60 | 1941 | 45 | 1961 | 30 | 1981 | 15 |
| 1902 | 20 | 1922 | 5 | 1942 | 50 | 1962 | 35 | 1982 | 20 |
| 1903 | 25 | 1923 | 10 | 1943 | 55 | 1963 | 40 | 1983 | 25 |
| 1904 | 30 | 1924 | 15 | 1944 | 60 | 1964 | 45 | 1984 | 30 |
| 1905 | 36 | 1925 | 21 | 1945 | 6 | 1965 | 51 | 1985 | 36 |
| 1906 | 41 | 1926 | 26 | 1946 | 11 | 1966 | 56 | 1986 | 41 |
| 1907 | 46 | 1927 | 31 | 1947 | 16 | 1967 | 1 | 1987 | 46 |
| 1908 | 51 | 1928 | 36 | 1948 | 21 | 1968 | 6 | 1988 | 51 |
| 1909 | 57 | 1929 | 42 | 1949 | 27 | 1969 | 12 | 1989 | 57 |
| 1910 | 2 | 1930 | 47 | 1950 | 32 | 1970 | 17 | 1990 | 2 |
| 1911 | 7 | 1931 | 52 | 1951 | 37 | 1971 | 22 | 1991 | 7 |
| 1912 | 12 | 1932 | 57 | 1952 | 42 | 1972 | 27 | 1992 | 12 |
| 1913 | 18 | 1933 | 3 | 1953 | 48 | 1973 | 33 | 1993 | 18 |
| 1914 | 23 | 1934 | 8 | 1954 | 53 | 1974 | 38 | 1994 | 23 |
| 1915 | 28 | 1935 | 13 | 1955 | 58 | 1975 | 43 | 1995 | 28 |
| 1916 | 33 | 1936 | 18 | 1956 | 3 | 1976 | 48 | 1996 | 33 |
| 1917 | 39 | 1937 | 24 | 1957 | 9 | 1977 | 54 | 1997 | 39 |
| 1918 | 44 | 1938 | 29 | 1958 | 14 | 1978 | 59 | 1998 | 44 |
| 1919 | 49 | 1939 | 34 | 1959 | 19 | 1979 | 4 | 1999 | 49 |

Um das schon benutzte Beispiel einer am 19. August 1912 geborenen Person wieder aufzunehmen, stellen wir fest, daß der 19. August der 231. Tag des Jahres ist. Zu dieser Zahl muß man eine 1 hinzufügen, denn das Jahr 1912 ist ein Schaltjahr, und 12 ist die Schlüsselzahl, die in der Tabelle an der Seite der Jahreszahl auftritt. Das ergibt 244 geteilt durch 60; der Rest ist 4, das Binom des Tages ist also das vierte.

## Das Binom der Stunde

*Die chinesische Stunde umfaßt zwei unserer Stunden; ein Tag umfaßt folglich zwölf Stunden.*

Der chinesische Tag ist in zwölf Stunden unterteilt; eine chinesische Stunde ist also gleich zwei unserer Stunden. Der Tag beginnt um Mitternacht, in der Mitte der ersten Stunde. Wie bei den Jahreszeiten und den Monaten liegt der Kulminationspunkt der Stunde in der Stundenmitte (was für uns unseren geraden Stunden entspricht).

## Beginn der chinesischen Stunden

| | |
|---|---|
| 1. Stunde 23 Uhr* | 7. Stunde 11 Uhr |
| 2. Stunde  1 Uhr | 8. Stunde 13 Uhr |
| 3. Stunde  3 Uhr | 9. Stunde 15 Uhr |
| 4. Stunde  5 Uhr | 10. Stunde 17 Uhr |
| 5. Stunde  7 Uhr | 11. Stunde 19 Uhr |
| 6. Stunde  9 Uhr | 12. Stunde 21 Uhr |

* Die erste Stunde gilt prinzipiell für zwei Tage

Die ungeraden chinesischen Stunden sind Yang, die geraden sind Yin.

Die Zyklen wiederholen sich alle fünf Tage. Will man die Reihenzahl eines Stundenbinoms ausfindig machen, gibt es ein einfaches Mittel: sich nämlich daran zu erinnern, mit welcher Ziffer das Binom des Tages endet.

| Ordnungszahl des Tages, die mit folgenden Ziffern endet | Beginn der Stundenreihen |
|---|---|
| 1 oder 6 | 1. Kombination |
| 2 oder 7 | 13. Kombination |
| 3 oder 8 | 25. Kombination |
| 4 oder 9 | 37. Kombination |
| 5 oder 0 | 49. Kombination |

*Die meisten chinesischen Wahrsager berechnen die Stunde nach dem Meridian von Peking. Will man ihrem Beispiel folgen, muß man zur mitteleuropäischen Zeit acht Stunden hinzufügen.*

Ohne die Geburtsstunde ist ein chinesisches Horoskop nicht vollständig. Da die chinesischen Astrologen die Geburtsstunde stets in die Pekinger Uhrzeit umrechnen, muß man, will man ihnen folgen, zur mitteleuropäischen Zeit acht Stunden hinzuzählen. Für Personen, die nach 16 Uhr geboren sind, kommt hinzu, daß man die Geburt so berechnen muß, als sei sie einen Tag später erfolgt, wobei man dabei auch das Binom des Tages auswechseln muß.

In dem uns selbst gegebenen Beispiel ist die Person um 7 Uhr geboren. Fügen wir acht Stunden hinzu, ergibt dies, bezogen auf den Meridian von

Peking, 15 Uhr. Das Geburtstagsbinom dieser Person war das vierte, und ihre Geburtsstunde die neunte. Also ist ihr Stundenbinom das 45.

Das sind die einzigen für die Erarbeitung unseres Horoskops erforderlichen Berechnungen. In dem als Beispiel gewählten Fall haben wir:

| | |
|---|---|
| als Jahresbinom | das 49. |
| als Monatsbinom | das 45. |
| als Tagesbinom | das 4. |
| als Stundenbinom | das 45. |

49, 45, 4 und 45 sind also Schlüsselzahlen für alle Studien an diesem Horoskop, dessen Interpretation nun gelernt werden soll.

## Zweites Kapitel

# Aufdeckung der acht Zeichen Ihres Schicksals

## Die acht Zeichen als Rechnungselemente

*Die acht Zeichen drücken zwei zyklische Reihen aus. Wir studieren sie zunächst gleichsam auf algebraische Weise.*

Der Zehner- und der Zwölferzyklus dienen dazu, eine Ordnungszahl zu geben. Wir betrachten die Binome zunächst – das genügt vorläufig für unser Vorhaben – als Zahlen oder algebraische Ausdrücke.

Diejenigen, die ihre Studien weiter vorantreiben wollen, finden im zweiten Teil ihre Phonetik und Schreibweise (s. Seite 170). Im gegenwärtigen Stadium können wir sie durch Ziffern oder durch Buchstaben darstellen; das ermöglicht es uns, sie leicht aufzufinden. Bei der Darstellung durch Ziffern schlage ich arabische Ziffern für die Zehner- und römische Ziffern für die Zwölferreihe vor. Will man eine Verwirrung mit der Ordnungszahl jedes Binoms vermeiden, hält man sich besser an die Darstellung durch Buchstaben. Man kann lateinische Buchstaben für die Zehnerreihe (von A bis J) und griechische Buchstaben für die Zwölferreihe (von $\alpha$ bis $\mu$) benutzen, aber auch große und kleine Buchstaben, wenn man das griechische Alphabet nicht genügend kennt.

In der Zusammenstellung zweier Zeichen, die ein jedes Binom ausmachen, befindet sich das Zeichen der Zehnerreihe in der ersten und das der Zwölferreihe in der zweiten Position. Da ein Bild mehr sagt als viele Worte, betrachte man auf den Seiten 44 und 45 die Klassifizierung der sechzig Binome, wobei einmal die Zehner- und einmal die Zwölferreihe den Vorrang haben kann.

43

# Klassifizierung der sechzig Binome

Unter Berücksichtigung der Zehnerreihe:

| | | | | | |
|---|---|---|---|---|---|
| 10 癸酉 | 20 癸未 | 30 癸巳 | 40 癸卯 | 50 癸丑 | 60 癸亥 |
| 9 壬申 | 19 壬午 | 29 壬辰 | 39 壬寅 | 49 壬子 | 59 壬戌 |
| 8 辛未 | 18 辛巳 | 28 辛卯 | 38 辛丑 | 48 辛亥 | 58 辛酉 |
| 7 庚午 | 17 庚辰 | 27 庚寅 | 37 庚子 | 47 庚戌 | 57 庚申 |
| 6 己巳 | 16 己卯 | 26 己丑 | 36 己亥 | 46 己酉 | 56 己未 |
| 5 戊辰 | 15 戊寅 | 25 戊子 | 35 戊戌 | 45 戊申 | 55 戊午 |
| 4 丁卯 | 14 丁丑 | 24 丁亥 | 34 丁酉 | 44 丁未 | 54 丁巳 |
| 3 丙寅 | 13 丙子 | 23 丙戌 | 33 丙申 | 43 丙午 | 53 丙辰 |
| 2 乙丑 | 12 乙亥 | 22 乙酉 | 32 乙未 | 42 乙巳 | 52 乙卯 |
| 1 甲子 | 11 甲戌 | 21 甲申 | 31 甲午 | 41 甲辰 | 51 甲寅 |

# Klassifizierung der sechzig Binome

Unter Berücksichtigung der Zwölferreihe:

| 子 | 丑 | 寅 | 卯 | 辰 | 巳 | 午 | 未 | 申 | 酉 | 戌 | 亥 |
|---|---|---|---|---|---|---|---|---|---|---|---|
| 1 甲子 | 2 乙丑 | 3 丙寅 | 4 丁卯 | 5 戊辰 | 6 己巳 | 7 庚午 | 8 辛未 | 9 壬申 | 10 癸酉 | 11 甲戌 | 12 乙亥 |
| 13 丙子 | 14 丁丑 | 15 戊寅 | 16 己卯 | 17 庚辰 | 18 辛巳 | 19 壬午 | 20 癸未 | 21 甲申 | 22 乙酉 | 23 丙戌 | 24 丁亥 |
| 25 戊子 | 26 己丑 | 27 庚寅 | 28 辛卯 | 29 壬辰 | 30 癸巳 | 31 甲午 | 32 乙未 | 33 丙申 | 34 丁酉 | 35 戊戌 | 36 己亥 |
| 37 庚子 | 38 辛丑 | 39 壬寅 | 40 癸卯 | 41 甲辰 | 42 乙巳 | 43 丙午 | 44 丁未 | 45 戊申 | 46 己酉 | 47 庚戌 | 48 辛亥 |
| 49 壬子 | 50 癸丑 | 51 甲寅 | 52 乙卯 | 53 丙辰 | 54 丁巳 | 55 戊午 | 56 己未 | 57 庚申 | 58 辛酉 | 59 壬戌 | 60 癸亥 |

Ein einfacher Blick auf die Tabelle zeigt, daß man jede Symbolzusammenstellung, die ein Binom ergibt, leicht auffinden kann. Hinsichtlich der Zehnerreihe genügt es, sich an die Ziffer der Binom-Einheit zu erinnern (0 bedeutet 10), und hinsichtlich der Zwölferreihe genügt es, nach dem 12. Binom durch 12 zu teilen; der Rest (oder 12, wenn die Teilung keinen Rest ergibt) ist die Zahl des Zwölferzeichens.

Nehmen wir unser Beispiel wieder auf:

| | Binome | Reihen | |
|---|---|---|---|
| | | zehner | zwölfer |
| jährlich | 49 | 9 | I |
| monatlich | 45 | 5 | IX |
| täglich | 4 | 4 | IV |
| stündlich | 45 | 5 | IX |

## Nützliche Anmerkungen

Die Betrachtung dieser beiden Tabellen legen mir einige Anmerkungen nahe, die selbstverständlich scheinen mögen, aber doch so wichtig sind, daß man sich ihrer stets bewußt sein sollte.

A) Wir haben gesehen, daß die Binome ungeradzahliger Ordnung Yang sind, das heißt männlich, aktiv, expandierend, extravertiert usw., wohingegen die Binome geradzahliger Ordnung der Gegensatz, nämlich Yin sind, also weiblich, passiv, aufnehmend, introvertiert usw. Genauso verhält es sich mit ihren Komponenten.

B) Wenn die Zehner- und die Zwölferreihe denselben Ausgangspunkt haben, ergibt sich daraus, daß ein jeder Ausdruck ungeradzahliger Ordnung sich *notwendigerweise und ausschließlich* mit einem Ausdruck ungeradzahliger Ordnung der parallelen Reihe verbindet, und umgekehrt.

C) Aus der Tatsache, daß die Zwölferreihe zwei Glieder mehr hat als die Zehnerreihe, folgt, daß alle Ausdrücke oder Symbole mit ungeradzahligem Wert den Ausdrücken oder Symbolen mit ungeradzahligem Wert der anderen Reihe entsprechen, woraus sich dreißig ungeradzahlige (also Yang-)Kombinationen ergeben, und entsprechend auf der anderen Seite dreißig geradzahlige Kombinationen (mit der Bedeutung Yin).

D) Wie wir später noch sehen werden (ich muß dies alles, sei es auch verfrüht, schon hier sagen, um später nicht auf die »Grundwahrheiten« wieder zurückkommen zu müssen), stellt jedes aus einem Paar von zwei Zeichen bestehende Binom eine Einheit dar und ist als solche mit einem der fünf »Agenzien« (Holz, Feuer, Erde, Metall, Wasser) verbunden, die die aktiven Kräfte im Universum sind. Jedes Zeichenpaar ist gleichartig und individuell mit einem dieser fünf Wirkkräfte verbunden. Allerdings gibt es auch einen Unterschied: Steht doch jedes Binom mit drei Agenzien in Beziehung, mit einem in seiner Eigenschaft als Binom und mit einem für jedes Agens (folglich zwei mehr).

E) Zwei aufeinanderfolgende Binome (ungeradzahlig oder geradzahlig) sind mit demselben Agens verbunden, das zwischen Yang und Yin wechselt und dabei abwechselnd positiv und negativ wird. Die Binome 1 und 2 sind also mit dem Metall verbunden, die Binome 3 und 4 mit der Erde usw.

F) Allen Auffassungen der Manichäer über das Universum von Grund auf konträr, haben die Chinesen nie daran gedacht, die Aspekte des Yin oder des Yang als an und für sich gut oder böse anzusehen. Alles ist eine Frage der rechten Dosierung, der Makel liegt einzig im Übermaß. Gewiß, das Vorherrschen des Yin bei einer Frau ist etwas Gutes, ebenso wie das Vorherrschen des Yang bei einem Mann; es wäre aber beunruhigend, ausschließlich Yin oder ausschließlich Yang zu sein. Dieses Mißtrauen allem Übermaß gegenüber geht so weit, daß die Chinesen ein Horoskop, bei dem alle Bestandteile in völliger Harmonie wären, kaum schätzen würden, denn einem solchen zu statischen Horoskop würde es an Vitalität und Dynamik mangeln.

## Der Wert der Zeichen

*Binome und Zeichen sind von Natur aus weder gut noch böse; die Bedeutung ihres Wertes ergibt sich vielmehr aus ihren Wechselbezügen.*

Wir besitzen nun die vier Binome unseres Schicksals sowie die acht Zeichen, aus denen sie sich zusammensetzen. Im zweiten Teil dieses Werkes werden wir noch Gelegenheit haben, sie im einzelnen zu besprechen. Hier sei lediglich festgestellt, daß kein Zeichen einen guten oder bösen Wert an sich hat. Eine Bedeutung erhalten sie lediglich durch ihre Beziehungen zueinander; nur dadurch beinhalten sie harmonische oder disharmonische Aspekte, die Grundelemente für die Arbeit mit den Gestirnen. Für sich allein ist ein Zeichen ohne jede Bedeutung; denn an sich ist es unbeseelt und statisch; nur in Verbindung mit anderen Zeichen erhält es Leben und Sinn. Es ist also von grundlegender Wichtigkeit, Urteile stets nur unter Einbeziehung des Ganzen zu fällen und nur dann mit der Interpretation zu beginnen, wenn sämtliche Bestandteile beisammen sind.

## Der Zehnerzyklus

*Gewisse Zeichen des Zehnerzyklus haben untereinander Affinitäten; sie teilen die Antipathien der Zeichen des Zwölferzyklus, die ihnen am nächsten stehen.*

Wie die folgende Skizze zeigt, haben gewisse Zeichen des Zehnerzyklus sehr lebhafte Affinitäten untereinander. Da es sich um Beziehungen zwischen einem Yang- und einem Yin-Zeichen handelt, steht es uns frei, sie als »Liebe« zu interpretieren.

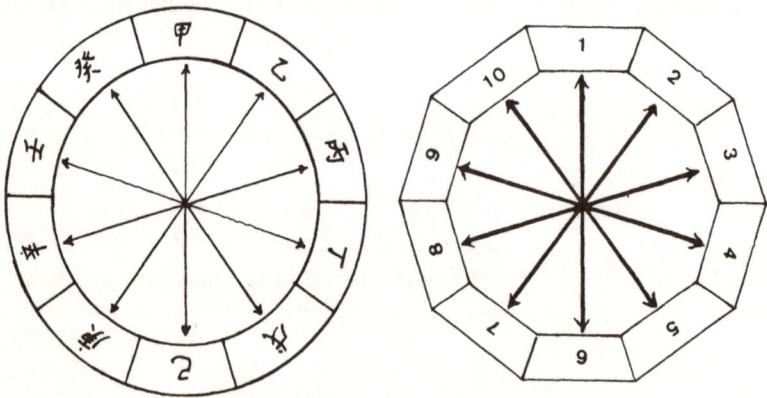

Zehnerzyklus.
Die Pfeile, die zwei Zeichen verbinden, verweisen auf die Affinitäten.

Die sich in dieser Skizze gegenüberliegenden Zeichen haben eine besondere Affinität. Günstig ist es, wenn man sie in zwei oder drei Binomen eines Horoskops verbunden findet. Besonders dann ist es günstig, wenn sie eine Beziehung zwischen Geburtsjahr und Geburtsstunde oder zwischen Geburtstag und Geburtsstunde anzeigen. Die Beziehung zwischen den Zeichen 1 und 6 erzeugt die Wirkkraft Erde, zwischen 2 und 7 die Wirkkraft Metall, zwischen 3 und 8 die Wirkkraft Wasser, zwischen 4 und 9 die Wirkkraft Holz und zwischen 5 und 10 die Wirkkraft Feuer (siehe Kapitel III und IV sowie Anmerkung 16).

Günstig ist für diejenigen, die geboren sind zur Zeit des (der)
Frühlings, die Zeichen 1 oder 2 im Stundenbinom zu haben
Sommers, die Zeichen 3 oder 4 im Stundenbinom zu haben
Hundstage, die Zeichen 5 oder 6 im Stundenbinom zu haben
Herbstes die Zeichen 7 oder 8 im Stundenbinom zu haben
Winters die Zeichen 9 oder 10 im Stundenbinom zu haben

Dagegen wäre es ein wenig unvorteilhaft, die günstigen Zeichen im Herbst zu haben, wenn man im Frühling geboren ist, oder im Winter, wenn man im Sommer geboren ist, und umgekehrt. In solchen Fällen hätten die betreffenden Personen einige Schwierigkeiten, sich ihren Existenzbedingungen anzupassen. Es sei daran erinnert, daß es sich hier um Jahreszeiten im chinesischen Sinne handelt, und daß diese anderthalb Monate vor den Jahreszeiten im westlichen Sinne beginnen.

Die Zehnerzeichen haben eigentlich nichts dagegen, auf andere Zehnerzeichen zu treffen; dennoch werden wir sehen, daß sie die Antipathien derjenigen Zwölferzeichen teilen, denen sie am nächsten stehen.

## Der Zwölferzyklus

*Die Zwölferzeichen haben untereinander sehr ausgeprägte Sympathien und Antipathien, die für die astrologische Arbeit von ganz besonderer Bedeutung sind.*

Die Zwölferzeichen sind die sprechendsten eines astrologischen Themas. Ihre Affinitäten und Übereinstimmungen sind stark festgelegt, wie die folgende Skizze zeigt:

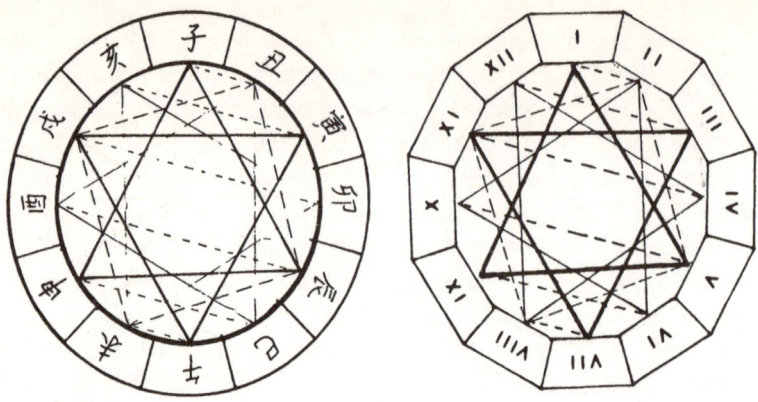

**Zwölferzyklus.**
Wesentlicher Einklang, Harmonie: Durchgehender Strich ( —— Yang, —— Yin), unterbrochener Strich (— · —— Yang und Yin), Affinitäten: gestrichelt.

Nach chinesischem Verständnis ist die Harmonie die höchste Qualität. So ist auch die Beziehung von drei Zeichen, die die drei Ecken eines gleichseitigen Dreiecks bilden, ausgesprochen günstig. Wenn sich diese drei Zeichen in drei der Binome wiederfinden, gilt dies als das bestmögliche Vorzeichen.

Unter »Affinitäten« verstehe ich gediegenste Möglichkeit eines guten Verständnisses; dabei handelt es sich jedoch um Gefühle und nicht um Glücksfälle. Die Affinität besteht also in einer zwischen zwei Zeichen gegensätzlicher Werte, nämlich männlich und weiblich, Yin und Yang, bestehenden Anziehung, auf die bereits im Zusammenhang mit den Zeichen des Zehnerzyklus (S. 48) hingewiesen wurde.

Dagegen besteht die Harmonie, die »Dreierfreundschaft«, nur unter Zeichen gleichen Yang- oder Yin-Wertes. Die auf diese Weise gebildeten Dreiecke werden jeweils folgendermaßen benannt:[16]

| | | | | |
|---|---|---|---|---|
| Die Beziehung des Wassers | Yang | I | V | IX |
| Die Beziehung des Metalls | Yin | II | VI | X |
| Die Beziehung des Feuers | Yang | III | VII | XI |
| Die Beziehung des Holzes | Yin | IV | VIII | XII |

Findet sich in einem Horoskop eines dieser Dreiecke, muß man die dominierende Wirkkraft, die auf verborgene Weise das Horoskop als Ganzes beeinflußt, sorgfältig im Auge behalten. Hinzu kommt, daß die in den Zeichen II, V, VIII und XI (S. 64) vorhandenen Beziehungen der Erde-»Quadratur« ebenfalls sehr günstig ist.

Die Antipathien und Oppositionen sind ebenfalls stark ausgeprägt:

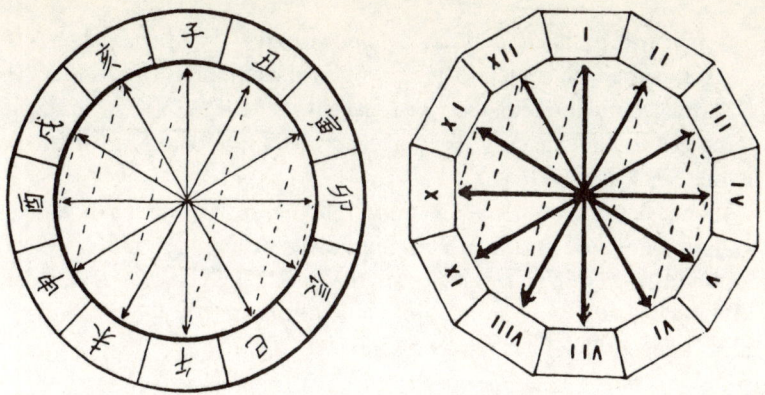

Zwölferzyklus.
Antagonismus, Unvereinbarkeit: durchgehende Linie. Antipathien: gestrichelte Linie.

Ebenso wie die Übereinstimmung, kann auch die Nichtübereinstimmung zwei Formen annehmen: die des offenen Antagonismus, der innerlichen Unvereinbarkeit, die nur zwischen zwei Zeichen gleicher Yang- oder Yin-Werte besteht, oder die der Antipathie, die eine Frage des Gefühls ist und zwischen zwei Zeichen gegensätzlichen Yang- oder Yin-Wertes besteht.

## Beziehungen zwischen den Zeichen des Zehner- und des Zwölferzyklus

*Die Zehnerzeichen haben keine eigene Antipathie. Wenn sie sich aber in Übereinstimmung mit einem Zwölferzeichen befinden, neigen sie zur Aufnahme der Antipathien.*

Die Zehnerzeichen haben keine auf sich selbst gemünzten Feindschaftsgefühle. Wenn sie aber Freundschaftsbeziehungen mit einem Zwölferzeichen haben, neigen sie dazu, die Aversion des Zwölferzeichens gegen ein anderes Zwölferzeichen zu teilen. Die folgende Tabelle bezeichnet die zwischen den Zeichen beider Zyklen bestehenden Verbindungen:

| Zwölferzyklus | I | II | III | IV | V | VI | VII | VIII | IX | X | XI | XII |
|---|---|---|---|---|---|---|---|---|---|---|---|---|
| | ↕ | ↕ | ↕ | ↕ | ↕ | ↕ | ↕ | ↕ | ↕ | ↕ | ↕ | ↕ |
| Zehnerzyklus | 9 | 6 | 1 | 2 | 5 | 4 | 3 | 6 | 7 | 8 | 5 | 10 |

Wir haben gesehen, daß das Zehnerzeichen I 子 dem Zeichen VII 午 gegenübersteht, und infolgedessen sind die Binome 3 I (13) und 9 VII (19) weitgehend unvorteilhaft: 3 丙 hat eine Affinität zu VII 午 und teilt seine Feindschaft gegen I 子; umgekehrt ist 9 壬, dem I 子 nahestehend, Feind dem VII 午.

Ohne diesen Gegebenheiten allzugroßen Wert zuzusprechen, da ein vollständiges Studium eines Horoskops die Hinzufügung von Korrektiva ermöglicht, sei doch festgestellt, daß die Freilegung einiger Aspekte der »Persönlichkeit« der Binome hinsichtlich ihrer Bestandteile nach dem hier Gesagten durchaus erfolgen kann.

*Ohne so weit zu gehen, von günstigen oder ungünstigen Binomen zu sprechen, stellen wir doch fest, daß die Binome aufgrund der sie bildenden Bestandteile mehr oder weniger stark oder schwach sein können.*

Aufgrund der bestehenden mehr oder minder großen Übereinstimmung zwischen den beiden Zeichen eines Binoms kann man jedes Binom als eine zusammenhängende Qualität und eine mehr oder weniger große Kraft ansehen. Hier folgt die Liste der Binome; die Großbuchstaben bezeichnen den von A bis D absteigenden Wert*:

| | | | | | | | | | | | |
|---|---|---|---|---|---|---|---|---|---|---|---|
| 1 | C | 11 | B | 21 | D | 31 | B | 41 | C | 51 | A |
| 2 | C | 12 | B | 22 | D | 32 | B | 42 | C | 52 | A |
| 3 | B | 13 | D | 23 | B | 33 | C | 43 | A | 53 | C |
| 4 | C | 14 | B | 24 | D | 34 | C | 44 | C | 54 | A |
| 5 | A | 15 | B | 25 | B | 35 | A | 45 | B | 55 | B |
| 6 | B | 16 | B | 26 | A | 36 | B | 46 | B | 56 | A |
| 7 | C | 17 | B | 27 | D | 37 | B | 47 | C | 57 | A |
| 8 | C | 18 | B | 28 | D | 38 | B | 48 | C | 58 | A |
| 9 | B | 19 | D | 29 | B | 39 | C | 49 | A | 59 | B |
| 10 | C | 20 | C | 30 | D | 40 | C | 50 | B | 60 | A |

* A = stark; B = zufriedenstellend; C = neutral; D = schwach

Die Hinweise, die wir gegeben haben, ermöglichen dank der Binome und Zeichen die Auffindung der »Aspekte« unseres Horoskops, das heißt, der mehr oder minder günstigen Eigenschaften insgesamt. Um aber wirklich zu interpretieren, müssen wir jetzt die Beziehungen der Binome und Zeichen mit den fünf Wirkkräften studieren.

# Drittes Kapitel

# Wechselwirkungen
# zwischen den fünf Wirkkräften

## Grundlegende Kräfte im Universum

*Die fünf Wirkkräfte stellen die im Universum wirken-
den grundlegenden Kräfte dar. In Verbindung mit den
Zeichen sind sie die Grundlage aller Horoskope.*

Die fünf Wirkkräfte werden häufiger die »Fünf Elemente« genannt. Trotz
herrschender Meinung gebrauche ich jedoch diesen Ausdruck nicht; in
erster Linie deswegen nicht, weil es eine einzige Sinnwidrigkeit ist. Das
chinesische Schriftzeichen 行 *hing,* das sie darstellt, hat lediglich die
Bedeutung »gehen« oder »handeln«. Nicht um Empedokles Verdruß zu
bereiten, stellen für die Chinesen die fünf Wirkkräfte gerade *nicht* die das
Universum bildenden Elemente dar, sondern die in Wirkung und Gegen-
wirkung ewig beweglichen und fließenden Kräfte. Dieselben Übersetzer
verwenden das Wort »Energie«, wenn sie dieses Schriftzeichen in einem
anderen Zusammenhang antreffen.[9] Wenn man das Holz, das Feuer, die
Erde, das Metall und das Wasser real als Stoffe ansieht, verfälscht man
den Sinn, da es sich nur um Symbole handelt, die aus ganz bestimmten
Gründen gewählt wurden, jedoch ganz und gar nicht wörtlich genommen werden sollten.[10]
  Die fünf Wirkkräfte sind der wichtigste Schlüssel zur Interpretation der
Zeichen des Schicksals, mit denen sie innigst verbunden sind. Viele
chinesische Handbücher über Wahrsagung geben sich damit zufrieden
und beziehen in ihre Berechnungen weder die zwölf Tiere noch die
achtundzwanzig Konstellationen ein.

*Wechselnd zwischen Yin und Yang, dürfen die fünf Wirkkräfte nicht isoliert betrachtet werden. In den Augen der Chinesen entspringt alles Sein ihrem stetigen Wechselwirken.*

Man kann die fünf Wirkkräfte auf verschiedene Weise klassifizieren, je nachdem ob man die eine oder die andere ihrer gegenseitigen Beziehungen unterstreichen will. Wir folgen der Ordnung, die sich an die Folge der Jahreszeiten anlehnt; diese sogenannte Ordnung der »wechselseitigen Erschaffung« ist für den in diesem Buch behandelten Gegenstand am besten zu gebrauchen.

Hier diese Ordnung und ihre bildliche Darstellung:

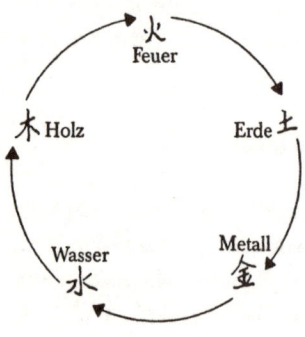

| | mou | das Holz, |
|---|---|---|
| erzeugt | houo | das Feuer, |
| welches | tou | die Erde erzeugt, |
| welche | kin | das Metall erzeugt, |
| welches | chouei | das Wasser erzeugt, |
| welches | wiederum | das Holz erzeugt; |

womit der Zyklus von neuem beginnt.

Die Wirkkraft, die erzeugt und schützt, erhält natürlich die Wirkkraft, die sie hervorruft. *Das gilt in gleicher Weise für alles, was mit ihnen in Beziehung steht.*

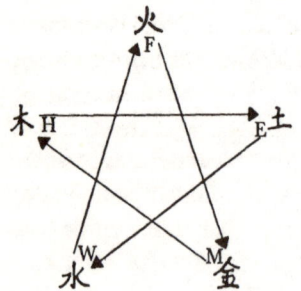

Die zweite Grundform der Beziehung heißt »Ordnung der wechselseitigen Eroberung« (oder Zerstörung):

| das Holz | erobert | die Erde, |
|---|---|---|
| das Feuer | erobert | das Metall, |
| die Erde | erobert | das Wasser, |
| das Metall | erobert | das Holz, |
| das Wasser | erobert | das Feuer. |

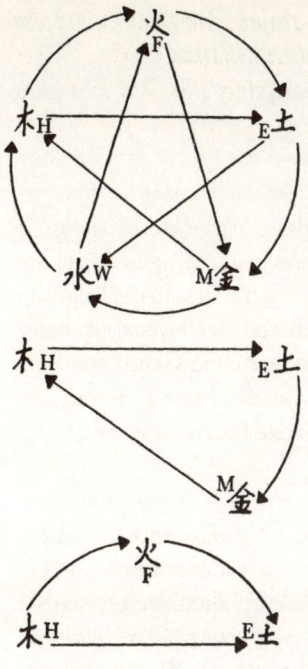

Durch Kombination dieser beiden Ordnungen kann man zwei Prinzipien ableiten:

Das Prinzip der *Kontrolle*

Das Holz erobert die Erde, aber das Metall kontrolliert diesen Vorgang, da es der Erde beisteht, indem es Holz angreift. In gleicher Weise erobert das Feuer das Metall, jedoch das Wasser hält diesen Vorgang unter Kontrolle. Die Erde erobert das Wasser, jedoch unter Kontrolle des Holzes. Das Metall erobert das Holz, aber das Feuer kontrolliert diesen Vorgang. Schließlich erobert das Wasser das Feuer, jedoch unter Kontrolle der Erde.

Das Prinzip der *Korrektur*

Das Holz erobert die Erde, aber das Feuer unterbricht diesen Prozeß, da es die Erde hervorbringt und ihr deshalb beisteht; da das Holz das Feuer hervorbringt, kann es gegen dieses nichts unternehmen. Das Feuer erobert das Metall, aber die Erde unterbricht diesen Prozeß. Die Erde erobert das Wasser, aber das Metall unterbricht diesen Prozeß. Das Metall erobert das Holz, aber das Wasser unterbricht den Prozeß. Das Wasser erobert das Feuer, aber das Holz unterbricht den Prozeß.

Damit ein Temperament ausgeglichen ist, müssen die fünf Wirkkräfte im Horoskop erscheinen. Fehlt in einem Horoskop eine Wirkkraft, sucht man dadurch Abhilfe, indem man dem Vornamen ein Schriftzeichen beifügt, in dem das fehlende Element graphisch enthalten ist. Dies ist einfach, da die fünf Wirkkräfte in sehr vielen chinesischen Schriftzeichen vorkommen.

# Beziehungen zwischen
# den Binomen und den Wirkkräften

*Zunächst muß man die zwischen den sechzig Binomen
und den fünf Wirkkräften bestehenden Beziehungen
charakterisieren.*

Wie die chinesischen Texte sagen, ist jedes Binom »sichtbar« mit dem
Charakter einer bestimmten Wirkkraft verbunden. Erinnern wir uns
dabei daran, daß zwei ungeradzahlige und geradzahlige Binome, die
einander folgen, mit derselben Wirkkraft verbunden sind, wobei Yang
und Yin wechseln.

Die chinesische Tabelle nennt die zwischen den Binomen und den
Wirkkräften bestehenden Beziehungen. Die Übersetzung ist auf den
Seiten 58 ff. abgedruckt. Man liest die Tabelle von der rechten oberen
Ecke. Die Yang- und Yin-Binome sind in jedem Feld zweifach angeord-
net, die entsprechende Wirkkraft unmittelbar darunter. Die Binome
folgen einander in bestimmter Ordnung von rechts an. Es sind dreißig
Binom-Paare vorhanden, und jede jeweils mit einem poetischen Namen
versehene Wirkkraft wiederholt sich sechsmal.[11]

Diese Symbole sind derart beredt, daß sie keines weiteren Kommen-
tars bedürfen. Die mit einem Binom verbundene Wirkkraft deutet das
Schicksal an, wobei die Bedeutung, die auf das Jahr Bezug nimmt, am
tiefgreifendsten ist.

## ◎六十甲子納音五行表

| | | | | |
|---|---|---|---|---|
| 甲子乙丑　海中金 | 丙寅丁卯　爐中火 | 戊辰己巳　大林木 | 庚午辛未　路傍土 | 壬申癸酉　劍鋒金 |
| 甲戌乙亥　山頭火 | 丙子丁丑　澗下水 | 戊寅己卯　城頭土 | 庚辰辛巳　白蠟金 | 壬午癸未　楊柳木 |
| 甲申乙酉　井泉水 | 丙戌丁亥　屋上土 | 戊子己丑　霹靂火 | 庚寅辛卯　松柏木 | 壬辰癸巳　長流水 |
| 甲午乙未　沙中金 | 丙申丁酉　山下火 | 戊戌己亥　平地木 | 庚子辛丑　壁上土 | 壬寅癸卯　金箔金 |
| 甲辰乙巳　覆燈火 | 丙午丁未　天河水 | 戊申己酉　大驛土 | 庚戌辛亥　釵釧金 | 壬子癸丑　桑柘木 |
| 甲寅乙卯　大溪水 | 丙辰丁巳　沙中土 | 戊午己未　天上火 | 庚申辛酉　石榴木 | 壬戌癸亥　大海水 |

| 1 | I | 1 | kiatseu | Yang | Metall | »Gold aus dem |
| 2 | II | 2 | yitcheou | Yin | | Meeresgrund« |
| | | | | | | |
| 3 | III | 3 | pingyin | Yang | Feuer | »Herdfeuer« |
| 4 | IV | 4 | tingmao | Yin | | |
| | | | | | | |
| 5 | V | 5 | woutch'en | Yang | Holz | »Baum des großen |
| 6 | VI | 6 | kiseu | Yin | | Waldes« |
| | | | | | | |
| 7 | VII | 7 | kengwou | Yang | Erde | »Erde am Wegesrand« |
| 8 | VIII | 8 | hsinwei | Yin | | |
| | | | | | | |
| 9 | IX | 9 | jenchen | Yang | Metall | »Stahl einer schneiden- |
| 10 | X | 10 | koueiyeou | Yin | | den Klinge« |
| | | | | | | |
| 1 | XI | 11 | kiahsiu | Yang | Feuer | »Glut auf dem Hügel« |
| 2 | XII | 12 | yihai | Yin | | |
| | | | | | | |
| 3 | I | 13 | pingtseu | Yang | Wasser | »Durchdringendes und |
| 4 | II | 14 | tingtcheou | Yin | | befruchtendes Wasser« |
| | | | | | | |
| 5 | III | 15 | wouyin | Yang | Erde | »Erde auf einer |
| 6 | IV | 16 | kimao | Yin | | Stadtmauer«[1] |
| | | | | | | |
| 7 | V | 17 | kengtch'en | Yang | Metall | »Gemahlenes Erz« |
| 8 | VI | 18 | hsinseu | Yin | | |
| | | | | | | |
| 9 | VII | 19 | jenwou | Yang | Holz | »Pappel- und Weiden- |
| 10 | VIII | 20 | koueiwei | Yin | | hain« |

---

1) Die Verteidigungsmauern der Städte bestanden oft aus gestampfter Erde.

|   |   |   | verbunden mit dem/der |   |   |
|---|---|---|---|---|---|
| 1 | IX | 21 | kiachen | Yang | Wasser | »Wasser des Borns und |
| 2 | X | 22 | yiyeou | Yin | | des Quells« |
| | | | | | | |
| 3 | XI | 23 | pinghsiu | Yang | Erde | »Erde des Daches« |
| 4 | XII | 24 | tinghai | Yin | | |
| | | | | | | |
| 5 | I | 25 | woutseu | Yang | Feuer | »Lichtglanz des Blitzes« |
| 6 | II | 26 | kitcheou | Yin | | |
| | | | | | | |
| 7 | III | 27 | kengyin | Yang | Holz | »Zedern- und Pinien- |
| 8 | IV | 28 | hsinmao | Yin | | hain«[2] |
| | | | | | | |
| 9 | V | 29 | jentch'en | Yang | Wasser | »Fließendes Wasser« |
| 10 | VI | 30 | koueiseu | Yin | | |

|   |   |   |   |   |   |
|---|---|---|---|---|---|
| 1 | VII | 31 | kiawou | Yang | Metall | »Gold im Sand« |
| 2 | VIII | 32 | yiwei | Yin | | |
| | | | | | | |
| 3 | IX | 33 | pingchen | Yang | Feuer | »Glut am Fuße des |
| 4 | X | 34 | tingyeou | Yin | | Hügels« |
| | | | | | | |
| 5 | XI | 35 | wouhsiu | Yang | Holz | »Gehölz der Ebene« |
| 6 | XII | 36 | kihai | Yin | | |
| | | | | | | |
| 7 | I | 37 | kengtseu | Yang | Erde | »Mauererde« |
| 8 | II | 38 | hsintcheou | Yin | | |
| | | | | | | |
| 9 | III | 39 | jenyin | Yang | Metall | »Metall des Spiegels« |
| 10 | IV | 40 | koueimao | Yin | | |

2) Symbol der Langlebigkeit.

verbunden
mit
dem/der

| | | | | | | |
|---|---|---|---|---|---|---|
| 1 | V | 41 | kiatch'en | Yang | Feuer | »Schein der Lampe« |
| 2 | VI | 42 | yiseu | Yin | | |
| | | | | | | |
| 3 | VII | 43 | pingwou | Yang | Wasser | »Wasser des Himmli- |
| 4 | VIII | 44 | tingwei | Yin | | schen Stromes«[1] (1) |
| | | | | | | |
| 5 | IX | 45 | wouchen | Yang | Erde | »Erde des großen |
| 6 | X | 46 | seuyeou | Yin | | Weges« |
| | | | | | | |
| 7 | XI | 47 | kenghsiu | Yang | Metall | »Metall der Armreifen |
| 8 | XII | 48 | hsinhai | Yin | | und Haarklammern« [12] |
| | | | | | | |
| 9 | I | 49 | jentseu | Yang | Holz | »Holz des Maulbeer- |
| 10 | II | 50 | koueitcheou | Yin | | baumes« |
| | | | | | | |
| 1 | III | 51 | kiayin | Yang | Wasser | »Wasser der Bäche« |
| 2 | IV | 52 | yiamao | Yin | | |
| | | | | | | |
| 3 | V | 53 | pingtch'en | Yang | Erde | »Im Sand verborgener |
| 4 | VI | 54 | tingseu | Yin | | Boden« |
| | | | | | | |
| 5 | VII | 55 | wouwou | Yang | Feuer | »Licht der Himmels- |
| 6 | VIII | 56 | kiwei | Yin | | höhe« |
| | | | | | | |
| 7 | IX | 57 | kengchen | Yang | Holz | »Holz des Granatapfel- |
| 8 | X | 58 | hsinyeou | Yin | | baumes«[2] |
| | | | | | | |
| 9 | XI | 59 | jenhsiu | Yang | Wasser | »Wasser des Ozeans« |
| 10 | XII | 60 | koueihai | Yin | | |

1) Die Milchstraße ist hier poetisch gemeint.
2) Symbol zahlreicher Nachkommenschaft.

# Isoliert gefaßte Beziehungen zwischen den Wirkkräften und den Zeichen

*Die Beziehungen zwischen den Zehnerzeichen und den Wirkkräften sind leicht aufzustellen. Die Beziehungen zwischen den Zwölferzeichen und den Wirkkräften werfen einige Probleme auf. Wir haben die am häufigsten benutzte Methode ausgewählt.*

Um die Wirkkräfte und Zeichen in Beziehung zu bringen, gibt es mehrere Systeme. Hinsichtlich der Zehnerzeichen gibt es zwei Systeme, wobei wir das einzige System ausgewählt haben, das immer in der Astrologie verwandt wird. In bezug auf die Zwölferreihe (fünf Wirkkräfte, zwölf Zeichen) sind die Beziehungen noch weniger augenscheinlich; ich habe die Methode ausgewählt, die ich für die beste halte, und die auch am häufigsten benutzt wird.

## Beim Zehnerzyklus

Die Zehnerzeichen, die den ersten Bestandteil eines jeden Binoms ausmachen, sind die ältesten bekannten zyklischen Zeichen. Ursprünglich bezeichneten sie die Tage und wurden, wie es scheint, in die Namen-Zeichen der Personen aufgenommen, die an dem Tag, da sie auftraten, geboren wurden.[13] Wie wir bereits gesehen haben, stehen sie zu den Jahreszeiten ebenfalls in sehr enger Beziehung.

Die Abbildung auf Seite 62 veranschaulicht die Beziehung der Zehnerzeichen (doppelt und jeweils wechselnd nach Yang und Yin angeordnet) und der Wirkkräfte, mit denen sie durch Zeit und Raum verbunden sind. Dabei bedeutet die Zeit die vier Jahreszeiten (wobei zu beachten ist, daß die Hundstage eine fünfte Jahreszeit bedeuten, die die Rückkehr zur Wirkkraft Erde anzeigt), während der Raum die fünf Himmelsrichtungen sind (die vier Windrichtungen und das Zentrum, der Nadir).

Von außen zum Zentrum zugehend, haben wir nach und nach die

vier Jahreszeiten und die Hundstage;
fünf Himmelsrichtungen;
fünf Wirkkräfte: jeweils links Yang und rechts Yin;
Zehnerzeichen.

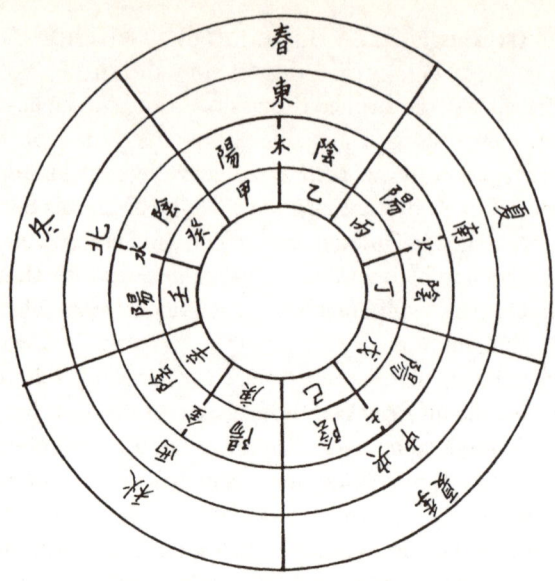

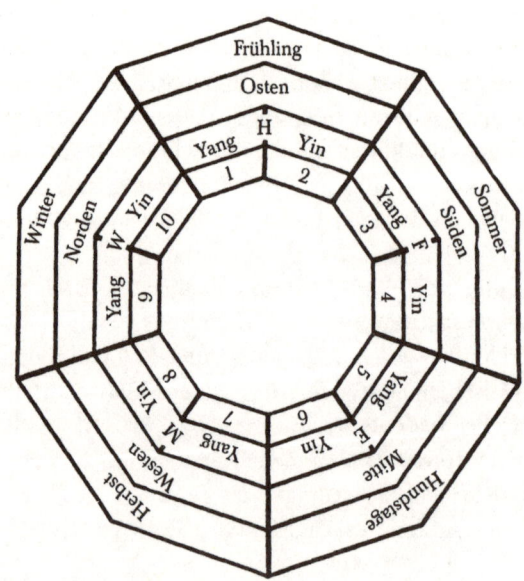

Beziehungen der Wirkkräfte und der Zehnerzeichen

## Beim Zwölferzyklus

Die Zwölferzeichen, die zweiten Bestandteile der Binome des Sechziger-zyklus, scheinen historisch jüngeren Datums zu sein. Von Bedeutung sind sie insbesondere hinsichtlich ihrer Beziehungen zu Jahren, Monaten und Stunden. Der Zyklus der zwölf Jahre (ein Fünftel des Sechzigerzyklus, eine grundlegende Periode), der annähernd auf der Umlaufzeit des Planeten Jupiter beruht, ist in China seit Urzeiten bekannt. Häufig wird er mit dem Zyklus der zwölf Tiere verwechselt, der den Zwölfjahreszyklus überdeckt, ohne mit ihm zu verschmelzen – was einige Autoren veranlaßt hat, von einem chinesischen Tierkreis zu sprechen. Ich werde Gelegenheit haben, darauf zurückzukommen. Merken wir uns lediglich, daß die beiden Systeme nicht identisch sind; außerdem genügt es, anzuführen, daß die zwölf Tiere nicht in der gleichen Weise Yin und Yang sind wie die Zeichen.

In derselben Weise wie bei der Abbildung auf Seite 62 wenden wir uns nun den Zeichen und den an sie gebundenen Wirkkräften in bezug auf die verschiedenen Zeiten zu. Die Jahre haben zwölf Monate, und die Wirkkräfte, wechselnd Yin und Yang, sind zehn an der Zahl; eine Wirkkraft, die Erde, muß viermal wiederkehren. Diese Wiederkehr in der dritten Periode einer jeden Jahreszeit ist eine ausgesprochen wichtige Tatsache, was zu unterstreichen ich im zweiten Teil dieses Werkes noch Gelegenheit haben werde. Auch auf die Übereinstimmung mit den zwölf Tieren, mit dem Raum und mit den fünf Himmelsrichtungen wird noch hingewiesen.

Von außen zum Zentrum zugehend, haben wir nach und nach die

vier Jahreszeiten;
fünf Himmelsrichtungen;
fünf Wirkkräfte;
zwölf zyklischen Tiere. Die neben den Tieren stehenden Plus- und Minuszeichen bedeuten: plus (+), wenn das Tiersymbol Yang ist, und minus (−), wenn es Yin ist;
Zeichen des Zwölferzyklus.

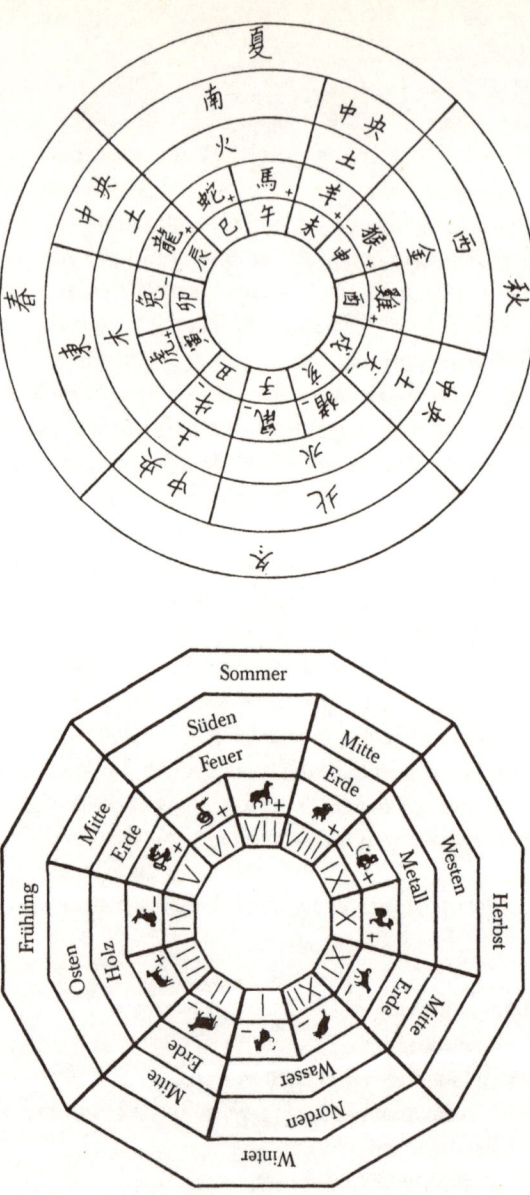

Beziehungen der Wirkkräfte und der Zwölferzeichen.

Schnellhoroskop: Eine verbreitete Methode des Schnellhoroskops betrachtet ausschließlich die Beziehung, die zwischen vier der acht Zeichen und den Wirkkräften besteht, die mit ihnen verbunden sind: die Zwölferzeichen des Monats, die Zehnerzeichen des Tages und die zwei Stundenzeichen.

Schon oben wurde darauf hingewiesen, daß die Auffindung der fünf
Wirkkräfte in einem Horoskop günstige Bedeutung hat. Dennoch haben
sie bei der Lektüre eines Horoskops nicht immer dieselbe Bedeutung;
tatsächlich ändert sich die Bedeutung je nachdem was man betrachtet:

### Das Jahr

Die mit dem Binom verbundene Wirkkraft ist in diesem Fall die wichtigste, da sie, wenn man sie mit der Wirkkraft des Tageszeichens vergleicht,
die Charakteristika unseres Schicksals angibt. Die Ordnung der Wirkkräfte wird also folgende sein: Die mit dem Binom verbundene Wirkkraft, die mit dem Zwölferzeichen verbundene Wirkkraft und schließlich
die mit dem Zehnerzeichen verbundene Wirkkraft.

Die Wirkkräfte des Jahres bezeichnen die mehr offensichtlichen Aspekte
einer Persönlichkeit, sozusagen das soziale Ich.

### Der Monat

Diese mit dem Zwölferzeichen verbundene Wirkkraft ist die wichtigste.
Die Reihenfolge ihrer Bedeutung ist folgende: Die mit dem Zwölferzei-
chen verbundene Wirkkraft, die mit dem Zehnerzeichen verbundene
Wirkkraft und die mit dem Binom verbundene Wirkkraft, die nur zu dem
Zweck eingreift, einen Faktor hervorzuheben oder eventuell den Gleichge-
wichtszustand zwischen zwei anderen wiederherzustellen.

### Der Tag

Hier handelt es sich um die mit dem den ersten Platz einnehmenden
Zehnerzeichen verbundene Wirkkraft. Manche sehen darin den Schlüssel zum ganzen Gebäude einer Arbeit am Horoskop, denn es kommt von
der mit dem Zwölferzeichen verbundenen Wirkkraft her und wird von
der mit dem Binom verbundenen Wirkkraft gefolgt. Es sei bemerkt, daß
der Glücksfaktor durch die Beziehung zwischen der Wirkkraft des Jahresbinoms und der des Tagesbinoms charakterisiert ist.

### Die Stunde

Die mit dem Binom verbundenen Wirkkräfte werden wie die für die
Monate interpretiert. Die Stunde enthält die intimsten und oft verborgenen Hinweise über den Charakter eines Individuums, von dem es das

tiefste Ich ausdrückt. Deshalb sehen viele darin das grundlegende Element des Horoskops.

(Anmerkung: Die den aufgefundenen Faktoren im Jahr, Monat, Tag oder in der Stunde der Geburt zuzuschreibende Bedeutung variiert entsprechend dem genauen Augenblick des Zutagetretens. Wie bei den Mondphasen, deren maximaler Einfluß im dritten Viertel [Vollmond] liegt, verstärkt sich der Einfluß der Wirkkräfte zu Beginn der Mitte einer Periode, um beim Wechsel eines Zeichens abzunehmen und praktisch null zu werden. Wie bei den Tierkreiszeichen kann es in diesen Grenzfällen zu gewissen Unsicherheiten kommen.)

# Viertes Kapitel

# Interpretation der Rolle der fünf Wirkkräfte

*Die fünf Wirkkräfte befinden sich in ständiger Aktion;*
*daher muß man sich davor hüten, sie zu realistisch zu*
*interpretieren.*

Erinnern wir uns daran, daß die fünf Wirkkräfte, die bald Yin, bald Yang sind, bald geben, bald empfangen, nie isoliert, sondern als in beständiger Wechselwirkung begriffene Kräfte betrachtet werden müssen. Mehr noch muß man, wie wir noch sehen werden, sich davor hüten, die Symbole, die sie darstellen, zu wörtlich zu nehmen.

Beachten wir, daß nach chinesischer Auffassung das Wasser durchaus das befruchtende Prinzip darstellt, wodurch Leben entsteht, daß es jedoch vor allem mit Kälte und Strenge verbunden ist. Das Wasser schenkt dem Holz Leben. Holz wird zur Phantasie, zur schöpferischen Kraft, die das Feuer, die Leidenschaft (nicht unbedingt die Liebe) zur Erfüllung führt.

Zum andern ist das Feuer in der Symbolik des Himmlischen Reiches mit der Feuchtigkeit und der üppigen Vegetation verbunden. Die Erde stellt die Rückkehr zum Zentrum, zum Mittelpunkt, die notwendige Realität dar, ohne die sie nicht bestehen kann. Sie erschafft das Metall, Härte, Willen und Wirkung auf die Dinge und die Wesen, das seinerseits das den Zyklus abschließende Wasser erschafft, und alles beginnt dann wieder von neuem.

Jedes dieser Prinzipien ist von Natur aus fruchtbar. Gefahr tritt nur dann auf, wenn es im Übermaß vorhanden ist oder wenn es ihm mangelt: Das Wasser befruchtet, im Übermaß führt es jedoch zu Überschwemmungen; die Wärme belebt, verzehrt jedoch im Übermaß, usw. Hier läßt die Plastik des Ausdrucks dieses Prinzip gut verstehen. Nur bei der Erde (sie scheint sich unter den fünf Wirkkräften besonders hervorzuheben, was ihre vierfache Rückkehr im Zyklus der Monate beweist) scheint das Übermaß nicht gefährlich zu sein, allenfalls mangelt es ihr an Dynamik.

Selbstverständlich ändert sich der Wirkungsaspekt ein und derselben Wirkkraft, je nachdem ob sie Yang oder Yin ist. So ist das die Willenskraft ausdrückende Metall im Falle von Yang eine Kraft, die nach außen wirkt und sich mitteilt; ist es Yin, bedeutet es Konzentration, Rückzug in sich selbst, ja beinahe Starrsinn.

*Die Rolle der fünf Wirkkräfte und das, was sie nach chinesischer Auffassung bedeuten, läßt sich am besten durch die Interpretation eines ausgesprochen ehrwürdigen Werkes, des Nei King, vervollständigt durch mündliche Überlieferung, verständlich machen.*

## Interpretation der Wirkkraft Holz

Im Himmel erzeugt der Osten den Wind und auf der Erde erzeugt er das Holz.

Das Holz steht mit dem Morgen und dem Frühling in Verbindung. Das Organ, das ihm im menschlichen Körper entspricht, ist die Leber, und der zu ihm passende Geschmack ist das Saure. Ihre Natur ist gemäßigt, ihre Tugend liegt in der Harmonie, ihre Qualitäten liegen in Schönheit und Eleganz. Sie fördert und ertüchtigt. Ihre Leidenschaftlichkeit besteht im Zorn. Sie läuft Gefahr zu verkommen und zu verderben; durch Übertreibung erreicht sie das Gegenteil. Aufbrausend und mißtrauisch, bleibt die Haltung dennoch immer würdevoll. Im Staatswesen entspricht das Holz dem Minister für Landwirtschaft und einem entspannten, ausgeglichenen Regierungsstil. Sie stellt die schöpferische Kraft dar: künstlerische Kreativität, Phantasie, Poesie, Freiheit. Sie kann Künstler, Dichter oder Landwirte hervorbringen.

*Physischer Typ:*[15] Das Individuum vom Typ Holz ist im allgemeinen hoch aufgeschossen, hager und sehr aufrecht. Es hat eine olivfarbene Hautfarbe, hübsche Augen, kräftigen Bartwuchs, rote Lippen, feine und kleine Extremitäten und eine zarte Haut. Eine zu helle Hautfarbe wäre unvorteilhaft, da dies einen ungünstigen Einfluß des Metalls auf das Holz anzeigen würde; eine dunkle Hautfärbung wäre dagegen ein gutes Zeichen, da dies vom Wasser käme, die das Holz erzeugt. Falls es nicht zu schwach ist, kann jedoch ein gewisses Quantum von Metall für seine Gesundheit nur gut sein.

## Interpretation der Wirkkraft Feuer

Im Himmel erzeugt der Süden die Hitze, auf der Erde erzeugt er das Feuer.

Das Feuer ist mit dem Vormittag, dem Mittag und dem Sommer verbunden. Organ: das Herz. Geschmack: das Bittere. Seine Natur ist die Hitze; seine Tugend ist lebhaftes Aus-sich-Herausgehen (fast Prahlerei); seine Qualität ist der Wohlstand, es brennt, ändert rasch die Form. Seine Gefahr liegt in dem destruktiven Einfluß. Sein Gemütszustand ist die Freude. Im Staatswesen entspricht das Feuer dem Kriegsminister, sein Regierungsstil ist aufgeklärt, hell und klar. Gewalttätig und jähzornig wie es ist, stellt es die Leidenschaft dar: Ungestüm, Hitzköpfigkeit, aber auch Klarheit, da es hellsichtig ist; ein zu Militärs und Tatmenschen passendes Temperament.

*Physischer Typ:* Gesunde, oftmals rötliche Gesichtsfarbe. Das Gesicht sollte im unteren Teil ein wenig länger sein. Gebogene Nase, freie Ohrläppchen. Bart und Augen neigen zu kastanienbrauner Farbe. Feiste Wangen, zu große Augen, ein zu großer Mund und zu große Ohren wären für ein Individuum dieses Typs ungünstig: das sind Charakteristika des Typs Wasser, das das Feuer auslöscht. Günstig wären für ihn die Charakteristika des Holzes: eine gerade und schmale Taille.

## Interpretation der Wirkkraft Erde

Im Himmel erzeugt der Zenit die Feuchtigkeit, die auf dem Land die Erde erzeugt.

Die Erde ist mit dem Beginn des Nachmittags und mit den Hundstagen (feuchte Periode des Sommers in Nordchina) verbunden. Ihr Organ ist die Milz, ihr Geschmack ist das Süße. Ihre Tugend liegt im Durchtränken und Durchdringen, mit der Gefahr der Überschwemmung und des Verfaulens. Ihre Qualität ist der Überfluß, ihre Wirkung die langsame Veränderung. Das Individuum dieses Typs ist für das Denken und die Meditation begabt. Im Staatswesen entspricht diese Wirkkraft dem Innenminister und einem auf Klugheit beruhenden Regierungsstil. Sie symbolisiert den Realismus, den Sinn für Arbeit, die in beharrlicher Arbeit begründete Fruchtbarkeit und die Umsicht. Ein Temperament, das zu einem Geschäftsmann und einem Finanzier paßt.

*Physischer Typ:* Gelbe Gesichtsfarbe, feiste, kräftige und gediegene Züge, besonders bei Ohren, Nase und Mund. Kräftige Augenbrauen, runder Rücken, flacher Bauch (wie bei der Schildkröte, dem Symbol der Erde). Für ein Individuum dieses Typs wären ein Bart, dichte und buschige Haare oder so große Magerkeit, daß die Knochen hervortreten, ungünstig: das sind die für die Erde unvorteilhaften Charakteristika des Typs Holz. Eine gesunde Hautfarbe ist hingegen günstig, da sie das Charakteristikum des die Erde erzeugenden Feuers ist.

## Interpretation der Wirkkraft Metall

Im Himmel erzeugt der Westen die Trockenheit, die auf der Erde das Metall erzeugt (der Osten, die Himmelsrichtung der vom Meer herankommenden Winde, bewirkt in China die Fruchtbarkeit, wohingegen der Westen die Himmelsrichtung ist, von wo die von der Steppe kommenden Winde herrühren).

Das Metall ist mit dem Herbst und dem Abend verbunden. Sein Körperorgan ist die Lunge, sein Geschmack das Herbe. Seine Natur ist die Frische. Seine Tugend ist die Klarheit oder die Reinheit (vor allem, bei den Frauen, die Keuschheit). Seine Qualitäten sind die Beharrlichkeit und der Wirklichkeitssinn; es entspricht der Ernte. Seine Gefahr liegt in seinem destruktiven Charakter, da es den Stillstand anzeigt. Solid und ausdauernd wie es ist, ist seine Leidenschaft die Fürsorglichkeit, die in Grämlichkeit und Mißmut umschlagen kann. Wortgewandt, entspricht es im Staatswesen dem Justizminister und einer tatkräftigen Verwaltung. Kurz, es symbolisiert den Willen, die beharrliche Strenge und die Redlichkeit. Ein Temperament, das zu einem Juristen und zu einem Anwalt paßt.

*Physischer Typ:* Helle Gesichtsfarbe, gerade Ohren, gute allgemeine Erscheinung. Viereckiges Gesicht, harmonische Lippen und Zähne. Die Fingerkuppen sind klein und viereckig. Ein spitzer Kopf, eine spitze Nase und ein stets rosiger Teint wären für ein Individuum dieses Typs ungünstig, da dies die Charakteristika des Feuers sind; Robustheit ist dafür sehr günstig, da die Erde das Metall gebiert. Bei Übermaß an Kälte wäre hingegen ein wenig Einfluß des Feuers für ihn nützlich.

# Interpretation der Wirkkraft Wasser

Im Himmel erzeugt der Norden die Kälte, die auf der Erde das Wasser erzeugt (insofern als in China die Wirkkraft Wasser weniger als Quell der Fruchtbarkeit, als vielmehr unter dem Aspekt von Kälte und Eis angesehen wird).

Das Wasser ist mit dem Winter und mit der Nacht verbunden. Im Körper ist sein Organ die Niere, sein Geschmack ist das Salzige. Seine Natur ist die Kühle, seine Tugenden sind die Strenge, die Härte und das Fehlen von Leidenschaften. Sein Wirken erzeugt die Ehrfurcht. Das Wasser erhöht die Spannkraft, bezeichnet jedoch den völligen Stillstand. Die Individuen dieses Typs sind ängstlich und ein wenig schreckhaft. Sie können zuhören. Im Staatswesen entspricht es dem Arbeitsminister; seine Art zu regieren beruht auf Ruhe. Das Wasser ist eine fruchtbare, aber Zurückhaltung übende Kraft, zu ruhig und geschlossen in sich selbst. Ein zu Kaufleuten und Handwerkern passendes Temperament.

*Physischer Typ:* Durch Rundlichkeit charakterisiert; beleibt, dick und fett, Ohren und Mund fleischig, weiche und geschmeidige Haut, glänzende Haare, dunkler Teint und fleischige Hände. Ohren ohne Ohrläppchen, gelblicher Teint und glanzlose Augen wären besonders für ein Individuum dieses Typs ungünstig, da dies einen Einfluß der Erde anzeigen würde. Ebenso würde es ein Übermaß der Wirkkraft Wasser bedeuten, wenn die Nase ständig liefe oder der Mund ständig geöffnet wäre. Ein heller Teint wäre hingegen günstig, da dies eine Einwirkung des Metalls bedeuten würde. Wenn er dick ist und schlaffe Wangen hat, läuft er Gefahr, keine Nachkommenschaft bekommen zu können.

# Bildliche Darstellung sämtlicher zwischen den Wirkkräften bestehenden Beziehungen[16]

Die Abbildung auf den Seiten 72 und 73 ermöglicht die Erfassung aller zwischen den Schicksalszeichen und den Wirkkräften bestehenden Beziehungen. Wir finden, von außen nach innen fortschreitend:
die mit den nachfolgenden Binomen verbundenen Wirkkräfte;
die Zehnerzeichen;
die Zwölferzeichen;
die mit ihnen verbundenen Wirkkräfte.

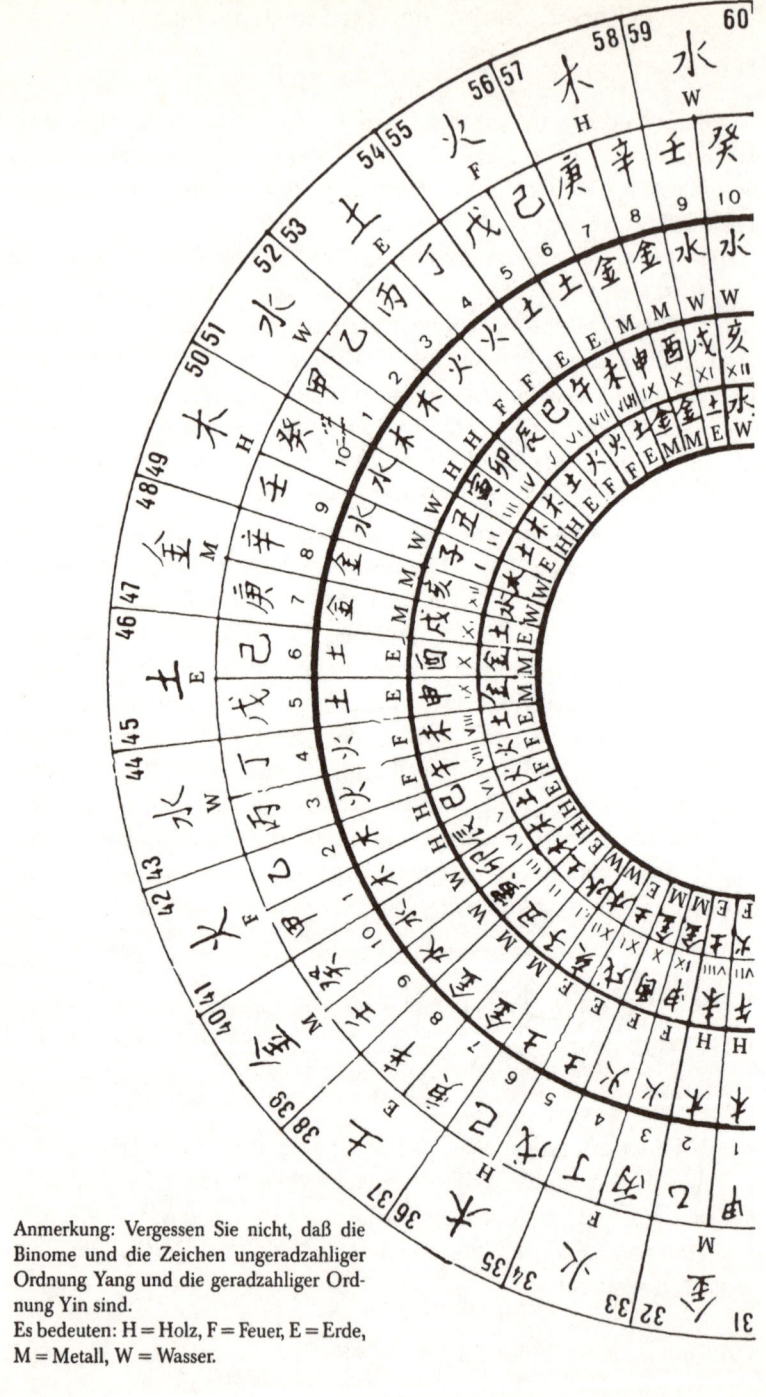

Anmerkung: Vergessen Sie nicht, daß die
Binome und die Zeichen ungeradzahliger
Ordnung Yang und die geradzahliger Ord-
nung Yin sind.
Es bedeuten: H = Holz, F = Feuer, E = Erde,
M = Metall, W = Wasser.

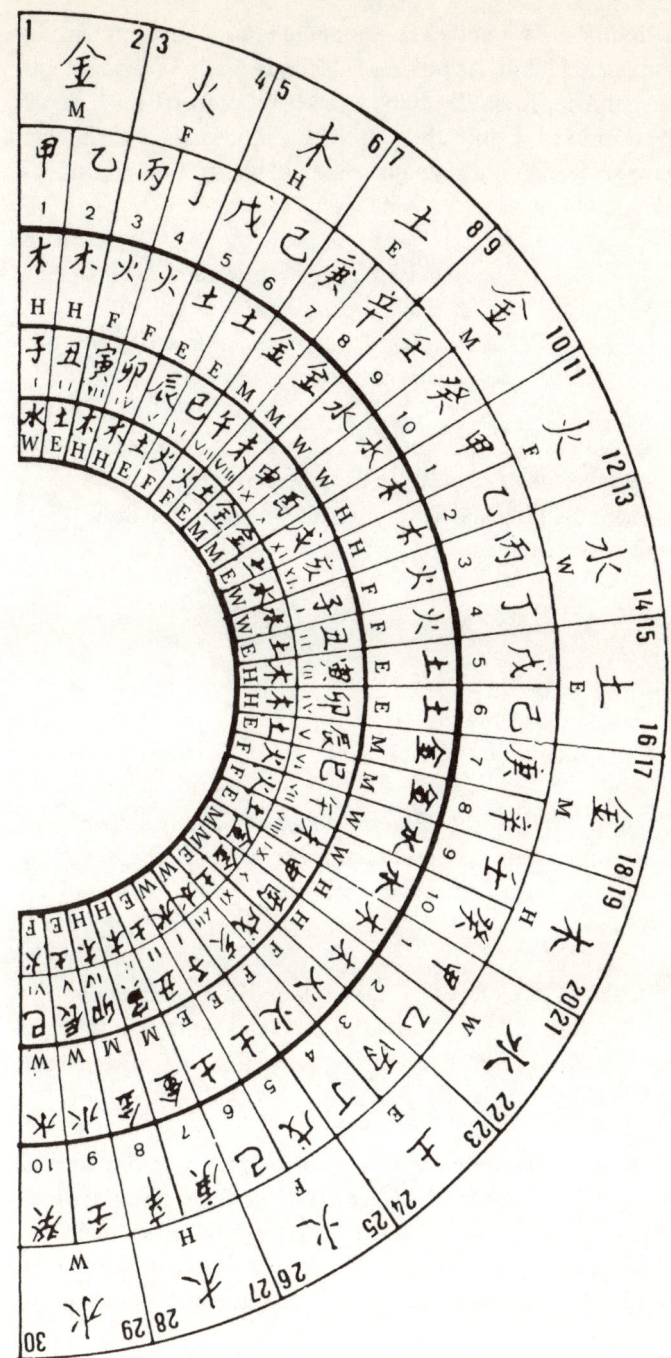

73

Wir haben dort die wesentlichen Bestandteile zum Studium der vier Binome und der acht Zeichen unseres Schicksals. Viele Wahrsager, darunter diejenigen, die die alte Tradition wahren, geben sich bei der Erstellung eines Horoskops damit zufrieden. Dies gilt besonders für Ehevermittler, wenn sie im Hinblick auf eine Eheschließung zwei Horoskope miteinander vergleichen.

> *Im Hinblick auf das im vorigen Kapitel Ausgeführte sollen einige praktische Beispiele verdeutlichen, wie die Beziehungen zwischen den Wirkkräften eines gegebenen Binoms zu interpretieren sind.*

Die den Wirkkräften zugeschriebene Ordnung ist nicht stets dieselbe, hängt es doch davon ab, ob es sich um das Jahr, den Monat, den Tag oder die Stunde handelt. Infolgedessen ist auch die Interpretation ihrer Wechselbeziehungen verschieden.

Binom Nr. 1 (C; vgl. Seite 52)

Wirkkraft des Binoms: Metall
Wirkkraft des Zehnerzeichens: Holz
Wirkkraft des Zwölferzeichens: Wasser

*Für das Jahr:* Die Wirkkraft des Binoms dominiert; das des Zwölferzeichens hat gegenüber dem des Zehnerzeichens Vorrang. Die Kombination ist günstig: das Metall erzeugt das Wasser, das seinerseits das Holz erzeugt.

*Für den Monat:* Die Wirkkraft des Zwölferzeichens hat gegenüber dem des Zehnerzeichens Vorrang; wir haben also: Das Wasser erzeugt das Holz. Gewiß, das Metall dominiert gegenüber dem Holz, das Wasser stellt jedoch das Gleichgewicht wieder her.

*Für den Tag:* Hier hat das Zehnerzeichen den Vorrang, und das Holz ist ohne Wirkung auf das Wasser; das Metall (Wirkkraft des Binoms) dominiert gegenüber dem Holz und erzeugt das Wasser. Dabei sei nicht vergessen, daß die Wirkung der Wirkkraft des Binoms des Tages, verbunden mit der Wirkkraft des Binoms des Jahres, den Glücksfaktor bestimmt.

*Für die Stunde:* Wie für den Monat.

Binom Nr. 5 (A)

Wirkkraft des Binoms: Metall
Wirkkraft des Zehnerzeichens: Erde
Wirkkraft des Zwölferzeichens: Erde

Die Erde ist stark, sie erzeugt das Metall, und das Metall hat auf sie keine
Wirkung. Diese Kombination mag ein wenig statisch erscheinen, sie ist
jedoch von der Natur der anderen drei Binome völlig abhängig.


Binom Nr. 15 (B)

Wirkkraft des Binoms: Erde
Wirkkraft des Zehnerzeichens: Erde
Wirkkraft des Zwölferzeichens: Holz

Wenn das Zehnerzeichen vorherrschend ist, wirkt die Erde auf das Holz
nicht ein und ist stark genug, sich ihrer Beherrschung zu widersetzen.
Herrscht das Zwölferzeichen vor, ist der Fall beinahe analog.


Binom Nr. 26 (A)

Wirkkraft des Binoms: Feuer
Wirkkraft des Zehnerzeichens: Erde
Wirkkraft des Zwölferzeichens: Erde

Die Erde dominiert, ist aber in jedem Fall durch das Feuer gestärkt, das
sie erzeugt.


Binom Nr. 54 (A)

Wirkkraft des Binoms: Erde
Wirkkraft des Zehnerzeichens: Feuer
Wirkkraft des Zwölferzeichens: Feuer

Abgesehen vom Jahr, ein Fall, da die Erde auf das verstärkte Feuer nicht
einwirkt – was ein wenig kraftlose und lockere, aber dennoch günstige

Beziehungen zwischen den Wirkkräften des Binoms bewirkt –, erzeugt doch in den anderen Fällen das Feuer auf sehr starke Weise die Erde: ein überaus günstiger Aspekt.

Binom Nr. 60 (A)

Wirkkraft: In allen drei Fällen das Wasser.

Die Kombination ist übermäßig und kann daher gefährlich erscheinen; alles hängt vom Aspekt der drei anderen Binome ab.

Das, was hier nur kurz dargelegt wurde, wird im Kapitel IX vervollständigt, wo die beiden Horoskope detaillierter studiert werden.

> *Gegensätze und Widersprüche wird man zwischen den vier Binomen eines Horoskops häufig finden; ohne diese bliebe unsere Natur jedoch statisch.*

In den soeben gebrachten Beispielen hat ein jedes Binom, obwohl es natürlich strengstens isoliert betrachtet werden sollte, nur in Hinsicht auf die drei anderen einen Wert.

Notwendigerweise werden dabei zwischen den verschiedenen Gliedern eines Horoskops Widersprüche und Gegensätzlichkeiten auftreten, liegt dies doch sogar in der Natur des Lebens, das lediglich in seiner Eigenbewegung ablaufen kann. Ein übermäßiges Ungleichgewicht wäre gefahrvoll, allerdings vielleicht nicht mehr, als das durch ein statisches Gleichgewicht der Fall sein würde. Zum Glück haben dabei alle Menschen Gegensätze, die es aufzuheben gilt, ist doch niemand völlig logisch: Wo würde die Welt sonst hingelangen. (Anmerkung: Das achte Kapitel enthält ein konkretes Beispiel für die Beziehung zwischen den Wirkkräften, die die mögliche Übereinstimmung zwischen zwei Eheleuten symbolisieren.)

Eine sehr alte taoistische Schrift[17] verbreitet sich über die günstigen Tage, an denen man die Welt aufgeben kann, um sich zur Kontemplation in die Einsamkeit zu begeben. Sie enthält auch ein weiteres, sehr bedeutendes Verzeichnis, das auf der Beziehung beruht, die zwischen den

Wirkkräften des Zehner- und denen des Zwölferzeichens vorhanden ist. Diesem System entsprechend unterteilen sich die Tage in fünf Kategorien:

A   wertvoller Tag: Die Wirkkraft des Zehnerzeichens erzeugt die des Zwölferzeichens.
B   passender Tag: Die Wirkkraft des Zwölferzeichens erzeugt die des Zehnerzeichens.
C   neutraler Tag: Die beiden Wirkkräfte sind identisch.
D   Oppositionstag: Die Wirkkraft des Zehnerzeichens beherrscht die des Zwölferzeichens.
E   strittiger Tag: Die Wirkkraft des Zwölferzeichens beherrscht die des Zehnerzeichens,

was folgende Tabelle ergibt:

| | | | | | | | | | | | |
|---|---|---|---|---|---|---|---|---|---|---|---|
| 1 | B | 11 | D | 21 | E | 31 | A | 41 | D | 51 | C |
| 2 | D | 12 | B | 22 | E | 32 | D | 42 | A | 52 | C |
| 3 | B | 13 | E | 23 | A | 33 | D | 43 | C | 53 | A |
| 4 | B | 14 | A | 24 | E | 34 | D | 44 | A | 54 | C |
| 5 | C | 15 | E | 25 | D | 35 | C | 45 | A | 55 | B |
| 6 | B | 16 | E | 26 | C | 36 | D | 46 | A | 56 | C |
| 7 | E | 17 | B | 27 | D | 37 | A | 47 | B | 57 | C |
| 8 | B | 18 | E | 28 | D | 38 | B | 48 | A | 58 | C |
| 9 | B | 19 | D | 29 | E | 39 | A | 49 | C | 59 | E |
| 10 | B | 20 | E | 30 | D | 40 | A | 50 | E | 60 | C |

# Fünftes Kapitel

# Die zwölf zyklischen Tiere

## Empfehlungen zur Interpretation

*Bei ihrer Interpretation darf man sich nie von einem einfachen »Naturalismus« leiten lassen: Es handelt sich um transzendente Tiere.*

Bei den zwölf Tieren stoßen wir auf die malerischste und einfachste Horoskopmethode. Außerdem ist sie, dank Vietnam, wo sie sehr populär ist, die in Frankreich bekannteste Methode. Sie war auch Objekt umfangreicher Untersuchungen in zahlreichen Werken.[18] Es ist also nicht notwendig, daß ich mich ausgiebig über einen Gegenstand verbreite, der schon anderweitig abgehandelt ist. Es handelt sich eher um eine zusätzliche Form des Horoskops, die die vertiefte Methode der acht Zeichen und der fünf Wirkkräfte nicht ersetzen kann.

Zu bemerken ist, daß man sich nicht von einem »Naturalismus«, das heißt von der Annahme, es handele sich um wirklich existierende Tiere, hinreißen lassen soll, da dergleichen durch die chinesische Überlieferung nicht gerechtfertigt ist; diese betrachtet sie als »transzendente Tiere«, die wegen ihres günstigen Charakters ausgewählt wurden.

Nützlich ist auch die Feststellung, daß es sich beim Zyklus der zwölf Tiere um einen parallelen Zyklus handelt, der sich mit dem Zyklus der Zwölferzeichen, mit denen er lose verbunden ist, nicht vermengt. Um davon zu überzeugen, genügt die Feststellung, daß ihre jeweiligen Yin- und Yang-Aspekte nicht dieselben sind. Sie werden für die Jahre und manchmal auch für die Stunden benutzt, nie jedoch für die Monate und die Tage.

| | | | | |
|---|---|---|---|---|
| I tseu | Yang | korrespondiert mit | Ratte | Yin |
| II tcheou | Yin | korrespondiert mit | Büffel | Yin |
| III yin | Yang | korrespondiert mit | Tiger | Yang |
| IV mao | Yin | korrespondiert mit | Hase | Yin |
| V tch'en | Yang | korrespondiert mit | Drache | Yang |
| VI seu | Yin | korrespondiert mit | Schlange | Yang |
| VII wou | Yang | korrespondiert mit | Pferd | Yang |
| VIII wei | Yin | korrespondiert mit | Ziege | Yang |
| IX chen | Yang | korrespondiert mit | Affe | Yin o. Yang |
| X yeou | Yin | korrespondiert mit | Hahn | Yang |
| XI hsu | Yang | korrespondiert mit | Hund | Yin |
| XII hai | Yin | korrespondiert mit | Schwein | Yin |

*Die folgende Aufstellung ist eine Zusammenstellung liebenswürdiger original chinesischer Texte, die ich verschiedenen Kommentaren entnahm, und die mir am besten erschienen.*

Die folgende Ordnung, die wir hier bringen wollen, ist ein kurzer Abriß der Physiognomie jedes einzelnen der zwölf Tiere.[19]

1912
1924
1936
1948
1960
1972
1984
1996

Die Ratte ist unter dem Zeichen des Charmes geboren, ihre Erscheinung verbirgt jedoch eine ungemeine Aggressivität. Verschlossen wie sie ist, bewahrt sie ihre Gedanken und Gefühle für sich. Lebhaften, intellektuellen Geistes, hat sie einen ausgesprochen kritischen Verstand. Sehr genau, läuft sie Gefahr, sich mit Einzelheiten aufzuhalten und dabei das Wesentliche zu vergessen. Oft ist sie zu sehr interessiert. Sie gebraucht ihren Charme und versteht es, von ihren Freunden größten Nutzen zu ziehen. Dabei kann es vorkommen, daß sie ihrer müde wird, da sie genug hat und nicht stets liebevoll zu ihnen ist. Sie hat viele Ideen, aber wenig Mut, sie zu verwirklichen. Ihr ganzes Leben lang hat sie Mühe zu arbeiten. Wenn sie ihre Trägheit meistert und den anderen mehr Aufmerksamkeit zuwendet, könnte sie, zu voller Reife gelangt, das Glück erfahren, das sie manchmal sehr plötzlich überkommt. Obwohl sie zum Geiz neigt, ist sie, was ihre eigene Person betrifft, verschwenderisch und gibt für sich selbst gern etwas aus. In der Liebe ist sie fähig, sich der geliebten Person mit Leib und Seele hinzugeben, auch wenn sie dafür nicht belohnt wird. Obwohl ihr Leben oft nicht von Erfolg gekrönt ist, ist die Ratte eine gute Ratgeberin. Sie beglückt ihre Freunde, die von ihrer Gegenwart und ihren Ratschlägen nur Gewinn ziehen können. Mehr Glück im Leben hat sie, wenn sie nachts und während des Sommers geboren ist. Je heißer es an ihrem Geburtstag ist, desto glücklicher wird sie sein.

1913
1925
1937
1949
1961
1973
1985
1997

2

Der Büffel ist unter den doppelten Zeichen der Ausgeglichenheit und der Zähigkeit geboren. Er ist sehr ehrlich und hat viel Ausdauer, aber auch Eigensinnigkeit und Starrsinn. Der Einsamkeit zugeneigt, ist er für das gesellschaftliche Leben nicht sehr geeignet. Er hat wenige Freunde, ist ihnen aber sehr treu; wenig Glück in der Liebe, ist ein großer Kleinigkeits-krämer und sehr mißtrauisch. Intelligent, ist er ein origineller Geist, wenn auch manchmal ein wenig borniert. Er ist ungewöhnlich aktiv und flink. Wenn sein Inneres aufgerüttelt ist, wird er leicht zum Aufwiegler der Menschen, da er ihnen Vertrauen einflößt. Obwohl er nicht redegewandt ist und man ihn leicht für einen Jedermann hält, ist er tatsächlich sehr wahr und fest, und man kann mit ihm rechnen. Er schaut ein wenig zu sehr auf das Geld. Mit seinen Händen ist er geschickt. Ausgesprochen unabhängig, wäre es besser, wenn er früh sein Heim verläßt, da er wenige wirkliche Bande mit seiner Familie hat. Seine Jugend ist glücklich, im reifen Alter kann er Kummer und Schwierigkeiten erfahren, und das vielleicht auf der Ebene des ehelichen Zusammenlebens. Konventionen gegenüber voller Ehrfurcht, kann der Büffel keine Niederlage ertragen, was ihn zu einem schlechten Spieler macht. Günstig für ihn ist seine Geburt in einem unter einen der vier ersten Zwölferzeichen fallenden Monat.

Die Büffel-Frau neigt ein wenig zu viel zum Leichtsinn, was sie verderben kann. Zu Hause hat sie »die Hosen an«.

1914
1926
1938
1950
1962
1974
1986
1998

Der Tiger ist unter dem Zeichen des Mutes und der Unabhängigkeit des Charakters geboren. Zum Befehlen geboren, lehnt er es ab zu gehorchen. Den Eindruck von Weitblick und Toleranz bietend, ist er in Wirklichkeit sehr selbstsüchtig, vielleicht sogar hart. Er hat einen recht schlechten Charakter. Sein Mut beruht zuweilen auf Unwissenheit, da er am Risiko großen Gefallen findet. Er sorgt sich um sein Ansehen und schätzt es, wenn man von ihm spricht. Da er sich gern in die erste Reihe stellt, läuft er Gefahr, wenn er nicht aufpaßt, sich Feinde zu machen. Er liebt es, den großen Mann zu spielen, ohne auf Einzelheiten zu achten und zieht sich auch dabei Kritik zu. Vermag er jedoch Wort zu halten, kann er die Hochachtung finden, derer er würdig ist. Er hat einen generösen Charakter und kann für die anderen alle Arten von Opfern bringen – besonders in der Liebe –, aber dafür wird er selten belohnt. Zu Beginn seines Lebens erfährt der Tiger unbeständige Situationen, aber es können sich Gelegenheiten ergeben, die ihn, wenn er sie am Schopf zu packen vermag, zu Ansehen führen können. Das Glück lacht ihm, wenn er zwischen Sonnenaufgang und Sonnenuntergang geboren ist.

Die Tigerfrau ist intelligent, tugendhaft und ehrlich. Die Frauen in Vietnam mögen es aber ganz und gar nicht, als unter diesem Zeichen Geborene bekannt zu werden, was wohl damit zusammenhängt, daß der Tiger in Vietnam volkstümlich die Furcht verkörpert.

1915
1927
1939
1951
1963
1975
1987
1999

Der Hase ist unter dem Zeichen der Tugend, aber auch dem der Klugheit geboren. Er liebt die Ruhe und bescheidenen Komfort, er verabscheut Veränderung. Sanft und zurückhaltend, ist er auch ein Betörer. Intelligent und sehr intuitiv, schätzt er das Starke und das Schwache. Er liebt es, zu glänzen, was so weit geht, daß er häufig pedantisch erscheint. Mit einem ausgesprochen guten Gedächtnis begabt, mangelt es ihm ein wenig an Entschlußkraft, und sein Zögern kann ihn manche Gelegenheit verpassen lassen. Nicht immer gerecht, scheu und argwöhnisch, ist er, trotz seiner nach außen gezeigten Gutmütigkeit, ein Egoist. Mondän wie er ist, liebt er den Prunk und kann unvernünftigen Aufwand treiben, um seine Freunde zu unterhalten. Seine Neigung zur Prahlerei kann zu Mißgeschick führen. In der Liebe ist er wenig treu, und es fehlt ihm manchmal an Familiensinn. Seine Neigung zu sexuellen Freuden kann ihm manchmal seine Karriere verbauen. Seine Jugend und seine reifen Lebensjahre sind unbeschwert, frei von Sorgen und Unruhe, im Alter läuft er Gefahr, mißmutig und grämlich zu werden. Er muß sehr frühzeitig sparen, um seine alten Tage zu verbessern. Die Geburt im Sommer ist für den Hasen günstig.

1916
1928
1940
1952
1964
1976
1988
2000

Der Drache ist unter dem Zeichen des Glücks geboren. Von entschiedenem Charakter und strotzend von Leben, ist er ein Kämpfer. Er folgt nur seinem, im allgemeinen zutreffenden, Urteil; er stimmt selten mit seinen älteren Geschwistern überein. Zu selbstsicher und zu kantig läuft er Gefahr, keinen sozialen Erfolg zu haben, wenn er sein ungehobeltes Wesen nicht zu glätten weiß. Er ist angesehen; da er jedoch die Meinung anderer mißachtet, ist es möglich, daß er sich seine Zukunft verbaut.

Hochintelligent und vielseitig begabt wie er ist, muß man seine Meinung in Überlegungen miteinbeziehen. Dagegen ist er, obwohl er seiner Natur nach überlegt handeln sollte, stets in Eile und läuft Gefahr, beim Fällen von Urteilen, infolge Irrtum oder Versehen, Fehler zu begehen. Es mangelt ihm an Ausdauer und Toleranz. Erfolg wird er haben, wenn er es versteht, seine Triebkraft zu zügeln und seine Handlungsweisen zu verbessern. Der Drache ist oft bis zur Schmeichelei beliebt, jedoch selten geliebt. In der Jugend kann der Eigensinn des Drachen Erfolg vereiteln. Da sie alle viel Glück haben, laufen sie mehr als andere Gefahr, den falschen Weg einzuschlagen. Ungünstig ist es für einen Drachen, wenn er an einem Unwettertag geboren wird.

Die Frau dieses Zeichens ist überaus selbstsicher und verabscheut die Einsamkeit.

1917
1929
1941
1953
1965
1977
1989
2001

6

Die Schlange ist unter dem Zeichen der Weisheit und Klugheit geboren. Sehr intelligent und von sehr festem Charakter, liebt es die Schlange, die Dinge zu organisieren. Von sehr hoher, manchmal übertriebener und ein wenig scheinheiliger Moral, ist sie geschätzt und angesehen. Obwohl etwas schwatzhaft, ist sie sehr nachdenklich; dabei denkt sie tief und intuitiv, ist jedoch nicht fähig, Ratschläge anderer anzuhören. Ruhig, bestimmt und überaus starrsinnig, erträgt sie keine Niederlage und ist ein schlechter Verlierer. Im Innersten ist sie manchmal bösartig und eifersüchtig. Sie ist überaus gesellig und versteht es, Beziehungen anzuknüpfen, allerdings sind diese nicht stets von Dauer. Sie ärgert sich leicht und erweist sich zuweilen als borniert. Liebesdingen sehr aufgeschlossen, ist sie eigenbezogen und eifersüchtig, obwohl sie nicht immer ein Beispiel von Treue ist. In Geldangelegenheiten hat sie Glück. Ihre Vorliebe zum Diskutieren bringt sie in Gefahr, Gelegenheiten zu verpassen. Der Schlange mangelt es nicht an Mut. Sie hat guten Geschmack und weiß schöne Dinge zu schätzen. In der Jugend hat es die Schlange oftmals schwer. Im reifen Alter erfährt sie oft Herzeleid; versteht sie es jedoch, sich dreinzuschicken, lacht ihr das Glück im Alter. Je wärmer es an ihrem Geburtstag ist, desto glücklicher wird sie sein.

Die Schlangenfrau ist eine außergewöhnlich gute Hausfrau.

1918
1930
1942
1954
1966
1978
1990
2002

7

Das Pferd ist unter dem doppelten Zeichen der Eleganz und der Hitzigkeit geboren. Lebhaft und schnell wie es ist, hat es einen hitzköpfigen aber dennoch liebenswürdigen Charakter. Ruhelos und immer in Bewegung, liebt es das Reisen, den Wechsel, die Welt und das ungezwungene Leben. Es will immer der Erste sein. Sehr gesellig, knüpft es leicht Verbindungen an und liebt es, anderen helfen zu können. Hinweise anderer beachtet es wenig; es stellt sich mehr zur Schau, als daß es wirklich intelligent wäre. Es hat die Begabung, ihn zum Erfolg führende Unterstützung zu finden. Es ist von Grund auf redlich und anständig. In der Liebe ist es schwach. Obwohl recht egoistisch, ist es zu allen Opfern bereit. Als trefflicher Volksredner kann es die Massen begeistern, obwohl es ihm an Urteilskraft mangelt und es sich häufig von seiner Redegewandtheit hinreißen läßt. Es hat die üble Gewohnheit, zu viel zu reden und kein Geheimnis bewahren zu können. Durch seinen steten Opportunismus läuft es Gefahr, sich Feinde zu schaffen. Seine Neigung zum Prahlen und zur Großsprecherei irritieren ebenfalls. Dennoch, wenn es sich zu beherrschen und seine Leidenschaften zu zügeln weiß, vermag es sein Ehrgeiz zum Erfolg zu führen. Sehr günstig ist es ihm, im Winter geboren zu werden.

(Anmerkung: Ausnahmsweise ist für das Pferd das von seinem eigenen Zwölferzeichen [Erdhafter Zweig] gekennzeichnete Jahr nicht günstig.)

1919
1931
1943
1955
1967
1979
1991
2003

8

Die Ziege ist unter dem Zeichen der Kunst geboren. Von sanftem und leicht zu behandelndem Charakter, paßt sie sich leicht allen Umständen an, da sie von Natur aus abhängig ist. Sie hat daher auch viel kindliches Gemüt. Intuitiv und voller Finessen, hat sie viel Geschmack und künstlerischen Sinn; sie betreibt einen reichen Schönheitskult. Sie ist sehr genau und eine Perfektionistin, es fehlt ihr jedoch an Methode. Diese Neigung zur Vollendung kann dazu führen, daß sie sich der Religion und der Frömmigkeit ergibt. Mit wenig Sinn für Verantwortung (als Künstlerin akzeptiert sie völlig die Abhängigkeit von einem Mäzen), hat sie Angst vor Initiative; wenn es aber notwendig ist, vermag sie dennoch die Leitung einer Angelegenheit mit viel Entschlossenheit und ökonomisch in die Hand zu nehmen, da es ihr nicht am Willen fehlt, wenn es darum geht, an ihr Ziel zu gelangen; wobei sie es zu vermeiden versteht, sich mit irgend jemandem, wer immer es auch sei, in Mißklang zu setzen. Da sie die Ruhe liebt, vergibt sie leicht, es fällt ihr aber schwer, ihr Unrecht einzugestehen, und sie kann sich als ausgesprochen böswillig erweisen. Sie ist wankelmütig und hat ihre Grillen. Ihre Amouren sind bewegt und oberflächlich; in die Ehe trägt sie erhebliche Ungezwungenheit hinein. Will sie Erfolg haben, muß sie eine gewisse Neigung zur Unbeständigkeit und Überspanntheit korrigieren. Günstig ist es für sie, wenn es an ihrem Geburtstag regnet.

1920
1932
1944
1956
1968
1980
1992
2004

9

Der Affe ist unter dem Zeichen der Phantasie geboren. Sein ganzes Verhalten gründet auf einem lebhaften Überlegenheitskomplex. Er schätzt den Humor, aber selten auf seine Kosten. Er liebt alles, was anregt und aufregt, und er kann aus reiner Freude Zwietracht schaffen. Munter, aktiv, lebhaft, liebt er Diskussionen, Streit und Wettbewerb. Er ist sehr selbstsüchtig, dank seinem erfinderischen Geist ein guter Diplomat, und er hat, wenn er will, ein ausgesprochenes Fingerspitzengefühl. Um von sich reden zu machen, versucht er, ritterlich aufzutreten. Viel Zeit kann er damit verlieren, sich um andere zu kümmern. Er liebt es, sich in die Brust zu werfen und schöne Reden im Mund zu führen; vor Lügen schreckt er nicht zurück. Er hat eine gewisse Neigung zu Unaufrichtigkeit, die große Ausmaße annehmen kann, wenn er sich nicht in acht nimmt. Wenn er sich korrigiert, kann er auf eine schöne Zukunft hoffen, da er intelligent ist. Oftmals kultiviert, zeigt er großen Wissensdurst; eine Qualität, die unglücklicherweise durch seine zu große Unbeständigkeit Schaden erfährt. Er begeistert sich leicht, ist jedoch für eine dauerhafte Leidenschaft zu klarsichtig und zu wenig stabil, als daß er das Glück finden könnte. In seinem Leben gibt es manch schwierige Phasen, vor allem dank seiner ausgesprochenen Klugheit fällt er jedoch stets wieder auf die Füße; dies ist sein grundlegendes Charakteristikum und seine beherrschende Eigenschaft. Er wäre gut beraten, im Sommer geboren worden zu sein.

1921
1933
1945
1957
1969
1981
1993
2005

10

Der Hahn ist im Zeichen des Freimuts geboren. Er ist von grundehrlicher Natur. Hochintelligent, kann er ein Denker sein. Lebhaft und mit einem ausgezeichneten Gedächtnis begabt, versteht er es, interessant zu sein, auch wenn es ihm ein wenig an Persönlichkeit mangelt. Hoch über der breiten Masse stehend, liebt er es unglücklicherweise, in Erscheinung zu treten, schätzt es, sich hervorzuheben und ist von Grund aus sehr eitel. Dennoch sichert ihm sein Glanz Zugang zu bedeutenden Menschen. Er ist großmütig und zu viel Freundschaft fähig. Kraft seines Willens kann er Erfolg erlangen, aber er muß seinen wechselhaften und zu leicht hin und her schwankenden Charakter zähmen. Überaus selbstsicher, ist er dennoch befangen und unruhig. Läuft irgend etwas nicht nach seinem Sinn, quält er sich so sehr mit kleinstem Kleinkram, daß er dadurch häufig die Hauptsache vergißt. Wenn der Hahn im Frühling geboren wird, ist sein Charakter weniger aufschneiderisch.

Die Frau dieses Zeichens ist Feinschmeckerin, bleibt ein wenig geheimnisvoll, liebt aber den Klatsch. Es fehlt ihr an Initiative.

1922
1934
1946
1958
1970
1982
1994
2006

Der Hund ist unter dem Zeichen der Loyalität, aber auch der Unruhe geboren. Die Beachtung der Riten ist für ihn von außergewöhnlicher Bedeutung. Er ist sehr aufrichtig, und er hat tiefen Sinn für Moral; er flößt auch Älteren Vertrauen ein. Er ist anständig, ehrbar, aktiv, arbeitsam und kann im Handel Erfolg haben. Allgemeine Hochachtung umgibt ihn. Er ist ein Kämpfer, und er entscheidet klug und schnell. Eigensinnig wie er ist, ist er auch ein guter Zuhörer. Seine Intuition läßt ihn Gefahr voraussehen; da er jedoch etwas pessimistisch ist, neigt er zum Übertreiben, woher auch seine Unruhe herrührt. Diese Unruhe und seine Klarsicht bewirken, daß er trotz seines warmen Charakters kein Glück in der Liebe hat. Er ist ehrgeizig, verausgabt sich, und er ist ein ausgesprochener »Hitzkopf«. Wenn er seine Unruhe nicht zu zähmen versteht, hat er nur wenig Aussicht, im Leben glücklich zu sein. In der Nacht geboren, bleibt er sein ganzes Leben lang unruhig.

Die Frauen dieses Zeichens sind sehr verführerisch, aber auch launisch, und sie lieben den Luxus. Etwas borniert und wenig geduldig, kann sich ihr Los nur dann verbessern, wenn sie sich korrigieren.

1923
1935
1947
1959
1971
1983
1995
2007

12

Das Schwein ist unter dem Zeichen der Aufrichtigkeit geboren. Unfähig, sich zu verstellen, geht es immer gerade auf das Ziel los. Sein Herz ist rein und ohne Boshaftigkeit. Es verdient Vertrauen, aber man kann es leicht betrügen. Es ist gewissenhaft und ergreift gern allein die Initiative. Es sorgt sich wenig um die Zukunft, geht nicht mit Freunden trinken und hängt zudem nicht am Wein. Für das gesellschaftliche Leben ist es nicht geschaffen. Sein Ruf ist ihm nicht wichtig. Nach außen ruhig und beständig, ist es innerlich doch sehr vom Willen geprägt und eigensinnig. Es liebt das Geld, ohne damit faul zu werden. Es liebt die Diskussion und hat oft eine böse Zunge. Es irrt sich oft, und seine Argumentationen sind schwach. Leichtgläubig und doch argwöhnisch, ist es weit davon entfernt, ein Dummkopf zu sein; aber es gibt auch kampflos nach, denn es ist tolerant und verabscheut den Streit. Zu Beginn des Jahres geboren zu werden, ist für das Schwein nicht gut.

Die Frauen dieses Zeichens sind faul, mißtrauisch und eifersüchtig, und sie setzen Leute in Trab. Um Erfolg zu haben, müssen sie ihren Charakter und ihre geistige Beschränktheit korrigieren.


Diese in groben Zügen gezeichneten Grundbilder sind traditionell; sie bezeichnen Charaktertypen, die im Reinzustand nie vorkommen, da andere, sie modifizierende und vervollständigende Bestandteile hinzukommen, die man immer mit berücksichtigen muß, wenn man ein wirkliches Horoskop erstellen will.

## Sechstes Kapitel

# Achtundzwanzig Zodiakalkonstellationen (Mondstationen)

*Ursprünglich benutzt, um die Positionen des Mondes auf der Ekliptik anzugeben, bezeichnen die achtundzwanzig Konstellationen die günstigen und ungünstigen Tage, oder, anders ausgedrückt, den täglichen Glücksfaktor.*

Nach den chinesischen Almanachen wird jeder Tag von einer Konstellation geleitet. Günstig oder ungünstig, bezeichnen sie den mit jedem Tag verbundenen Glücksfaktor – eine Bezeichnung, die übrigens niemand allzu ernst nimmt. Sie, achtundzwanzig an der Zahl, bezeichnen die Zodiakalstationen, die der Mond während einer Umlaufbahn (in der Theorie weniger) durchläuft. Da achtundzwanzig Tage vier Wochen ergeben, ist es einleuchtend, daß jede Konstellation stets an einem bestimmten Wochentag wiederkehrt.[20]

Vergleicht man das, was sie geben, mit dem, was uns die mit dem Tagesbinom verbundene Wirkkraft vermittelt, kann man sich eine Vorstellung von dem Glücksanteil machen, der uns vom Schicksal zugestanden wird.

## Wie man die Konstellation eines gegebenen Tages auffindet

Die Methode ist dieselbe, wie die zum Auffinden des Tagesbinoms benutzte (s. Seite 39). Ist einmal die Ordnungszahl des Tages im Jahr bekannt, und hat man sodann die Korrektionsziffer der folgenden Tabelle hinzugefügt, teilen Sie diese durch 28; der Rest – oder 28, wenn kein Rest bleibt – ist die Nummer der Konstellation.

| | | | | | |
|---|---|---|---|---|---|
| 1887 | | 1943 | 1965 | 1988 | 1 |
| 1893 | 1921 | 1944 | 1966 | | 2 |
| 1899 | 1922 | | 1967 | 1989 | 3 |
| 1900 | 1923 | 1945 | 1968 | 1990 | 4 |
| 1901 | 1924 | 1946 | | 1991 | 5 |
| 1902 | | 1947 | 1969 | 1992 | 6 |
| 1903 | 1925 | 1948 | 1970 | | 7 |
| 1904 | 1926 | | 1971 | 1993 | 8 |
| | 1927 | 1949 | 1972 | 1994 | 9 |
| 1905 | 1928 | 1950 | | 1995 | 10 |
| 1906 | | 1951 | 1973 | 1996 | 11 |
| 1907 | 1929 | 1952 | 1974 | | 12 |
| 1908 | 1930 | | 1975 | 1997 | 13 |
| | 1931 | 1953 | 1976 | 1998 | 14 |
| 1909 | 1932 | 1954 | | 1999 | 15 |
| 1910 | | 1955 | 1977 | 2000 | 16 |
| 1911 | 1933 | 1956 | 1978 | | 17 |
| 1912 | 1934 | | 1979 | 2001 | 18 |
| | 1935 | 1957 | 1980 | 2002 | 19 |
| 1913 | 1936 | 1958 | | 2003 | 20 |
| 1914 | | 1959 | 1981 | 2004 | 21 |
| 1915 | 1937 | 1960 | 1982 | | 22 |
| 1916 | 1938 | | 1983 | 2005 | 23 |
| | 1939 | 1961 | 1984 | 2006 | 24 |
| 1917 | 1940 | 1962 | | 2007 | 25 |
| 1918 | | 1963 | 1985 | 2008 | 26 |
| 1919 | 1941 | 1964 | 1986 | | 27 |
| 1920 | 1942 | | 1987 | 2009 | 28 |

Um die Konstellation Ihres Geburtstages aufzufinden, fügen Sie zu der Ordnungszahl die Zahl hinzu, die auf der ganz rechten Kolumne auf derselben Reihe Ihres Geburtstags liegt; diese, durch 28 geteilt, ist die gesuchte Tagesziffer (s. Seiten 39 und 40). Vergessen Sie nicht, vom 29. Februar eines Schaltjahres an eine Einheit hinzuzufügen.

# Tägliche Orakel der achtundzwanzig
## Konstellationen

Diese Orakel sind das Fundament der Tageshoroskope, die in den Almanachen für jeden Tag des Jahres detaillierter gegeben werden. Die traditionellen Horoskope spiegeln die Atmosphäre des China der Kaiser wider, wo man allein dadurch einen sozialen Aufstieg ermöglichte, indem man sich den die Mandarinenlaufbahn eröffnenden Examina unterzog, und wo alles dem Geschick der Familienzelle untergeordnet war. Deswegen waren Begräbnisse und Heiraten sehr wichtig, ebenso das In-die-Wege-Leiten eines Geschäftes und der Bau eines Hauses (oder wie alles, was man beginnt, und was in den Augen der Chinesen eine derartige Bedeutung hat). Es ist leicht, diese Fälle gegebenenfalls zu übertragen. Wie bei allen Orakeln kann man es dadurch erproben, daß man sich konzentriert hineinvertieft und dabei Belehrung findet. Schließlich, wenn ein Orakel ungünstig erscheint, ist es üblich (und die Chinesen begehen dabei keinen Fehler), die ungünstigen Umstände dadurch auszugleichen, indem man sie durch andere Wahrsagungselemente ergänzt.[21]

1 *Das Horn* – Jupiter – Donnerstag          günstig
»Demjenigen, der an diesem Tage baut, verhilft diese Konstellation zu Ruhm und Wohlstand, und die Gelehrten werden sich dem Thron des Kaisers nähern können. Die an diesem Tage geschlossenen Ehen sichern eine zahlreiche Nachkommenschaft. Jedoch ein Grab auszubessern oder an Beerdigungen teilzunehmen, würde neue Trauer hervorrufen.«

2 *Der Hals* – Venus – Freitag          ungünstig
»An diesem Tage darf man nicht bauen, auf daß der Erstgeborene nicht das Erbe antrete, auf daß man nichts unternehme, da in zehn Tagen ein Unglück geschähe. Begräbnisse und Heiraten würden zu frühzeitigen Todesfällen führen, und man liefe Gefahr, Witwen auf dem Hofe zurückzulassen.«

| 角木蛟 鄧禹吉 | 亢金龍 吳漢凶 | 氐土貉 賈復凶 | 房日兔 耿弇吉 | 心月狐 冠恂凶 | 尾火虎 岑彭吉 | 箕水豹 馮異吉 |
|---|---|---|---|---|---|---|
| 角星造作主榮昌<br>文人及第見君王<br>姻婚嫁娶多富貴<br>修墳埋葬主雙亡 | 兀星造作長房當<br>十日之中即有殃<br>姻婚嫁娶損妻房<br>丁殤孤寡守空房 | 氐星造作主遭殃<br>埋葬婚姻進此宿<br>嫁娶婚姻禍幾重<br>葬埋如用子孫窮 | 房星造作主進財<br>富貴榮華福祿來<br>加官進爵位三台 | 心星造作大為凶<br>事事教君破始終<br>三年之內禍重重 | 尾星造作慶賜丁<br>埋葬婚姻皆不利<br>開門放水子孫興 | 箕星造作主高強<br>埋葬婚姻依此日<br>代代公侯達帝京<br>庫滿金銀穀滿倉<br>開門創門前大吉昌 |

氐土貉凶　賈復

亢金龍凶　吳漢

角木蛟吉　鄧禹

房日兔吉　耿弇

心月狐凶　冠恂

尾火虎吉　岑彭

箕水豹吉　馮異

一

3 *Die Wurzel* – Saturn – Sonnabend          ungünstig
»Ungünstig würde es sein, an diesem Tage zu bauen, und Heiraten würden unendliche Schwierigkeiten nach sich ziehen. Beerdigungen würden eine Verarmung der Nachkommenschaft zur Folge haben.«

4 *Das Zimmer* – Sonne – Sonntag          günstig
»An diesem Tage zu bauen, sichert ausgiebigen Reichtum und Wohlstand: Die Genien des Glücks, des langen Lebens, der Ehrungen, des Reichtums und des Ruhms beeilen sich für eure Begegnung. Wenn an diesem Tage Beerdigungen stattfinden, werden die Mandarine um drei Grade befördert.«

5 *Das Herz* – Mond – Montag          ungünstig
»An diesem Tage zu bauen, wäre überaus ungünstig; alles, was man beginnt, würde früher oder später zunichte. Ebenso würden sich Beerdigungen und Heiraten als unglückselig erweisen. Drei Jahre lang würden sich Unglücksfälle wiederholen.«

6 *Der Schwanz* – Mars – Dienstag          günstig
»An diesem Tage zu bauen, heißt, sich des Segens und einer zahlreichen Nachkommenschaft zu versichern. Eine Angelegenheit oder ein Geschäft in Angriff zu nehmen, ein Reisfeld zu bewässern, sichert der Nachkommenschaft Wohlstand. Begräbnisse und Heiraten werden zum gesellschaftlichen Aufstieg der Familie und zur Bekleidung von Ämtern in der Hauptstadt führen.«

| 壁水貐 | 室火猪 | 危月燕 | 虚日鼠 | 女土蝠 | 牛金牛 | 斗木獬 |
|---|---|---|---|---|---|---|
| 臧宮吉 | 耿純吉 | 堅鐔凶 | 蓋延凶 | 景丹凶 | 祭遵凶 | 朱祐吉 |
| 壁星造作日興隆 | 室星修造進田牛 | 危星不可造高堂 | 虚星造作主災殃 | 女星造作損嬌娘 | 牛星造作是災危 | 斗星造作最財豊 |
| 埋葬招財人口旺 | 創業興財家宅旺 | 埋葬修墳見血光 | 男女孤眠各一方 | 埋葬婚姻逢此宿 | 田蚕不利主人啼 | 修墳埋葬子孫隆 |
| 嫁娶婚姻喜慶重 | 嫁娶婚姻埋葬永無憂 | 開門放水遭刑杖 | 內亂風聲無禮節 | 家財衰敗復離鄉 | 嫁娶開門重禍至 | 開門放水多牛馬 |
| 開門放水子孫逢 | 兒孫世代近王侯 | 三年兩載一悲傷 | 兒孫媳婦伴人床 | 兄弟相殘似虎狼 | 猪羊牛馬亦悲凄 | 婚姻嫁娶喜重重 |

斗木獬吉　宋祐

牛金牛凶　祭遵

女土蝠凶　景丹

危月燕凶　堅鐔

虚日鼠凶　蓋延

室火猪吉　耿純

壁水貐吉　臧宮

一

7 *Der Korb* – Merkur – Mittwoch                  günstig

»An diesem Tage zu bauen, bedeutet Sicherung der Macht; alles, was man beginnt, sichert der Familie höchste Pracht. Hochzeiten und das Wiederherstellen von Grabstätten sind von Gewinn: Die Truhen werden von Geld und Silber überquellen und die Speicher von Korn.«

8 *Die Kelle* – Jupiter – Donnerstag              günstig

»An diesem Tage zu bauen, führt Reichtum und höchsten Wohlstand herbei; ein Grab zu erstellen oder ein Leichenbegängnis zu feiern, sichert der Nachkommenschaft Wohlstand. Ein Geschäft zu eröffnen oder ein Reisfeld zu bewässern, vervielfacht den Viehbestand. Eine Heirat verbürgt Glück über Glück.«

9 *Der Büffel* – Venus – Freitag                ungünstig

»An diesem Tage zu bauen, bedeutet nur Unglück und Gefahr; Reisfelder und Seidenraupenzuchten werden dem betrübten Gebieter keinen Gewinn bringen. Eine Eheschließung oder die Eröffnung eines Geschäftes würde Verdruß bringen, und der gesamte Viehbestand würde zu leiden haben.«

10 *Die Frau* – Saturn – Sonnabend              ungünstig

»An diesem Tage zu bauen, wäre dem Reiz der hübschen Frauen sehr abträglich und würde dazu führen, daß sich die Brüder wie Wölfe und Tiger bekämpften. Beerdigungen oder Eheschließungen brächten das Glück zum Verschwinden und zwängen die Familien zur Auswanderung.«

11 *Die Liebe* – Sonne – Sonntag ungünstig
»An diesem Tage zu bauen, wäre von Unheil; Burschen und Mädchen schliefen allein. In der Familie würde ein Wind von Ausschweifung und Vernachlässigung der Riten wehen, und die Gattinnen der Söhne und Enkel würden in andere Betten schlafen gehen.«

12 *Das Dach* – Mond – Montag ungünstig
»An diesem Tage darf man nichts Großes bauen, und Beerdigungen oder Gräber auszubessern würde zu Blutstürzen führen. Ein Geschäft zu eröffnen, ein Reisfeld zu bewässern würde zu fortgesetztem Unglück und zu Prozessen führen.«

13 *Das Haus* – Mars – Dienstag günstig
»Das Bauen an diesem Tage trägt zur Vergrößerung des Besitztums und des Viehbestandes bei. Söhne und Enkel machen Karriere. Alles, was unternommen wird, trägt zu dauerhaftem Reichtum und Wohlstand bei; Eheschließungen und Begräbnisse beseitigen die Sorgen für immer.«

14 *Die Mauer* – Merkur – Mittwoch günstig
»An diesem Tage zu bauen, ist von außergewöhnlichem Gewinn; Eheschließungen bringen nur Friede und Freude. Die Beerdigungen führen zu Reichtum und blühender Nachkommenschaft. Eine Unternehmung zu beginnen oder ein Reisfeld zu bewässern, sichert die Nachkommenschaft.«

15 *Die Beine* – Jupiter – Donnerstag ungünstig
»An diesem Tage zu bauen, ist ungünstig. An der Pforte, wo sich die Familie befindet, wehte Harmonie und Wohlstand. Aber ein geheimnisvoller Todesfall käme plötzlich zutage, nähme man an diesem Tage Bestattungen vor. Ein Geschäft zu beginnen oder ein Reisfeld zu bewässern, würde nur mit Schwierigkeiten enden.«

16 *Das Band* – Venus – Freitag günstig
»An diesem Tage Säulen oder Pfosten zu errichten, gleicht einem Bau der Himmelspforte: Die Familie wird sehen, wie sich Reichtümer anhäufen und alles gedeiht. Die an diesem Tage geschlossenen Ehen werden fruchtbar sein, und die Abkömmlinge werden Ehren und sozialen Aufstieg erleben.«

17 *Der Magen* – Saturn – Sonnabend günstig
»Dem, der an diesem Tage baut, widerfährt alles wie folgt: Er wird einen Hauch von Reichtum und edlen Ruhmes verbreiten, und zahlloses Glück wird ihm blühen. Die Beerdigungen werden sozialen Aufstieg bewirken, und die Ehen werden in vollkommener Harmonie erblühen.«

18 *Die Leuchtenden* – Sonne – Sonntag ungünstig
»An diesem Tage zu bauen, wäre so, als würde man den Büffel in das Reisfeld lassen. Begräbnisse würden unaufhörlichen Verdruß bewirken; irgend etwas zu realisieren, würde gewiß eine Folge unglücklicher Ereignisse nach sich ziehen, und die Eheschließungen würden nichts als Trauer bewirken.«

| 奎木狼 | 婁金狗 | 胃土雉 | 昴日雞 | 畢月烏 | 觜火猴 | 參水猿 |
|---|---|---|---|---|---|---|
| 馬武凶 | 劉隆吉 | 馬成凶 | 王良凶 | 陳俊吉 | 傅俊凶 | 杜茂吉 |

（右起讀）

**奎木狼　馬武凶**
金星造作有禎祥，
家門和順大吉昌，
若是整埋陰柔死，
開門放水惹災破。

**婁金狗　劉隆吉**
婁星竪柱天門庭，
家庭添財事事興，
世代相達祿位陞。

**胃土雉　馬成凶**
胃星造作事如何，
埋葬加官陞爵位，
富貴榮華喜氣多，
婚姻用此室家和。

**昴日雞　王良凶**
昴星造作進田牛，
埋葬官非永不休，
婚姻嫁娶要生悲。

**畢月烏　陳俊吉**
畢星造作每光前，
田蚕大熟永豐年，
婚姻增益多綿綿，
開門一定招災入。

**觜火猴　傅俊凶**
觜星造作受官刑，
埋葬不久就家傾，
三喪凶兆皆由此，
倉庫金銀盡去清。

**參水猿　杜茂吉**
參星造作旺莊談，
放水開門皆吉兆，
文星拱照大光華，
埋葬婚姻主破家。

胃土雉吉　馬成

奎木狼凶　馬武

金狗吉　劉隆

畢月烏吉　陳俊

昴日雞凶　王良

參水猿凶　杜茂

觜火猴凶　傅俊

二

19 *Das Netz* – Mond – Montag  günstig
»Wenn man an diesem Tage baut, begegnet man dem Licht. Reisfelder und Seidenraupenzuchten werden Jahre des Überflusses erleben. Durch Ihre Tür werden Glück und Segen strömen. Heiraten und Begräbnisse werden das lange Leben verlängern.«

20 *Die Schildkröte* – Mars – Dienstag  ungünstig
»An diesem Tage zu bauen, würde Prozesse zur Folge haben. Feiern Sie Beerdigungen, und das Haus wird um weniges zusammenstürzen: Mindestens drei Todesfälle werden die Folge sein; die Vorräte und das Geld werden aufgebraucht sein.«

21 *Die drei Vereinigten* – Merkur – Mittwoch  günstig
»An diesem Tage zu bauen, führt zu einem überaus breiten Wohlstand. Der Stern des Gelehrten wird erleuchten. Das Reisfeld zu bewässern, ein Geschäft anzufangen, stehen unter glückverheißendem Vorzeichen. Aber Begräbnisse und Heiraten würden die Familie zerstören.«

22 *Die Brunnen* – Jupiter – Dienstag  günstig
»An diesem Tage zu bauen, bringt Reisfelder und Seidenraupenzuchten zum Blühen. Auf der goldenen Liste wäre der Name der erste. Im Falle von Begräbnissen, hab acht vor Todesfällen aus Angst. Alle Unternehmungen werden Geld und zahlreiche Erben erbringen.«

二十八宿

| 軫水蚓 劉真吉 | 翼火蛇 祁全凶 | 張月鹿 萬修吉 | 星日馬 李忠凶 | 柳土獐 任光凶 | 鬼金羊 王霸凶 | 井木犴 姚期吉 |
|---|---|---|---|---|---|---|
| 軫星造作主升官 | 翼星最忌建高堂 | 張星之日造層軒 | 星宿分明好造房 | 柳星造作主官非 | 鬼星造作令人亡 | 井星造作旺田蚕 |
| 埋葬文星多照耀 | 三年兩載主人亡 | 世代為官近帝前 | 進樣加官近帝王 | 灾殃盗賊見家危 | 堂前不見主人郎 | 金榜名題第一街 |
| 婚姻同是受皇封 | 埋葬婚姻俱不利 | 葬埋放水招財貴 | 不可埋葬薰放水 | 埋葬婚姻同建立 | 埋葬此日加官祿 | 埋葬須防驚變死 |
| 堆金積玉日興隆 | 少女貪花戀外郎 | 婚姻和合福連綿 | 婦別夫君另嫁郎 | 三年兩載一悲傷 | 婚姻必定守空房 | 開門相見有錢男 |

柳土獐凶　任光

任光

鬼金羊凶　王霸

井木犴吉　姚期

星日馬凶　李忠

張月鹿吉　萬修

翼火蛇凶　祁全

軫水蚓吉　劉真

二

23 *Der Genius* – Venus – Freitag                    ungünstig
»Unter diesem ungünstigen Stern zu bauen, würde Verschwinden bewirken, und auf der Türschwelle gäbe es keinen Gebieter mehr. Leichenbegängnisse zu feiern, würde zu Fortschritten führen. Aber durch eine Heirat würde eine Frau vereinsamt im Ehegemach zu sehen sein.«

24 *Die Weide* – Saturn – Sonnabend                    ungünstig
»An diesem Tage zu bauen, würde zu Mißhelligkeiten vor dem Tribunal führen; Katastrophen und Diebe würden das Haus in Gefahr bringen. Begräbnisse und Heiraten wären das Vorspiel zu einer Reihe von Unglücksfällen.«

25 *Der Stern* – Sonne – Sonntag                    ungünstig
»Dieser Tag ist gut zum Häuserbau; Wohlstand und Beförderung würden bis zu den Füßen des Kaisers führen. Aber Begräbnisse zu feiern oder mit der Bewässerung fortzufahren, würde zur Folge haben, daß die Gattin das Heim verläßt, um sich einen anderen Mann zu suchen.«

26 *Der Vierkantdegen* – Mond – Montag                    günstig
»Wenn man an diesem Tage einen mehrstöckigen Pavillon erbaut, werden alle Mandarinenabkömmlinge in die Nähe des Kaisers gelangen. Begräbnisse zu feiern und die Reisfelder unter Wasser zu setzen, wird Geld und Reichtümer herbeiziehen. Heiraten werden Harmonie und Glück ohne Unterbrechung bescheren.«

27 *Die Flügel* – Mars – Dienstag      ungünstig
»Es ist zu vermeiden, erhabene Häuser zu bauen, da dies den vorzeitigen Tod des Hausherrn herbeiführen würde. Heiraten und Begräbnisse würden nicht zu Wohlstand führen. Die jungen Mädchen würden von zu Hause weggehen und den Burschen nachrennen.«

28 *Der Leiterwagen* – Merkur – Mittwoch      günstig
»Unter diesem Vorzeichen zu bauen, zieht Beförderung nach sich; eine Heirat würde vom Kaiser gesegnet. Begräbnisse zu feiern, wird den Stern des Gelehrten weithin scheinen lassen. Der Wohlstand gliche einem Haufen Gold und einem Berg von Jade.«

## Siebentes Kapitel

# Lied der vier Jahreszeiten

*Dieses in China sehr volkstümliche Lied bezeichnet, indem es den Jahreszeiten folgt, den während jeder Stunde gegebenen Glückskoeffizienten. Oder, anders ausgedrückt: den Stundenfaktor des Glücks.*

Dieses traditionelle Lied, genauer gesagt, diese Endreime, die man in den chinesischen Almanachen findet, bezeichnen das Glück, das die Geburtsstunde beinhaltet, wenn man ein einziges Zwölferzeichen in Rechnung stellt. Diese zwölf Zeichen liegen auf verschiedenen Körperteilen der vier Figuren (je Jahreszeit eine Figur), die den mythischen Kaiser Houang-ti, den »Gelben Kaiser« darstellen.[22]

Den Jahreszeiten entsprechend, ist der Körperteil, auf dem sich das Zeichen findet, unterschiedlich. Vergessen wir nicht, daß in China die Jahreszeiten anderthalb Monate vor unseren Jahreszeiten beginnen und enden. Das heißt, daß der Frühling um den 4. Februar, der Sommer um den 6. Mai, der Herbst um den 8. August und der Winter um den 8. November beginnt. Wenn Sie einmal Ihre Jahreszeit kennen, bleibt nichts weiter zu tun, als auf der die jeweilige Jahreszeit darstellenden Figur, wo sich Ihr Zeichen befindet, dieses aufzufinden.

Frühling

| | | |
|---|---|---|
| Kopf | VII | |
| Schultern | VI | VIII |
| Bauch | IV | XI |
| Hände | V | IX |
| Genital | I | |
| Knie | XII | X |
| Füße | III | II |

Sommer

| | | |
|---|---|---|
| Kopf | I | |
| Schultern | II | VIII |
| Bauch | IV | X |
| Hände | VI | XII |
| Genital | VII | |
| Knie | V | XI |
| Füße | IX | III |

| Herbst | | |
|---|---|---|
| Kopf | III | |
| Schultern | I | VII |
| Bauch | VIII | II |
| Hände | IV | X |
| Genital | IX | |
| Knie | V | XI |
| Füße | XII | VI |

| Winter | | |
|---|---|---|
| Kopf | VI | |
| Schultern | IV | X |
| Bauch | III | IX |
| Hände | I | VII |
| Genital | XII | |
| Knie | II | VIII |
| Füße | XI | V |

Ich gebe die Lokalisierung der Zwölfer-Charaktere (irdische Zweige) nach einem alten Büchlein wieder, dem diese Abbildungen entnommen sind. Die Lokalisierungen, die man am häufigsten in den heutigen Almanachen findet, unterscheiden sich nur wenig voneinander. Ich gebe sie für die an, die diese vorziehen.

| | Frühling | |
|---|---|---|
| Kopf | I | |
| Schultern | IV | X |
| Bauch | II | XII |
| Hände | VI | VIII |
| Genital | VII | |
| Knie | V | XI |
| Füße | IX | III |

| | Sommer | |
|---|---|---|
| Kopf | VII | |
| Schultern | IV | X |
| Bauch | VIII | XII |
| Hände | VI | II |
| Genital | I | |
| Knie | V | XI |
| Füße | III | IX |

|          | Herbst |      |
|----------|--------|------|
| Kopf     | XII    |      |
| Schultern| I      | VII  |
| Bauch    | IV     | VIII |
| Hände    | VI     | II   |
| Genital  | IX     |      |
| Knie     | III    | X    |
| Füße     | XI     | V    |

|          | Winter |      |
|----------|--------|------|
| Kopf     | VI     |      |
| Schultern| X      | IV   |
| Bauch    | III    | IX   |
| Hände    | XII    | VII  |
| Genital  | I      |      |
| Knie     | II     | VIII |
| Füße     | V      | XI   |

# Übersetzung der die Zeichnungen erklärenden Endreime

Schon weiter oben bin ich auf die verschiedenen Überlieferungen hinsichtlich der Lage der Zeichen auf dem Körper des erhabenen Kaisers eingegangen. Das Lied, das den Schlüssel zu diesen Zeichnungen gibt, zeigt keine Abweichungen. Hier tritt das Orakel dieser Position, nämlich jeweils des Ortes, an dem sich das Zwölferzeichen befindet, in Funktion.

*Auf dem Kopf des Gelben Kaisers*
Das ganze Leben der Person, deren Horoskop erstellt wird, läuft sorglos ab, auch wenn die Person aus bescheidenen Verhältnissen kommt; sie wird Glück und Reichtum erfahren. In seiner Laufbahn als Mandarin kann diese Person die höchsten Grade anstreben. Die Frauen dieses Zeichens haben einen festen Charakter und können eine schöne Ehe zuwegebringen.

*Auf der Schulter*
Sein ganzes Leben lang wird er auf das Glück warten. Mitunter kann sich sein Schicksal im reifen, vor allem aber im hohen Alter verbessern. Wenn er nicht auf andere zählt und in schwierigen Lagen den Mut nicht verliert, kann er das Schicksal besiegen. Vor allem seine Kinder werden ein besseres Los erfahren.

*Auf dem Bauch*
Er wird sich eines einfachen, aber auskömmlichen Lebens erfreuen, und er kann ein Mandarin im Zivil- oder im Militärdienst werden. Schätzt er die Künste oder die Musik, kann er im reifen Alter eine Berühmtheit werden. Vielleicht wird er dann reich. Mit den Jahren vermehrt sich sein Glück und sein Ruhm.

*Auf einer Hand*
Quell seines Glücks wird der Handel sein. Wenn er bereit ist, außer Landes zu gehen, können sich seine Lebensbedingungen bedeutend verbessern: seine Familie wäre dann ausgesprochen gut versorgt. Der Beginn seiner Existenz wird vielleicht bescheiden sein, er hat aber gute Chancen, daß ihm gegen Ende seiner Tage von allen Seiten Reichtümer zufließen.

*Auf dem Genital*
Reichtümer und Schätze sind sicher. Im reifen Alter kann er eine ausgesprochen bedeutende soziale Position erreichen. Im Alter wird sich das noch steigern, und sein Haushalt wird sich verändern. Kein Ziel ist zu hoch gesteckt. Sein Glück ergießt sich auf seine Nachkommen, die reich sein werden und verantwortliche Posten erhalten.

*Auf dem Knie*
All seine Mühen und Anstrengungen werden fruchtlos sein. Nicht aller Dinge beraubt, wird sein Leben doch in einem stets unbefriedigten Suchen dahinfließen. Er ist dazu verurteilt, sich rastlos vorwärtszubewegen; vor allem am Ende des Weges wird er ein wenig Ruhe finden.

*Auf einem Fuß*
Es wäre besser, wenn er ein Bonze würde. Er müßte ein friedliches Leben führen, und er kann nur in der Entsagung Glück finden. Er muß jedoch vermeiden, im Hause seiner Ahnen zu bleiben. In den wilden Bergen, weit entfernt von seinem Vaterland, wird er den Frieden finden. Der Mann wird zwei Hauptfrauen, die Frau zwei Gatten haben.

## An Stelle einer Zusammenfassung

Alle diese Beispiele, voll Laune und volkstümlichem Humor, sind für das chinesische Orakel charakteristisch. Man muß sie so nehmen, wie sie geschrieben sind: mit einem leichten Lächeln und mit dem Versuch, aus ihnen eine für unseren Fall geeignete Lehre zu ziehen. Nie hat ein Chinese ein Horoskop für endgültig gehalten, er ist aber auch darum bemüht, alles das, was ein Horoskop ausmacht, zu vervollständigen: Daher muß man die Horoskope sich abklären lassen; man darf nur die übereinstimmenden und für uns bedeutsamen Elemente beachten.

Hinsichtlich dessen, was die Bezeichnung »günstig« oder »ungünstig« hat, habe ich mich mit den traditionellen Bezeichnungen in den Kalendern in Übereinstimmung gesetzt, obwohl es uns scheinen mag, daß sie oft nur relative Bedeutung haben. Aufgrund unserer derzeitigen Kenntnisse wissen wir, daß ein jedes Element eines Horoskops lediglich eine Facette darstellt; nur wenn man diese Facetten vereinigt, kann man zu einer Gesamtschau des Ganzen gelangen. Ein Element eines Horoskops hat für sich allein betrachtet keine Bedeutung; bedeutsam ist es nur in seinen Beziehungen zu allen anderen Elementen.

Achtes Kapitel

# Chinesische Horoskope und zwischenmenschliche Beziehungen

## Sozialer Aspekt des Horoskops

*Nur höchst selten erstellen die Chinesen aus Neugier über ihre persönliche Zukunft ein Horoskop. Am häufigsten tun sie dies, um es mit dem Horoskop eines Dritten zu vergleichen, mit dem eine Verbindung ins Auge gefaßt ist.*

Man sieht nur selten, daß ein Chinese im Laufe seines Lebens ein Horoskop nur aus persönlichem Interesse, nur um sein eigenes Schicksal kennenzulernen, erstellt. Selbst das im zartesten Alter erstellte Horoskop hat vor allem die Aufgabe, dem Kind im Kreis seiner Familie seinen Platz zu geben und zu erfahren, wie es sich dort integrieren wird.

Das gesellschaftliche Leben war für die Chinesen stets von großer Bedeutung. Das Interesse an der Familie wog schwerer als das Interesse am einzelnen, und sehr wichtig war auch die Harmonie zwischenmenschlicher Beziehungen. Vor allem legte man Wert darauf, daß sich diese Beziehungen nicht zum Nachteil des Ganzen entwickelten. Das betrifft vor allem eine Ehe oder eine geschäftliche Verbindung usw. Das persönliche Horoskop wird vor allem dazu benutzt, es mit dem eines Dritten zu vergleichen. Ein solcher Vergleich bedarf der Diskretion und der Vorsicht. Auch hinsichtlich einer Eheschließung war stets eine Unterhändlerin oder ein Vermittler erforderlich gewesen, damit die beiden künftigen Partner in Kontakt kamen. In einem solchen Fall kann man sich auf den Hinweis des Horoskops berufen. Wenn eine Übereinkunft nicht möglich ist, bleibt das Gesicht gewahrt; das ist die Hauptsache.

Vergessen wir aber nicht, daß die Wahrsagung ihrem Wesen nach ein religiöser Akt ist. Wenn es um eine wichtige Sache geht, wird die Interpretation des Horoskops durch einen Besuch der Pagode ergänzt. Ein Familienmitglied, meistens eine Frau, wird damit beauftragt, ein Orakel zu befragen oder den Rat von Experten einzuholen, die sich in den Vorhallen der Tempel drängeln. Höflichkeit und Nutzwert darf man indessen nicht mischen. Ebenso wäre die Befragung des Schicksals am Neujahrstag oder am Festtag des Schutzgeistes unschicklich. Ein Besuch zu dieser Gelegenheit kann nur von purer Höflichkeit getragen sein.

Will man nicht ins einzelne gehen, kann man die dominierenden Wirkkräfte oder die Zodiakal-Tiere der betreffenden Personen in Kurzform vergleichen.

## Beziehungen zwischen den beherrschenden Wirkkräften

Der Vergleich der beherrschenden Wirkkraft (derjenigen, die mit dem Jahresbinom verbunden ist) von zwei Personen ist ein überaus wichtiges Mittel zur Bewertung der zwischen den beiden Personen bestehenden Möglichkeiten des Einverständnisses. Die hier folgende Aufstellung (es gibt Hunderte dieser Art) ist amüsant:[23] Sie bietet ein ausgezeichnetes Beispiel dafür, wie die Chinesen die Beziehungen der verschiedenen Wirkkräfte begreifen. Außerdem vervollständigt und präzisiert diese Tabelle die Beziehungen zwischen den Tieren, die wir später noch betrachten werden. Die Wirkkraft, die hier als Charakteristik der Wesensart verwandt wird, ist diejenige, die mit dem Jahresbinom verbunden ist. (Anmerkung: Der Terminus »gegenläufig«, der mehrfach benutzt wird, soll nach dem chinesischen Text besagen, daß die Wirkkräfte in einer der normalen Wachstumsanordnung: Holz – Feuer – Erde – Metall – Wasser – Holz usw. entgegengesetzten Ordnung aufgestellt sind. Im Falle einer Vereinigung wird das Oberhaupt durch den Mann dargestellt, der Partner durch die Frau.

*Mann Holz – Frau Holz*
Wenn der Wind den Wald erreicht, zerbricht er das Holz. Das Paar wird sich ständig Wortgefechte liefern, die Kinder werden schwierig aufzuziehen sein, und es besteht Gefahr, daß es beiden an Harmonie mangelt.

*Mann Holz – Frau Feuer*
Das Holz erzeugt das Feuer. Geht man all dem, was Widerspruch veranlaßt, aus dem Wege, kann sich trotz gelegentlicher Wortgefechte Harmonie einstellen, und mit ein wenig Geduld kommt das Glück einher. Sogar
die als miteinander unvereinbar bekannten Tiere Büffel und Pferd können in diesem Falle zu Eintracht gelangen. Langes Leben, eine respekt-
volle und reiche Nachkommenschaft.

*Mann Holz – Frau Erde*
Das Holz beherrscht die Erde, und nach der Blüte kommt die Frucht.
Gute Eintracht zwischen den Gatten, Geld und Schätze füllen den Spei-
cher. Wenig Kinder. Es wäre wünschenswert für sie, sich wohltätigen
Werken hinzugeben und ehrfurchtsvoll zu leben.

*Mann Holz – Frau Metall*
Das Metall zerstört das Holz; dementsprechend wird der Mann dazu
neigen, das Heim zu verlassen. Wenn er seine Reisen sorgfältig vorberei-
tet und wenn er sich als wohltätig erweist, erfahren die Gatten Wohlstand.
Zwei oder drei Kinder.

*Mann Holz – Frau Wasser*
Beziehung gegenläufig: Das Wasser erzeugt das Holz. Es wird notwendig
sein, sich mit wahrem Feuereifer auf die Arbeit zu stürzen, um Wohlstand
zu erlangen. Drei bis fünf Kinder.

*Mann Feuer – Frau Holz*
Beziehung gegenläufig, daher halb günstig. Ist die Frau zu stark, läuft der
Mann Gefahr, schwach zu werden und zu sterben. Die Familie kann
indessen reich und berühmt werden. Die Gatten gelangen bei gegenseiti-
gem Vertrauen zu großer Intimität. Zwei oder drei Kinder.

*Mann Feuer – Frau Feuer*
Eine Beziehung, die heftig und ungestüm werden kann. Wenn sie nicht
achtgeben, sehen sie ihr Heim als ein Zentrum unaufhörlichen Unwet-
ters. Gibt allerdings einer von ihnen nach, wird das Schlimmste vermie-
den. Sie können dann gut erzogene Kinder haben.

*Mann Feuer – Frau Erde*
Das Feuer erzeugt die Erde, das ist eine der günstigsten Beziehungen. In
der Familie wird alles zum besten geraten. Die Familienangehörigen

werden ein so langes Leben haben wie die Pinien des Südberges. Beide Eheleute werden viel Erfolg haben, und das Familiengut wird sich erheblich vermehren. Eine zahlreiche Nachkommenschaft ist ihnen sicher.

*Mann Feuer – Frau Metall*
Das Feuer ist für das Metall ungünstig. In dieser Vereinigung ist die Frau dem Gatten überlegen. Sie werden sich Wortgefechte liefern, die, wenn die Frau nicht nachgibt, eine ernsthafte Unstimmigkeit herbeiführen können. Am Ende ihres Lebens laufen sie Gefahr, daß es ihnen an Geld mangelt. Handelt es sich um Jünglinge, sollten sie starke Frauen ehelichen.

*Mann Feuer – Frau Wasser*
Wasser und Feuer bilden eine ungünstige Vereinigung. Die Gatten können nicht zu einem guten Einvernehmen finden. Sie sind gegenseitig eifersüchtig, und der Mann fürchtet seine Frau. Armut ist zu befürchten. Drei Kinder.

*Mann Erde – Frau Holz*
Die Erde ist oben, das Holz ist unten, die Verbindung ist ungünstig. In dem Heim, Entstehungsort vieler Histörchen und Zwiste, wird es keine Harmonie geben. Das Geld wird sich verringern, und es besteht Gefahr, daß es einmal fehlen wird. Zahlreiche, jedoch schlecht erzogene Kinder.

*Mann Erde – Frau Feuer*
Mäßig günstig, da gegenläufig. Viel menschliche Nächstenliebe wird erforderlich sein. Aber die Familie wird weder Elend noch ernsthafte Schwierigkeiten erfahren. Beide Gatten werden sich zärtlich lieben. Die Kinder werden ein Zeugnis für den kindhaften Geist abgeben.

*Mann Erde – Frau Erde*
Sehr günstig für das Einvernehmen und für die Gefühle. Zunächst ist das Leben leicht, mit der Zeit wird es jedoch schwierig und mühselig. Wollen die Gatten nicht von Krankheiten überrascht werden, müssen sie sich als wohltätig und fromm erweisen. Die Kinder werden die Familientradition nicht weiterführen.

*Mann Erde – Frau Metall*
Die Erde schafft das Gold (das Metall im eigentlichen Sinne), Geld und Reichtümer kommen auf diesen glücklichen Mann zu. Er wird in Wohl-

stand und Behaglichkeit leben, umgeben von zahlreichem Personal. Eine zahlreiche Familie, eine liebende Frau; alles steht zum besten.

### Mann Erde – Frau Wasser
Besonders dann ungünstig, wenn sich die Frau zu sehr von ihrem Mann beeinflussen läßt. Einem ruhmvollen Beginn wird das Elend folgen. Will man ein friedliches und glückliches Alter erreichen, ist die Tugend überaus notwendig. Den Kindern wird es an Zuneigung fehlen.

### Mann Metall – Frau Holz
Das Metall schädigt das Holz, es handelt sich also um eine ungünstige Verbindung. Der Start ins Leben ist sehr schwierig, das kann sich jedoch im weiteren Verlauf etwas verbessern. Kummer mit der Gesundheit, besonders für die zwei oder drei Kinder. Ein wenig Religion täte gut.

### Mann Metall – Frau Feuer
Schlecht; nichts von dem, was sie unternehmen, wird nach ihrem Gefallen ablaufen. Das ganze Leben lang werden sie häusliche Schwierigkeiten und Krankheiten erleben. Ihre Kinder könnten Spätentwickler sein. Um die Lage ein wenig zu verbessern, müssen sie sich wohltätigen Werken widmen.

### Mann Metall – Frau Erde
Gegenläufig. Die Frau hat die Hosen an und mißachtet den Gatten. Das Geld wird schwer zu bewahren sein. Man muß achtgeben und rechnen. Die Kinder gedeihen.

### Mann Metall – Frau Metall
Gefährlich: unaufhörliche Kämpfe. Nach einem ausgesprochen guten Start verschlechtert sich die Situation mehr und mehr. Die Frau, oftmals krank, läuft Gefahr, bigott zu werden. Drei Kinder.

### Mann Metall – Frau Wasser
Ungewöhnlich günstig. Das Metall erzeugt das Wasser. Alles, was der Mann berührt, verwandelt sich zu Gold. Alle Wünsche des Paares gehen in Erfüllung. Langes Leben und Wohlstand sind gewiß. Fünf oder sechs Kinder.

### Mann Wasser – Frau Holz
Das Wasser erzeugt das Holz, das Geld sprudelt aus der Quelle. Aber

diese Unbeschwertheit kann zu einem sittenlosen Leben führen. Gibt man acht, verläuft das Leben ruhig, und ein langes Leben ist sicher.

### Mann Wasser – Frau Feuer

Eine in der Tat ungünstige Verbindung, die Ehegatten können sich gegenseitig zerstören. Nichts läuft, und die Familie wird niemals Frieden erfahren. Der Gatte wird ein kurzes Leben haben. Drei bis fünf Kinder.

### Mann Wasser – Frau Erde

Gegenläufig, wenig günstig. Krankheiten werden das Heim nicht verlassen. Es gebricht an Gütern aller Art, die Sorgen sind zahlreich und die Streitgespräche häufig. Man sollte die Böswilligkeit ändern. Drei oder vier Kinder.

### Mann Wasser – Frau Metall

Sehr günstig: Auf dem Wasser häuft sich Gold an. Reichtümer fließen dem Heim zu, der Haushalt ist von Freunden umgeben. Wenn sich die Gatten gegenseitig vertrauen können, wird sich ihr Wohlstand weiter vermehren. Zahlreiche Kinder.

### Mann Wasser – Frau Wasser

Das Übermaß an Wasser deutet auf Unsicherheit hin. Obwohl intelligent und fähig, sind ihre Angelegenheiten nicht dementsprechend abgesichert. Trotz großer Arbeitsamkeit bleibt die Familie arm. Fünf Kinder ohne kindliche Pietät.


Ich war bestrebt, diesen Text inhaltlich nicht zu verändern, obwohl die einzelnen Bestandteile, die für einen der Tradition verhafteten Chinesen das Glück bedeuten – zahlreiche Kinder, eine unterwürfige Frau usw. – nicht unbedingt mit dem übereinstimmen, was einem Europäer unserer Zeit gefällt. Diese chinesischen Auffassungen über das Glück lassen sich jedoch recht leicht in unsere westlichen Vorstellungen von Glück übertragen. Ebenso habe ich die ein wenig moralisierende Note, die in den Horoskopen allerdings nur selten erscheint, beibehalten; sie zeigt gut, daß der freie Wille in den Augen eines Chinesen das vorherrschende Element unseres Schicksals bleibt.

# Beziehungen zwischen den Zwölf Tieren

*Der Vergleich mit den Tieren ist vielfach eine Veran-*
*schaulichung der zwischen den Zwölferzeichen beste-*
*henden Harmonien und Gegensätze.*

Mich übermäßig lang über dieses Gebiet zu verbreiten, scheint mir nicht notwendig, befassen sich doch schon viele Werke mit diesem Thema.[24] In den meisten Fällen ist es nichts anderes, als eine Übersetzung des Gegensatzes oder der Übereinstimmung, die zwischen den Zwölferzeichen (s. Seite 49 ff.) vorhanden sind, und mit denen man die Zwölf Tiere identifiziert, in eine volkstümliche Sprache. Im übrigen muß man allzu plastischen Erklärungen, zu denen diese Bilder anregen können, mißtrauen.

Denken wir daran, daß die Diagnose zu summarisch ist, wenn man sie nicht durch das Studium der dominierenden Wirkkräfte ergänzt, die uns sagen: Entsprechend ihrem Geburtsjahr wird eine Ratte Metall (Gruppe 1, 1924), Wasser (13, 1936), Feuer (25, 1948), Erde (37, 1960) oder Holz (49, 1912, 1972) sein können; ebenso wird ein Drache Holz (5, 1928), Metall (17, 1940), Wasser (29, 1952), Feuer (41, 1964) oder Erde (53, 1916, 1976) sein, was ihren möglichen Sinn von Grund auf verändern kann. Dasselbe gilt für alle anderen Tiere; weder können ihre Affinitäten so ausgeprägt, noch ihre Gegensätze derart groß sein, wie es den Anschein haben mag.

## Affinitäten und Gegensätze zwischen den Zwölf Tieren

*Die Ratte*
Sie versteht sich sehr gut mit dem Drachen, in der Liebe ist er für sie wohl der beste Partner, dies vor allem, wenn der Drache eine Frau ist. Ebenso versteht sie sich mit dem Affen, obwohl sie Gefahr läuft, dafür nicht belohnt zu werden. Mit dem Pferd, das sie verabscheut, kann sie sich nicht verstehen, desgleichen nicht mit dem Hasen.

## Der Büffel

Ideale Verbindung mit dem Hahn, gutes Einvernehmen mit der Schlange oder möglicherweise mit der Ratte, wenn letztere wirklich verliebt ist. Der Affe verführt ihn, aber er sollte ihn, wie auch die Ziege, den Tiger und das Pferd, meiden.

## Der Tiger

Gutes Einvernehmen mit dem Pferd, mit dem Hund, und eine stürmische Liaison mit dem Drachen. Er sollte sich weder mit der Schlange noch mit dem Büffel verbinden, er sollte auch dem zu tückischen Affen und dem Hasen mißtrauen. Schließlich können zwei Tiger nicht in gutem Einverständnis miteinander leben. Einige raten dem Tiger von der Ziege ab; ich befürchte jedoch, daß dies auf einer zu sehr vereinfachten Symbolik beruht.

## Der Hase

Mit der Ziege und mit dem Hund geht alles gut; das Schwein wird einen guten Einfluß im moralischen Sinn ausüben. Kein Einvernehmen mit dem Hahn, mit der Ratte und vor allem nicht mit dem Tiger. Vom Drachen wird er beherrscht.

## Der Drache

Der Drache versteht sich gut mit der Ratte, die in ihn verliebt ist, und mit dem Hahn und dem Affen (er ist stärker als beide). Der Drachenmann wird von der Schlangenfrau angezogen. Kein Einvernehmen mit dem Tiger, dem Hasen und vor allem mit dem Hund.

## Die Schlange

Glücklich mit dem Hahn und dem Büffel, wenn letzterer sie beherrscht. Versteht sich weder mit dem Tiger noch mit dem Schwein; zwei Schlangen können nicht zusammenleben.

## Das Pferd

Soll sich die Ziege, den Tiger und den Hund als Komplizen suchen. Aber es soll sich vor der Ratte, dem Affen und dem Büffel in acht nehmen. Zwei Pferde können nicht zusammenleben.

*Die Ziege*
Sie versteht sich gut mit dem Hasen, dem Schwein und dem Pferd, die sie so nehmen, wie sie ist. Mit dem Büffel und mit dem Hund kann sie sich nicht verstehen.

*Der Affe*
Der Affe hat es in seinen Beziehungen schwer. Wenn sich auch der Drache und die Ratte mit ihm verstehen können, ist dies beim Tiger wie beim Pferd jedoch nicht der Fall.

*Der Hahn*
Er ist mit dem Büffel und mit der Schlange glücklich, vor allem aber mit dem Drachen. Er hat nichts mit dem Hasen gemein, und er hat wenig Verständnis für den Hund. Zwei Hähne können nicht gemeinsam unter einem Dach leben.

*Der Hund*
Gutes Einvernehmen mit dem Hasen, mit dem Pferd oder mit dem Tiger. Kein Glück mit dem Drachen, der Ratte oder mit der Ziege.

*Das Schwein*
Es kann mit der Ziege oder mit dem Tiger, von dem es unterhalten wird, das Glück finden, vor allem aber ist es der Hase, durch den es Frieden erfährt. Kein Einklang möglich mit der Schlange oder mit dem Hahn.

## Horoskop und Zukunft

*Sinn und Zweck des Horoskops ist nicht so sehr, vorauszusagen, was auf einen zukommt, sondern vorauszusehen, was man tun sollte.*

Es ist offensichtlich, daß sich die Chinesen, wie alle Menschen, danach fragen, was das Schicksal für sie bereithält. Dennoch habe ich festgestellt, daß die Mehrzahl der Chinesen, weitaus mehr als die Abendländer, dazu neigen, das Leben so zu nehmen, wie es eben kommt, und sich in das Unvermeidliche zu schicken. Dabei handelt es sich nicht um Resignation, sondern, weit entfernt davon, um einen vertieften Ausdruck von gesundem Menschenverstand.

Eines rein persönlichen Vorteils wegen das Schicksal zu befragen, erschiene den meisten als anmaßend und rücksichtslos. Man erforscht also nicht die Zukunft, sondern sucht nach einer Richtlinie für das Handeln. Seit dem frühesten Altertum haben die Chinesen die Orakel darüber befragt, *was man tun sollte, und nicht darüber, was kommen wird.*

Es ist bezeichnend, daß die Orakel meistens die Bedingung enthalten: Wenn Sie sich an diesem Tag verheiraten, dann ... – womit die Tür zu einer Ausflucht offengehalten wird. Dieser Glaube, nach dem es stets eine Möglichkeit gibt, sich davonzustehlen, ist ein Zug ihrer Mentalität, der mich am meisten beeindruckt hat. Diese Neigung, keine Niederlage als endgültig anzusehen, ist von Fatalismus himmelweit entfernt.

Die einfachste Methode, zu erfahren, was zu tun sei, besteht in der Befragung eines Almanachs, in dem sich die günstigen oder ungünstigen Tage oder Stunden sowie Vorschläge, dies oder jenes zu tun, bis ins einzelne aufgeschlüsselt finden. Von ganz besonderer Bedeutung ist für die Chinesen, daß der Beginn einer jeden wichtigen Handlung unter optimalen Bedingungen erfolge. Auf der Grundlage dessen, was wir über das Horoskop wissen, ist es uns zudem möglich, zu unserem Nutzen ergänzende Bestimmtheiten zu finden. Haben wir keinen Almanach zur Hand, können wir durch Berechnung der Jahres-, Monats-, Tages- und Stundenzeichen erfahren, ob sie für uns günstig sind. Wir erfahren es dann durch das Spiel der zwischen unseren Zeichen bestehenden Sympathien und Antipathien und denen eines gegebenen Augenblicks, sowie auch zwischen den Wirkkräften und den [Zwölf] Tieren.

Die chinesische Astrologie, die die das Universum lenkenden Gesetze studiert, unterscheidet sich erheblich von der sogenannten *Nativitätsastrologie* (die das Schicksal des einzelnen untersucht). Die Untersuchung letzterer würde den uns gesetzten Rahmen überschreiten; eine kurze Übersicht darüber erfolgt im Kapitel XVIII.

Als exemplarisches Beispiel sei vermerkt, daß die Jahre, in denen die Tiere mit dem Tier unseres Geburtsjahres in Einklang stehen oder gar identisch sind (ausgenommen das Pferd und vielleicht der Hahn, für die das Jahr ihres Zodiakal-Tieres nicht günstig ist), günstig sein werden; ungünstig werden die Jahre sein, die von einem gegenwirkenden Tier geprägt sind; die übrigen Jahre sind neutral.

In gleicher Weise erachten wir die Jahre für günstig, die von der Wirkkraft gelenkt werden, die mit unserem Jahresbinom verbunden ist oder mit der Wirkkraft, die ihr vorausgeht (weil sie sie erzeugt); für ungünstig werden wir die Jahre erachten, die von der Wirkkraft gelenkt werden, die unser Jahresbinom beherrscht; die übrigen Jahre sind neutral.

# Neuntes Kapitel

# Anwendung der Methode

*Dieser erste Teil stellt in sich ein Ganzes dar. Er dient dazu, jedem, der keine Spezialausbildung hat, die Aufstellung seines Horoskops nach chinesischer Methode mühelos zu ermöglichen.*

Dadurch, daß wir die mehr technische Darlegung und gelehrsame Ausführungen für den zweiten Teil aufgeschoben haben, schufen wir die Möglichkeit, diesen ersten Teil dazu benutzen zu können, Grundlagen zu schaffen und ein Ganzes zu formen. Auch meine ich, daß eine synthetische Betrachtung der Methode und ein konkretes Beispiel für die Anwendung nützlicher sind als eine bloße Zusammenfassung.

Da ich an alle diejenigen denke, die durch eine fachsinologische Darstellung abgeschreckt werden könnten, war ich bemüht, nicht auf chinesische Termini zurückzugreifen. Ich konnte es nicht vermeiden, diese chinesischen Bezeichnungen in die Tabellen aufzunehmen – um sie im zweiten Teil nicht wiederholen zu müssen –, doch man kann diese Tabellen auch unter Außerachtlassung der chinesischen Schriftzeichen benutzen. Desgleichen haben wir uns nur in dem Maße über die chinesische Weltanschauung verbreitet, als dies unerläßlich ist, um den Geist der Methode überhaupt verstehen zu können.

## Einige wichtige Bemerkungen

*Es erfolgt hier eine Aufstellung einiger in den vorangehenden Kapiteln erfolgten Bemerkungen, deren Wiederholung mir vor dem Abschluß wichtig scheint.*

### Bedeutung des Beginns

Mit vielen anderen Völkern teilen die Chinesen den Glauben, daß der Erfolg und die Erfüllung einer Handlung davon abhängen, wie die

Handlung begonnen wurde. Auch die Wahrsagung hat dabei das grundlegende Ziel, den besten Zeitpunkt zu finden, zu dem man sich in ein Unternehmen stürzt; so soll man vor allem bei seriösen Angelegenheiten vorgehen. Das ist auch der Grund dafür, weshalb die Neujahrsfeierlichkeiten, der erste Tag, an dem im neuen Jahr der Mond erstmals erscheint (das *Têt* der Vietnamesen) so wichtig genommen werden. Das reibungslose Abrollen der Feiern bestimmt das ganze folgende Jahr.

*Jeder Augenblick erlebt den Aufstieg und den Abstieg*
Alle Erscheinungen in der Natur erreichen nach einer Periode des Wachstums einen Kulminationspunkt, und es folgt der Abstieg. Das Tageslicht, die Entwicklung der Jahreszeiten, die Mondphasen, alles zeigt, daß alles Leben Wachstum, Reife und Alter erfährt.

In gleicher Weise erreicht ein Augenblick nur an seinem Kulminationspunkt seine volle Wirksamkeit: Der Mond steigert seinen Einfluß bis zum Vollmond, er nimmt in der Folge ab, bis er schließlich zum Neumond beinahe nichtig wird. Aus diesem Grund lassen auch die Chinesen, indem sie die Sonnenwenden und Tagundnachtgleichen für den Kulminationspunkt der Jahreszeiten erachten, diese eineinhalb Monate vor diesen Daten beginnen. Auf die gleiche Art und Weise beginnen die astrologischen Monate fünfzehn Tage vor unseren Tierkreiszeichen. Schließlich beginnen die Stunden (jede umfaßt zwei der unsrigen) da, wo es sich für uns um eine ungerade Stunde handelt; zum Beispiel elf Uhr für die siebente chinesische Stunde. Sie haben ihren maximalen Einfluß da, wo es sich für uns um eine gerade Stunde handelt.

Es ist angebracht, diese Tatsache hinsichtlich der Bedeutung, die man jeden Binom des Horoskops zumißt, in die Betrachtung einzubeziehen.

## Erstellung des Horoskops

> *Obwohl man anfangs durch die Fremdartigkeit verwirrt werden kann, ist seine Berechnung viel einfacher als die Operationen, die zur Erstellung eines unserer astrologischen Horoskope erforderlich sind.*

Die wesentlichen Gegebenheiten

*a) Die Enthüllung der vier Binome.* Diese vier Binome, von den Chinesen die »vier Säulen des Schicksals« genannt, sind das wesentliche Element, auf dem sich jedes Horoskop aufbaut. Ihre Berechnung ist höchst einfach (Kapitel I). Ehe man sie aufstellt, ist noch eine Wahl zwischen dem (am meisten bekannten) Mondkalender und dem (von Spezialisten vorgezogenen) astrologischen Kalender zu treffen.

Je nachdem, welche Wahl man trifft, kann das Datum des Neujahrs verschieden sein. Bei einem zwischen dem 21. Januar und dem 20. Februar geborenen Menschen wird sich entsprechend das Jahresbinom ändern; das Monatsbinom wird ebenfalls unterschiedlich sein.

Schließlich ist das Stundenbinom verschieden, je nachdem, ob man lediglich den Meridian des Geburtsortes betrachtet oder ob man, dem Beispiel der chinesischen Astrologen folgend, die Uhrzeit in Pekingzeit umwandelt.

Ich für meinen Teil, und ich werde mich dazu noch später äußern, ziehe es vor, den astrologischen Kalender zu benutzen und die Uhrzeit in Pekingzeit umzuändern.

Der Vergleich der vier Binome (Kapitel II, S. 52) und ihres Yin- oder Yang-Wertes gestattet es uns, die ersten Aspekte dieses Horoskops festzulegen.

*b) Die Enthüllung der acht Zeichen.* Die Binome enthalten die acht Zeichen, die wir jetzt studieren sollen (Kapitel II). Ihre Beziehung gestattet uns die Enthüllung einer zweiten Reihe von Horoskopen, die dann schon eine wichtige Übersicht über eine Persönlichkeit bietet.

Entsprechend den zwischen ihnen bestehenden Sympathien und Antipathien (was vorzüglich bei den Zwölferzeichen der Fall ist) stellen sich die vier Binome zueinander oder gegeneinander, wobei sie das Bild einer komplexen Persönlichkeit vermitteln, voller Widersprüche oder, im Gegenteil, einfach und wie aus einem Guß. Ich neige dazu (es handelt sich dabei um eine persönliche Überzeugung), das Jahresbinom als das anzusehen, was die nach außen sichtbare und gesellschaftliche Persönlichkeit zum Ausdruck bringt, wohingegen das Stundenbinom das tiefe, intime und verborgene Ich ausdrückt. Die beiden anderen Binome erfahren die Anziehung des einen oder des anderen dieser Pole.

*c) Die mit den Binomen und Zeichen verbundenen Wirkkräfte.* Diese Wirkkräfte bilden die Kräfte, die die Persönlichkeit zusammensetzen, und sind damit der wesentliche Schlüssel (Kapitel III und IV). Die Akupunkteure meinen zudem, daß sie durch ihre Beziehungen zu verschiedenen Organen ebenfalls der Schlüssel zum Temperament und zum physiologischen Gleichgewicht sind. Die mit dem Binom des Jahres verbundene Wirkkraft hat eine grundlegende Bedeutung für die Charakterisierung einer Persönlichkeit; verbunden mit der Wirkkraft des Monatsbinoms erklärt sie das Schicksal.

(Anmerkung: Mit diesen Gegebenheiten besitzen wir die grundlegenden Elemente des Horoskops, mit dem sich die meisten chinesischen Wahrsager begnügen. Es sind diejenigen, auf die man sich stützt, wenn man auch noch zwei Horoskope miteinander vergleichen will.)

Die zweitrangigen Gegebenheiten

Wie auf einem Menschenmassen darstellenden Bild kann man einige Farbtupfer hinzufügen, um die räumliche Tiefe zu vergrößern. Dafür gibt es eine beträchtliche Anzahl von Methoden; ich begnüge mich damit, hier die bekanntesten zu nennen.

*a) Die Zwölf Tiere.* Eine sehr populäre und allgemein bekannte Praktik. Die Berufsastrologen mißtrauen ihnen, da sie zu leicht assimiliert (Kapitel V). Wesensmäßig mit dem Jahr und mit den Stunden verbunden, können sie das Horoskop nützlich ergänzen.

*b) Die Konstellationen.* Die das Glück im Hinblick auf einen bestimmten Tag angeben; nebenbei ermöglichen sie, die Wochentage zu erfahren (Kapitel VI).

*c) Das Lied der vier Jahreszeiten,* das das Glück im Zusammenhang mit den Jahreszeiten und der Geburtsstunde bezeichnet (Kapitel VII).

*d) Die Mondphasen.* Oft meinen die Chinesen, daß sie die Dynamik eines Individuums beeinflussen. Da die Mondmonate die Grundlage des Mondkalenders sind, kann man die entsprechende Mondphase leicht finden (Tabellen Seiten 30 ff.).

Alle diese Gegebenheiten gestatten uns, die Aspekte des untersuchten Horoskops zu untersuchen oder sie mit anderen Horoskopen zu vergleichen (Kapitel VIII); jetzt ist nur noch die Interpretation vorzunehmen.

# Interpretation des Horoskops

*Dies ist der mitreißendste, aber auch der schwierigste Teil, da er nicht in Formeln zusammenzufassen ist.*

Ein wenig wie ein Amateurmaler oder ein Kunstkritiker vor einem Bild muß der Interpret, wenn er einmal in Besitz aller Grundbestandteile eines Horoskops ist, auf seine Intuition zurückgreifen. Entsprechend den Personen wird die Interpretation sehr unterschiedlich sein, eine eindeutige Regel kann nicht gegeben werden. Manchmal wird man durch wiederholtes und vertieftes Nachsinnen neue Einzelheiten ergründen Bei dieser Materie liegt das einzige Kriterium in der Qualität des erhaltenen Ergebnisses; von vornherein ist keine Methode zurückzuweisen.

Es ist nützlich, nun als Beispiel zwei Horoskope in gestraffter Form vorzuführen, wobei die zu erkundenden Wege dargestellt werden. Es besteht nicht die Absicht, vollendete Portraits zu zeichnen.

## Horoskop einer am 10. August 1948 um 11 Uhr 15 in London geborenen jungen Frau

1. Aufstellung des Themas

a) Erste Operation, das Auffinden der vier Binome (s. 1. Kapitel)
- des Jahres (S. 26)   es ist das vierundzwanzigste   B Yang
- des Monats (S. 28)   es ist das siebenundfünfzigste   A Yang (Lunation oder Periode)
- des Tages (S. 39)   es ist das vierte   C Yin
- der Stunde (S. 40)   es ist das siebenundvierzigste   C Yang (Uhrzeit von Peking)

b) Zweite Operation, das Auffinden der acht Zeichen (s. 2. Kapitel)
- des Jahres      5   I
- des Monats      7   IX
- des Tages       4   IV
- der Stunde      7   XI

c) Dritte Operation, das Auffinden der Wirkkräfte (s. 4. Kapitel)

| | (Binom) | (Zehnerzeichen) | (Zwölferzeichen) |
|---|---|---|---|
| – des Jahres | Feuer | Erde | Wasser |
| – des Monats | Holz | Metall | Metall |
| – des Tages | Feuer | Feuer | Holz |
| – der Stunde | Metall | Metall | Erde |

d) Vierte Operation, das Auffinden der Tiere (s. 5. Kapitel)
– des Jahres 1948                                                                die Ratte
– der Stunde (elfte chinesische Stunde)                                          der Hund

e) Fünfte Operation, das Auffinden der Konstellation des Geburtstages (s. 6. Kapitel) – sechste Konstellation, der Schwanz, der auf einen Dienstag fällt, günstig.

f) Sechste Operation, das Auffinden der Glücksaussichten der Geburtsstunde (s. 7. Kapitel)
Durch Einbeziehung der Jahreszeit muß man herausfinden, auf welchem Körperteil des Kaisers sich das Zwölferzeichen der Geburtsstunde befindet. Es handelt sich um das Zeichen XI (*hsiu*). Chinesischer Auffassung entsprechend fällt der 10. August auf den Herbstanfang, und das Zeichen befindet sich auf dem rechten Knie.

g) Siebente Operation, das Auffinden der Mondphase (s. Seite 31)
In diesem Jahr ist am 5. August Neumond; dementsprechend liegt die Geburt im ersten Viertel des zunehmenden Mondes.


2. Untersuchung der »Aspekte« des astrologischen Themas

Es handelt sich hier um den wichtigsten Teil, da er das Gerüst des ganzen Horoskops bildet. Das Verfahren entspricht, wenn auch viel einfacher, der Erstellung eines Horoskops überhaupt. Wenn es sich als nützlich erweist, kann man die Gegebenheiten des Themas sehr gut auf die inspirierten Kreise der in den Kapiteln I und II gegebenen Diagramme übertragen.

*Proportionales Verhältnis von Yin zu Yang.* Es stehen drei Yang zu einem Yin. Für eine Frau ist ein solches Übergewicht von Yang etwas übermäßig und scheint auf einen gewissen Mangel an Fraulichkeit im Verhalten hinzudeuten, zumal wir in diesem Fall sehen werden, daß das mit dem Tag verbundene Yin mehr zum intimen Ich als dem sozialen Ich zuzugehören scheint. Das Gleichgewicht ist jedoch teilweise dadurch wiederhergestellt, daß das Tier des Jahres ebenso wie das der Stunde Yin ist.

*Beziehung zwischen den Zeichen.* Keine Gegensätzlichkeit zwischen ihnen. Hingegen ist die Feststellung wichtig, daß die Zwölferzeichen des Jahres und des Monats eine Affinität aufweisen, und ebenso, daß sich die Zwölferzeichen des Tages und der Stunde in einer Sympathiebeziehung befinden, was mir auf ein gleichmäßig zwischen dem äußeren und sozialen Ich (Jahr und Monat) und dem intimen und tiefen Ich (Tag und Stunde) geteiltes Temperament hinzudeuten scheint: Ohne daß sie dabei eine allzu große Scheu hat, läßt sich das tiefe Ich nicht leicht aufdecken. Ein ausgeglichener, reservierter und selbstsicherer Charakter.

*Die vier Binome.* Man kann sie entsprechend der im Kapitel IV (s. Seite 67 ff.) gezeigten Weise im Detail studieren. Es gibt nichts Bemerkenswertes in den Beziehungen zwischen ihnen, da dann, wenn eines (A) stark ist, keines der drei anderen (B, C, C) wirklich schwach ist. Die Analyse der Rolle der Wirkkräfte wird in der Folge (anläßlich der detaillierten Charakteranalyse) wieder aufgenommen. Es würde zu weit führen, sich hier damit aufzuhalten.

*Die fünf Wirkkräfte.* Sie sind in diesem Horoskop enthalten. Das ist ausgezeichnet, da dies eine feste Grundlage für die Charakterentwicklung abgibt. Das Metall ist viermal vorhanden, das Feuer dreimal, das Holz und das Wasser zweimal und die Erde einmal. Die einzige Einschränkung, die man machen kann, ist die, daß die Person etwas zu ausgiebig mit Willenskräften ausgestattet ist (das Metall tritt viermal auf), und daß es ein wenig an Realismus und am Sinn für das Konkrete mangelt (die Erde erscheint nur einmal). Es wäre also gut, daß sie sich mit solchen Personen verbindet, deren Wirkkräfte die ihrigen ergänzen; zum Beispiel mit jemandem, der realistischer und wendiger ist als sie.


3. Der Glücksfaktor

Um den Glücksanteil eines Individuums zu bestimmen, müssen wir zunächst die Konstellation des Geburtstages betrachten. Im vorliegenden Fall handelt es sich um die Konstellation des Schwanzes (s. Seite 92), die den Erfolg im Geschäft und im Familienleben garantiert. Auf der anderen Seite deuten die durch die Geburtsstunde gegebenen Hinweise (s. Seite 107) darauf hin, daß die Person auf Schwierigkeiten stoßen, aber letzten Endes, nach einem Kampf, erfolgreich sein wird. Endlich ist es ein Zeichen von Vitalität, bei zunehmendem Mond geboren zu sein.

Allgemein wird angenommen, daß die mit den Binomen des Jahres und des Geburtstages verbundenen Wirkkräfte zur Bestimmung des Glücks eines Individuums eine grundlegende Rolle spielen. In dem Fall, der uns beschäftigt, finden wir für das Jahr das »Feuer am Fuße des Berges«. Dabei ist das Feuer Symbol für Gelingen und Erfüllung, aber in einer etwas gedämpften Art und Weise. Da das Feuer ebenfalls als »Ofenfeuer« den Tag darstellt, sind die Erfolgsaussichten noch verstärkt, allerdings in einer Weise, die man familiär oder »häuslich« nennen könnte.

## 4. Detaillierte Charakterstudie

Betrachten wir zunächst die Jahres- und Monatsbinome, die miteinander sehr eigentümlich verbunden zu sein scheinen. In dem Fall, der uns beschäftigt, bezeichnen sie die äußere und gesellschaftliche Persönlichkeit des Individuums, die sehr extravertiert und ausgeglichen zu sein scheint, da die beiden Binome Yang sind. Sie deuten auf eine erhebliche Ausgeglichenheit, da alle Wirkkräfte vertreten sind. Hervorzuheben ist allerdings, daß das Metall (Wille) zweimal in starker Position erscheint. Davon leiten wir eine vollendete Selbstkontrolle ab. Die Erde (Realismus) ist mit dem Zehnerzeichen des Jahres verbunden, was auf ein ausgeglichenes und vernünftiges Verhalten hinzudeuten scheint. Im Jahresbinom ist das Zwölferzeichen das wichtigste: In diesem Fall befindet sich das Wasser »gegenläufig« zur Erde, das heißt gegen seine Natur, aber das Feuer stellt eine Art von Stabilität wieder her und stärkt die Erde. Das will besagen, daß Ausdauer, Sensibilität und Realismus in gutem Gleichgewicht sind. Im Binom des Monats finden wir das Metall (Willenskraft) zweimal wiederholt, wodurch ein fester, allerdings vielleicht übertriebener Einfluß auf die Kreativität genommen wird.

Kurz, bis jetzt ist das Bild, das wir uns von dieser jungen Frau und ihrem Verhalten machen können, das einer begabten und überaus selbstbeherrschten Person, deren Qualitäten infolge vielleicht übertriebener Selbstkontrolle nicht sehr stark zum Ausdruck kommen.

Betrachten wir nun das mit dem Stundenbinom verbundene Tagesbinom. Sie sind wirklich stark miteinander verbunden und stellen somit die intime Persönlichkeit des Individuums dar. Diesem intimen Ich scheint es an Realität zu fehlen. Das Zehnerzeichen des Tages (das Element, das das Binom bestimmt) ist mit dem Feuer verbunden, und wir finden das Feuer auch mit dem Binom des Tages verbunden, was sehr offensichtlich auf Leidenschaftlichkeit hinweist: Da das Binom Yin ist, ist diese Leidenschaftlichkeit introvertiert, vielleicht besitzergreifend und kaum von Tatkraft und Kreativität (Holz) geprägt. In dem Stundenbinom, das Yang ist, finden wir eine ausgesprochen starke Energie (das Metall ist zweimal wiederholt) und die Erde, die den Willen stärkt, kann ihr einen gewissen Ausgleich verleihen. Die Verbindung dieser beiden Binome gibt ein gutes Yin-Yang-Gleichgewicht. Allerdings muß man dem gewissermaßen schlafenden Wasser mißtrauen: Wenn Wille und Leidenschaftlichkeit auf ein Objekt konzentriert sind, kann eine gefährliche Situation entstehen; denn die Selbstkontrolle kann nicht ausreichen, um eine Leidenschaft davon abzuhalten, an das Ziel zu gelangen.

Wollen wir nun sehen, wie die [Zwölf] Tiere in die Berechnung einzureihen sind, muß man sich auf das beziehen, was über die Ratte gesagt wurde (s. Seite 79). Die Ratten sind Charmeure, bei denen die scheinbare Ruhe oftmals die innere Kraft und manchmal die Härte verschleiert, was in Richtung des bereits Gesagten geht. Das Tier der Stunde ist der Hund, der loyal und ehrlich, aber auch ein Opfer der Ängstlichkeit ist. Guten Willens voll, ist diese Person ein wenig zu konformistisch und flößt Vertrauen ein. Sie kann zum Pessimismus und dahin gebracht werden, nur die schlechten Seiten der Dinge zu sehen. Ihre mit ihrer Ängstlichkeit verbundene Bewußtseinsklarheit wird sich zuungunsten ihres leidenschaftlichen Charakters auswirken, und es wird für sie schwierig sein, das Glück in der Liebe zu finden. Sie würde aus einer Verbindung mit Menschen Gewinn ziehen, die im Jahre des Drachen (s. Seite 82) oder des Affen (s. Seite 85), nicht aber im Jahre der Ziege (s. Seite 84), des Hasen (s. Seite 81) und schon gar nicht des Pferdes (s. Seite 83) geboren sind. Vergessen wir diesbezüglich nicht, daß man in dieser Perspektive die mit dem Jahresbinom der Geburt der betreffenden Person verbundene Wirkkraft besonders in Rechnung stellen muß, was ein völlig anderes Licht auf die Möglichkeiten der Übereinstimmung werfen kann. Um sich über die Möglichkeiten der Übereinstimmung zweier Personen wirklich sicher zu sein, muß man beide Horoskope miteinander vergleichen.

# Horoskop eines am 14. März 1934 um 8 Uhr geborenen Mannes

1. Aufstellung des Themas

a) Erste Operation, das Auffinden der vier Binome

| | | |
|---|---|---|
| – des Jahres | es ist das elfte | B Yang |
| – des Monats | es ist das vierte | C Yin (Lunation oder Periode) |
| – des Tages | es ist das einundzwanzigste | B Yang |
| – der Stunde | es ist das neunte | B Yang (Uhrzeit von Peking) |

b) Zweite Operation, das Auffinden der acht Zeichen

| | | |
|---|---|---|
| – des Jahres | 1 | XI |
| – des Monats | 4 | IV |
| – des Tages | 1 | IX |
| – der Stunde | 9 | IX |

c) Dritte Operation, das Auffinden der Wirkkräfte

| | (Binom) | (Zehnerzeichen) | (Zwölferzeichen) |
|---|---|---|---|
| – des Jahres | Feuer | Holz | Erde |
| – des Monats | Feuer | Feuer | Holz |
| – des Tages | Wasser | Holz | Metall |
| – der Stunde | Metall | Wasser | Metall |

d) Vierte Operation, das Auffinden der Tiere

| | |
|---|---|
| – des Jahres 1934 | der Hund |
| – der Stunde (neunte chinesische Stunde) | der Affe |

e) Fünfte Operation, das Auffinden der Konstellation des Geburtstages
– neunzehnte Konstellation, der Korb, der auf einen Mittwoch fällt, günstig

f) Sechste Operation, das Auffinden der Glücksaussichten der Geburtsstunde
Der 14. März befindet sich nach chinesischer Auffassung in der Frühlingsmitte, und das Zeichen IX befindet sich auf der linken Hand des Gelben Kaisers.

g) Siebente Operation, das Auffinden der Mondphase

Im Jahre 1934 beginnt die zweite Lunation am 13. März, wir befinden uns also zu Beginn des dritten Viertels

## 2. Untersuchung der Aspekte des astrologischen Themas

*Proportionales Verhältnis von Yin zu Yang.* Drei Yang-Binome von den insgesamt vier Binomen bilden für einen Mann ein ausgezeichnetes Verhältnis, vor allem deshalb, da sowohl das Jahr als auch der Tag beide Yang sind. Obwohl diese Proportionalität übertrieben sein mag, wird dies dadurch korrigiert, daß sowohl der Hund als auch der Affe (wenn auch weniger ausgeprägt) Yin sind.

*Beziehung zwischen den Zeichen und den Binomen.* Keine bemerkenswerte Gegensätzlichkeit zwischen den Zeichen. Dagegen ist die Gegensätzlichkeit, die möglicherweise zwischen dem offenbaren Ich und dem stark ausgeprägten tiefen Ich (Tag und Stunde sind durch das Zwölferzeichen IX verbunden) hervortreten kann, dadurch korrigiert, daß das Zehnerzeichen 1 gleichzeitig im Tages- und Jahresbinom auftritt. Das Tagesbinom ist schwach, aber dieser Mangel wird dadurch ausgeglichen, daß das Tagesbinom durch das Stundenbinom verstärkt wird.

*Die Rolle der fünf Wirkkräfte.* Alle fünf Wirkkräfte sind gegenwärtig, was einen wichtigen Gleichgewichtsfaktor schafft. Das Feuer (dreimal) beherrscht das Jahr und den Monat (den sozialen beziehungsweise gesellschaftlichen Aspekt der Persönlichkeit), das Metall (dreimal) beherrscht die Stunde und den Tag (den tiefen Aspekt der Persönlichkeit). Die Natur ist anscheinend sehr üppig, wenn auch sehr willensbestimmt und mit rauhem Kern. Der von der Erde (1) beigesteuerte Realismus ist etwas schwach, aber die Phantasie und die Kreativität sind stark. Die Gegenwart des im Frühling günstigen Zehnerzeichens ist in der Geburtsstunde ausgesprochen günstig.

## 3. Der Glücksfaktor

Die Konstellation 7 ist günstig, sie führt im Geschäft zum Erfolg. Langes Leben. Die Geburtsstunde scheint anzudeuten, daß die Person in ihrem Kern, auch hinsichtlich ihrer Familie, ein Einzelgänger bleibt.

Die Wirkkraft, die dem Jahresbinom »Feuer auf dem Berg« voransteht, könnte das Vorzeichen eines plötzlichen Ereignisses sein, wohingegen die Wirkkraft des Tagesbinoms »Wasser der Quellen und Brunnen« zu familiären Freuden beizutragen scheint.


## 4. Charakterstudie

Die Person kann mit dem Glück rechnen, was beinahe übertrieben erscheinen kann. Das Bild, das sich ergibt, ist das eines Wesens von üppiger Natur, aber das Fehlen des Wassers in der extravertierten Seite des Ich und die Gegenwart einer einzigen Erde deuten auf einen gewissen Mangel an Realität und Leistungsfähigkeit hin.

Durch den leidenschaftlichen Aspekt des sozialen beziehungsweise gesellschaftlichen Ich geteilt, ist das intime Ich kalt und willensbetont. Wenn sich diese Zeichen entwickeln, können sie sich in Härte und Berechnung umsetzen. Im Alltagsleben verschleiert, stellt diese engstirnige Begrenzung der Person ein Zeichen dar, mit dem sie rechnen muß.

Es gibt hierbei keinen wirklichen Gegensatz zwischen dem Tier des Tages, dem Hund, und dem der Stunde, dem Affen, obgleich die allgemeine Ablehnung, die der Affe den anderen Tieren gegenüber fühlt, eine Unzufriedenheit des intimen Ich in bezug zu seinem Leben in der Gesellschaft anzeigen könnte. Der Hund ist ein ehrliches und loyales Tier, ist dabei aber ein wenig scheu, wohingegen der Affe ein berechnendes, schlechthin egoistisches Tier ist, das seine Zielsetzungen immer zu erreichen versteht.

Die Erfolgsaussichten sind unter der Bedingung ausgezeichnet, daß man den »inneren Dämon« beherrscht.

Gegenseitiges Verstehen. Die Verbindung mit dem Pferd und dem Tiger, aber vor allem die mit dem Hasen, wäre für ihn günstig. Keine gegenseitige Verständnismöglichkeit mit dem Drachen, der Ziege und dem Hahn.

# Zusammenfassung

Wie wir gesehen haben, ist die Interpretation eines Horoskops eine sehr persönliche Angelegenheit, für die man tatsächlich keine Regel geben kann. Deshalb bringe ich dieses Beispiel nur in Kurzform, was allerdings ausreicht, zu zeigen, wie vorzugehen ist.

Zur Aufdeckung der für unsere Person mehr oder weniger günstigen Momente sind die vom Feuer oder dem Holz (das das Feuer gebiert) beherrschten Perioden die günstigsten, die vom Wasser beherrschten dagegen die ungünstigsten. Die anderen Perioden sind neutral, da aber alle Wirkkräfte im Horoskop auftreten, kann keine Periode einen tiefen Einfluß ausüben.

Die Gegebenheiten eines Horoskops müssen stets in bezug auf das Ganze interpretiert werden. Deswegen habe ich, als ich im ersten Horoskop den Glücksfaktor untersucht habe, nicht auf dem mit der Jahreszeit verbundenen Stundenzeichen bestanden, obwohl es deutlich ungünstig ist. Im zweiten Horoskop bestand ich nicht auf dem schwachen Aspekt (D) des Tagesbinoms, denn in dem einen wie dem anderen Fall korrigieren und neutralisieren die anderen Faktoren irgendwie diesen Aspekt.

Noch einmal sei schließlich darauf hingewiesen, daß ein Horoskop kein endgültiges und unumstößliches Bild gibt. Die Lebensumstände, die Beziehungen mit der Umgebung, das Milieu und der Beruf können gewisse Tendenzen an der Entwicklung hindern oder, im Gegenteil, andere eine zu große relative Bedeutung annehmen lassen. Dadurch, daß das Horoskop ein Charakterprofil mit seinen starken und schwachen Punkten zeichnet, kann jemand nach Meinung der Chinesen seine latenten Möglichkeiten entwickeln oder, umgekehrt, seine Fehler korrigieren.

Zweiter Teil

Der Mensch und der »Weg«

Der Weiße Tiger, Symbol des Westens und des Prinzips Yin, der die fünf Wirkkräfte trägt: auf der Stirn das Feuer, den Prinzipien der kosmischen Astrologie folgend doppelt; auf der rechten Tatze das Holz; auf der linken Tatze die Erde; auf dem Schenkel das Metall, und auf dem Ende des Schweifs das Wasser.

Holzschnitt, entnommen einem populären Manual über die Wahrsagung.[22]

# An den Leser

Der vorausgegangene Teil hatte das Ziel, in einfacher Form und doch vollständig darzulegen, wie die Chinesen die acht Zeichen des Schicksals zu Wahrsagezwecken benutzen und es uns möglich machen, uns von dieser komplexen, doch nur wenig Aufmerksamkeit abverlangenden Methode inspirieren zu lassen. Ich war bestrebt, sie so darzubieten, daß sie alle Leser gleichermaßen benutzen können.

Viele Leser wollen jetzt, wie ich hoffe, mehr darüber wissen und erfahren, auf welchen Fundamenten sich die Wahrsagung durch die acht Zeichen des Schicksals aufbaut. Deshalb werde ich den Versuch unternehmen, diese Fragen im zweiten Teil dieses Buches zu beantworten. Dieser zweite Teil nimmt natürlich die Gesamtanlage des ersten Teils wieder auf, so daß alle wesentlichen Gegebenheiten, die dort ausgebreitet sind, auch hier, allerdings auf einer anderen Ebene, wieder zur Sprache gebracht werden.

Dem Leser wird dieser zweite Teil zweifellos schwieriger als der erste Teil erscheinen, da hier tiefer geschürft wird. Ich darf bemerken, daß ich darum bemüht war, mich in die chinesische Mentalität zu versetzen und die Dinge im Sinne chinesischen Fühlens und Denkens zu beschreiben und zu betrachten. Dieses Eindringen in die chinesische Mentalität ist bestens geeignet, die Moral, die Religion, die Vorstellungen von Zeit und Raum, den Kalender . . ., mit einem Wort: die Weltanschauung der Chinesen zu verstehen.

Auch wenn man sich für die Wahrsagung selbst gar nicht besonders interessiert, meine ich, daß diese Erkundung der chinesischen Seele für den, der sich ihr ohne vorgefaßte Meinung nähert, nach meiner Erfahrung sehr vorteilhaft sein kann. Voraussetzung ist jedoch, daß man vermeidet, ein notwendigerweise empirisches Wissen über das Universum in ein philosophisches System zu übertragen. Auch darf man nicht vergessen, daß für einen Chinesen der Probierstein einer jeden Wissenschaft im praktischen Wert liegt.

## Zehntes Kapitel

# Die chinesische Weltanschauung.
# Das »Tao« und seine Tugend.

## Der Mensch im Universum

*Die Chinesen haben niemals versucht, eine rationale Erklärung des Universums zu finden. Ihre ganze »Philosophie« läßt sich als die Suche nach einer besseren Harmonie zwischen den Menschen und dem Universum zusammenfassen.*

Die Versicherung, die Chinesen hätten keinen »metaphysischen Trieb« und mißtrauten instinktiv allem, was die Ratio zu sehr in den Vordergrund stellt, ist beinahe ein Allgemeinplatz. Konfuzius machte sich zum vollendeten Sprecher seiner Landsleute, als er die Frage eines Schülers mir nichts, dir nichts so beantwortete: »Ich kenne nicht alles am Menschen, wie könnte ich da über die Natur des Geistes spekulieren?«[25] Leeren Spekulationen wird der Chinese eine auf tausendjährige Erfahrung gegründete Weisheit vorziehen, eine Weisheit, die aus unseren menschlichen Bedingungen nur den bestmöglichen Vorteil ziehen will.

Die Vorstellung, die sich die Chinesen, ein an die Scholle gebundenes Bauernvolk, von der Welt machen, wurde durch die Beschaffenheit des Bodens, durch das Klima und durch die Vor- und Nachteile geprägt, die alle diese Gegebenheiten dem Land, auf dem sie leben, auferlegten. Wie alle guten Bauern besitzen auch sie die Zähigkeit und den Wirklichkeitssinn derjenigen, die wissen, daß ihr Überleben vor allem von ihrem Mut und von ihrer Arbeit abhängt. Ebenso haben sie festgestellt, daß sie von unkontrollierbaren Kräften abhängig waren, die sie jedoch notwendigerweise kennen mußten, wenn sie aus ihnen Nutzen ziehen oder ihre nachteiligen Auswirkungen beheben wollten.

Der regelmäßige Wechsel der Jahreszeiten und die Folge von Tag und

Nacht ließ in ihnen die Vorstellung von einer wohltätigen natürlichen Ordnung aufkommen, der sie sich anpassen mußten; das heißt, wenn man will, daß die Ernten gut sind, muß man sehr wohl die Jahreszeiten berücksichtigen und deshalb einem Kalender folgen.

Trotz dieser offensichtlichen Ordnung in der Natur, die in China in regelmäßigerem Wechsel als anderswo abläuft, kommt es zu unvorhergesehenen und oftmals unerklärlichen Naturkatastrophen. Diese Störung der Ordnung, die für die chinesischen Bauern das Böse an sich ist, rührt von einem Übermaß her, von einem Ungleichgewicht zugunsten eines Elementes, das an und für sich keineswegs schlecht oder böse ist: Die Dürren rühren von einem Übermaß an Trockenheit her, Überschwemmungen von einem Übermaß an Nässe. Da nun weder das eine noch das andere dieser beiden Prinzipien als solches schädlich ist, ist es ihr ausschließliches Übergewicht, was schlecht oder böse ist. Zur Aufrechterhaltung der Ordnung ist also ein Gleichgewicht notwendig. Im übrigen werden wir noch sehen, daß selbst das Gleichgewicht nicht übermäßig sein soll, da dies sonst zur Stagnation, zu einem Stillstand führen würde. Von der Natur und der Überlieferung beeinflußt, sind die Chinesen einer manichäischen Dichotomie, in der sich Gut und Böse gegenüberstehen, Feind: Für sie ist nichts schlecht an sich, nur die Übertreibung gilt als Fehler. Andererseits gibt es auch weder ein absolutes Weiß, noch ein absolutes Schwarz. Den Extremen hat man zu mißtrauen, besteht alle Weisheit doch darin, sich – Konfuzius getreu – in der »Rechten Mitte« zu halten.[26]

Gemäß der grundsätzlichen Auffassung der Chinesen, daß dem Menschen, wenn er überleben will, die Anpassung an die Naturgesetze not tut, und entsprechend ihrer intuitiven Einsicht, daß der sich zwischen Himmel und Erde befindliche Mensch ein den Gesetzen des ihn unterhaltenden makrokosmischen Universums unterworfener Mikrokosmos ist, nahmen die Chinesen seit dem frühesten Altertum an, daß diese ungünstige Unordnung eine Reaktion des Universums ist, da der Mensch die Gesetze übertreten hatte. Demzufolge wird die Züchtigung weniger als ein Mittel zur Besserung oder Bestrafung des Schuldigen aufgefaßt, sondern vielmehr als eine notwendige Ausbesserung zwecks Wiederherstellung der Ordnung, von der das Gedeihen aller abhängt.

Die Ordnung des Oberen, die die irdische Ordnung formt und umgrenzt, bleibt also die höchste, in das Universum eingeschriebene Regel des menschlichen Handelns. Diese Ordnung zu kennen, um sich ihr besser anzupassen, ist die Gedeihen bringende Weisheit. Sie ist aber auch das höchste Gleichgewicht, das die Chinesen »Harmonie« nennen, wohingegen die Unkenntnis nur zu Elend und Leid führen kann. Die Rolle des Kaisers, des »Sohns des Himmels«, hat wesentlich darin bestanden, das Universum, das ausdrucksvoll »das, was sich unter dem Himmel finden läßt« genannt wird, mit der himmlischen Ordnung in Harmonie zu bringen. Kenntnis dieses himmlischen Gesetzes, durch das es möglich ist, Ordnung und Wohlstand des Reiches aufrechtzuerhalten, war erste Pflicht des Kaisers, derentwegen er in das himmlische Mandat eingesetzt wurde.

> *Die erzielten Ergebnisse sind die einzige greifbare Tatsache. Sie sind wichtiger als alle Systeme, die eine theoretische Begründung der chinesischen Denkweise versuchen.*

Ohne daß es einer noch stärkeren Hervorhebung bedarf, verstehen wir aufgrund des soeben Ausgeführten, daß der chinesische Bauer nicht danach trachtet, eine Kosmogonie aufzustellen, die die Welt rational erklärt. Er will sich nur Regeln geben, die es ihm ermöglichen, durch ein bestimmtes Verhalten sein Überleben zu sichern und seine Lebensbedingungen zu verbessern. Bei der Suche nach dem Guten, das heißt nach dem für das menschliche Leben Nützlichen, geht es um das Auffinden einer praktischen Moral, nicht aber um einen Versuch, das Wahre zu erkennen. Dies wäre nicht nur unnütz, sondern auch unmöglich. Bereitwillig würde er mit Pilatus fragen: »Was ist Wahrheit?« Mehr noch: Diese Moral ist nicht auf der Suche nach einem persönlichen Heil gegründet, das in einer anderen Welt verwirklicht wird. Sie versucht vielmehr vor allem, die Alltagsbedingungen des Menschen in der Gesellschaft zu verbessern. Selbst die Taoisten haben nie den Versuch unternommen, philosophische Gedankengebäude zu errichten. Es ging ihnen lediglich darum, jenseits der Vernunft eine mystische und poetische intuitive Erfahrung zu verwirklichen. Wenn der Versuch vergeblich und sinnlos ist, mit Lucretius pedantisch-gelehrt die Natur der Dinge zu erörtern, ist unsere Vernunft, wenn sie sich in ihren Grenzen und an die Erfahrung hält, doch durchaus dazu fähig, die uns umgebende Welt bestmöglich gewinnbringend zu nutzen.

Die Auffassung des Aristoteles von den Himmelssphären war falsch, aber die dazu erforderlichen Berechnungen ermöglichten die Aufstellung eines wenigstens so genauen Kalenders, daß die Zeit praktisch bestimmt werden konnte. Ohne vorangehende Untersuchung, ob es mittels der Lehre des Galilei wirklich möglich sei, die Berechnung der Zeit wirklich zu verbessern, hätten die Chinesen Galilei nie verurteilt. Sie hätten ihn jedoch als einen gefährlichen Träumer verurteilt, wenn er beabsichtigt hätte, das Universum zu erklären. Ein vorzügliches Beispiel für diese Einstellung ist die von mir bereits angesprochene Akupunktur. Kein Chinese nimmt an, daß es notwendig sei, einem auf tausendjähriger Erfahrung gegründeten System zu »glauben«. Nichts hindert einen daran, bestimmte Hypothesen aufzugeben, wenn man dank gründlicherer Forschung bessere Ergebnisse erhält, wenn also die Praxis verbessert wird.

Diese Weltsicht ist unseren logischen und rationalen Systemen völlig entgegengesetzt. Sie beruht auf einer Intuition, die weder Widersprüche zu vermeiden, noch sich selbst zu rechtfertigen sucht. Sie ist ausgesprochen realistisch und bezweckt nur, Regeln zum Handeln zu formulieren, die uns eine Harmonie mit der Welt ermöglichen und so eine Sicherung der Existenz dadurch gestatten, daß wir sie verbessern.

## Das »Tao«: Der Weg und seine Tugend

*Das Schriftzeichen Tao, »der Weg«, ist in den Augen der Chinesen das Symbol für dieses an und für sich unerkennbare Prinzip geworden, dessen Manifestation das Universum ist.*

Der Ausdruck *Tao* ist im Abendland so bekannt, daß viele auf die Übersetzung verzichten und nicht an die ursprüngliche und eigentliche Bedeutung, nämlich »Weg«, denken. Andererseits kennt jeder den Taoismus, diese oftmals zu Unrecht »Religion« genannte philosophische Schule, die ihren Namen vom Tao ableitet. Die ältesten Bücher, die kanonischen Bücher, auch das *Nei King*, nennen das Tao den »Weg« nur nebenbei, und nur in solchen Formulierungen wie: »So verhält es sich mit dem Weg des Himmels . . .«, was mich dazu anregt, mit J. Needham anzunehmen, daß man dabei in seiner ältesten Bedeutung an eine Art von Naturgesetz zu denken hat, das man nicht an sich, sondern nur in seinen Manifestationen erkennen kann, wobei man dieses Gesetz im Sinne der dynamischen Kraft einer sich wesensbedingt in Bewegung befindlichen Welt versteht. Dennoch gebe ich zu, daß dieser Terminus in unseren griechisch-

lateinischen Ohren ein gefährlich rechtliches und normatives Echo wach-
ruft. Erst recht viel später, drei oder vier Jahrhunderte vor unserer Zeitrechnung, sehen wir in dem Buch des Weisen Laotse, im *Tao te King*, dem
»Buch vom rechten Wege und von der rechten Gesinnung«[27] – eines der
kürzesten und sinnbefrachtetsten Bücher der gesamten chinesischen
Literatur – diesen Terminus die Bedeutung annehmen, unter der er
seitdem bekannt ist, vergleichbar dem »Wort« im Evangelium des heiligen Johannes oder dem *Λόγος* der Griechen.

Gleich zu Beginn warnt uns der Weise:

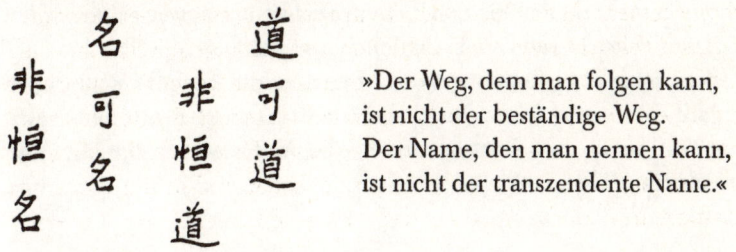

»Der Weg, dem man folgen kann,
ist nicht der beständige Weg.
Der Name, den man nennen kann,
ist nicht der transzendente Name.«

Diese beiden Parallelsätze sind der Schlüssel zur philosophischen
Haltung Chinas, oder, anders ausgedrückt, sie zeigen die grundsätzliche
Zurückweisung aller metaphysischen Spekulation.

Was an diesem »Diptychon« am meisten beeindruckt, ist seine äußerste Einfachheit: Zwölf Worte beinhalten nur fünf verschiedene sehr einfache und sehr gebräuchliche Schriftzeichen, was insbesondere für die
beiden jeweils dreimal wiederholten Schlüsselbegriffe Tao (»der Weg«,
»die Straße«; ein Terminus, der erst in der Folge durch sein Schicksal in
der Philosophie bekannt wurde) und Ming (»der Name«, »die Benennung«) gilt.

Man könnte leicht mit der hier begonnenen Aufzählung fortfahren,
denn das, was paradoxerweise in diesen beiden Sätzen zählt, sind nicht
beispielhaft gewählte Ausdrücke; es ist vielmehr die Offensichtlichkeit,
die Evidenz, die mitreißend durch die Negation selbst wachgerufen wird.
Durch einfache Worte wird klargemacht, daß wir durch Erfahrung nie zur
Wirklichkeit, zu dem, was die westlichen Philosophen das »Absolute«
nennen, vorstoßen können. Der ganze Osten ist sich in der Annahme
einig, daß es ein begrifflicher Widerspruch ist, wenn man das Absolute
definieren will.

Jedem steht es frei, diesen Text selbst zu überdenken und ihn so zu
übersetzen, wie es ihm sinngemäß am geeignetsten erscheint. Wie der
Französischlehrer des Herrn Jourdain bin auch ich der Meinung, daß die
banalste Übersetzung tatsächlich die beste ist.

Wir benutzen die Elektrizität ganz selbstverständlich, obwohl wir ihr eigentliches Wesen noch längst nicht erkannt haben. Genauso haben die Chinesen nie versucht, das Tao zu erklären. In ihren Augen hat dieses Wort keinen erklärenden Wert für das Universum, es ist lediglich ein bequem zu gebrauchendes und gut gewähltes Symbol. Es veranschaulicht tatsächlich das sich fortentwickelnde Prinzip einer sich unaufhörlich in Bewegung befindlichen Welt. Durch dieses unerkennbare Prinzip erfassen wir die Manifestationen in den uns umgebenden Phänomenen. Das gilt auch für die »Tugend«, wenn wir den wortwörtlichen Sinn des Wortes *Te* im Licht des Tao und nicht in der lateinischen etymologischen Bedeutung von »Kraft« oder »Aktion« verstehen.

Wenn ich nicht glauben würde, daß es den Leser zu philosophischen Schlußfolgerungen führte, verglich ich das Tao gern mit dem »élan vital« im Sinne von Bergson, wobei die Manifestation die die Welt beseelende Vital-Energie wäre.

Eng verbunden mit der Natur; es reizt den Weisen, in ihr die Harmonie mit dem Tao zu verwirklichen.

## Elftes Kapitel

# Spiele von Yin und Yang

## Grundlegender Dualismus

*In den Augen der Chinesen scheint sich im Universum alles in einem Gegensatz und der Ergänzung dieser beiden gegensätzlichen Prinzipien zu manifestieren.*

Vom Tao, dem unerkennbaren Prinzip, scheint eine Tugend auszuströmen, die durch ein sehr symbolisches, sinnerfülltes und berühmtes Diagramm ausgedrückt ist, das die grundlegende, durch zwei entgegengesetzte und sich ergänzende Kräfte zusammengesetzte Energie darstellt: 太極圖 das T'ai Ki t'ou.[28] Das erste Zeichen bedeutet »groß«, »extrem« und »zu oberst«; das zweite »der Firstbalken eines Hauses«, »die Extremität« und »der Pol« – es handelt sich hierbei um den zur Beschreibung des Nordpols und der Achse, an der sich das Universum dreht, benutzten Begriff; das dritte bedeutet »Zeichnung«, »Diagramm«. Wortwörtlich kann man es mit »Diagramm des höchsten Pols« übersetzen, wobei man die Nachteile der häufigeren Übersetzung »Diagramm des Höchsten Prinzips« oder »des Absoluten« vermeidet, denn diese Übersetzungen enthalten noch größeren philosophischen Widersinn; solche Übersetzungen haben mit der chinesischen eigentlichen Bedeutung nichts zu tun.

Für ein Volk von Bauern und Naturbeobachtern bedeutet das Vorhandensein dieses Dualismus eine ernste Gewißheit. Er scheint der Ordnung der Dinge in einer Welt innezuwohnen, in der Tag und Nacht unablässig einander hervorzubringen scheinen. Aber die Originalität der chinesischen Vorstellung besteht darin, daß sie niemals auf die Versuchung der Manichäer hereingefallen ist, in diesen beiden Kräften zwei entgegengesetzte Prinzipien, nämlich Gut und Böse, zu sehen. Außerdem stellen

Yin

das Weibliche

geradzahlig

陰

Yang

das Männliche

ungeradzahlig

陽

diese Kräfte nach chinesischer Auffassung nicht einmal zwei unterschiedliche Prinzipien dar, sondern zwei sich ergänzende Aspekte einer einzigen Realität: nichts ist absolut Yang oder Yin, ja, man kann sagen, daß alle Dinge einen Yin- und einen Yang-Aspekt haben. Das *Nei King* drückt dies so aus: »Im Yin gibt es Yang, und im Yang gibt es Yin«, was deutlich durch den weißen Yang-Punkt im Yin und dem schwarzen Yin-Punkt im Yang des Diagramms symbolisiert wird. Es handelt sich also nicht um zwei verschiedene Prinzipien oder um zwei Elemente einer Zusammenstellung, sondern um zwei immer miteinander verwickelte Vitalkräfte, wobei die eine nicht einfach die Negation der anderen ist.

Die Etymologie der beiden Schriftzeichen ist sehr aufschlußreich: Das Zeichen 陰 Yin bezeichnet den schattigen 金 Abhang 阝 eines Hügels, den Nordhang, und das Zeichen 陽 Yang den sonnenbeschienenen 昜 Abhang 阝 , den Südhang. Der erfinderische Geist der Chinesen hat zu diesen antithetischen Prinzipien unendliche Listen entworfen. Aus Gründen des Wohlklangs (gewiß nicht der Höflichkeit wegen) nennt man, wenn man die beiden Schriftzeichen zusammenstellt, das weibliche Yin zuerst, und auch ich habe mich in der folgenden Darstellung derselben weiblich-männlichen Ordnung angepaßt: gerade-ungerade, Dunkelheit-Licht, Mond-Sonne, Nacht-Tag, Winter-Sommer (in Nordchina sind die wenig ausgeprägten Jahreszeiten Frühling und Herbst in Wirklichkeit nur kurze Übergänge zwischen zwei Extremen), Kälte-Hitze, Nord-Süd, Feuchtigkeit-Trockenheit, Untätigkeit-Aktivität, Ruhe-Arbeit, Rezeptivität-Expansion usw. In der Volksreligion ist dieser Dualismus durch ein Paar ausgedrückt, das aus dem mit dem Westen verbundenen Weißen Tiger (Farbe des Todes und der Trauer) und dem mit dem Osten und Morgen verbundenen Grünen Drachen (Farbe der Pflanzenwelt) besteht.[29] Im taoistischen Pantheon kommt die Herrschende Mutter des Westens hinzu, die dem Jadekaiser gegenübersteht, der auf dem Gipfel des Ostberges weilt.

Ebenfalls die Taoisten meinen, daß in der Zeichnung eine parallel zur Mittelachse verlaufende Sekante immer auf ein bestimmtes Verhältnis von Yin und Yang treffen wird, niemals aber auf das eine oder andere isoliert, wohingegen ein sich um das Zentrum drehender Durchmesser auf ein entsprechendes, wenn auch ungleich verteiltes Verhältnis von Yin und Yang treffen wird. Nur das Tao haben die Weisen nicht mit Yin und Yang zu erklären versucht; sie begnügen sich mit poetischen Allegorien, wie zum Beispiel Tschuang-tse: »Der Höhepunkt des Yin ist die Passivität, der des Yang in der fruchtbaren Aktivität. Alle Wesen werden durch die Empfängnisbereitschaft der Erde erzeugt, die sich dem Himmel hingibt, und durch die Einwirkung des Himmels auf die Erde.« Nach chinesischer Sicht befindet sich der Mensch genau an der Interferenzstelle zwischen Himmel und Erde. »Hervorgebracht durch das Tao beeinflussen, vernichten und erzeugen sich das Yin und das Yang gegenseitig.«[30]

In einer Passage im *Nei King* finden wir:

»Das Yang und das Yin entsprechen dem Weg (Tao) des Himmels und der Erde ... Der Himmel bildet sich aus einer Konzentration des Yang, die Erde aus einer Akkumulation des Yin. Das Yin ist stets ungetrübtheiter, das Yang ist unaufhörlich in Bewegung. Das Yang erzeugt das Leben, das Yin unterhält und vermehrt es. Das Yang tötet, das Yin bewahrt. Das Yang wandelt sich in Yin um, um das Leben zu schaffen.«

Die Bewegung der beiden Kräfte sollte dahin gehen, sich einander auszugleichen (aber Achtung: Ein völliges Gleichgewicht würde zur Stagnation und zum Tode führen), genauso wie ein Radfahrer das andauernde Ungleichgewicht nur durch Bewegung aufhebt, oder so, wie, um ein Bild zu benutzen, das der Vorsitzende Mao geschätzt hatte, es in der wechselnden Wirkung des Ruders der Fall ist, das auf einmal das Boot vorankommen läßt und durch zwei entgegengesetzte Druckbewegungen den Kurs zu halten ermöglicht.[31]

So gesehen besteht das Übel im Ungleichgewicht, das sich einstellt, wenn eine der beiden Tendenzen zum Nachteil des anderen überwiegt.

Man kann also den chinesischen Moralbegriff in diese zwei Sinnsprüche zusammenfassen: *Für sich allein genommen ist weder das Yin noch das Yang gut oder böse; ein Fehler liegt ausschließlich im Übermaß.*

In der Akupunktur-Diagnostik ist dies ein wichtiger Punkt, da nach chinesischer Vorstellung alle physische Unordnung von einem, von Yin oder von Yang ausgeübten, übermäßigen Einfluß herrührt. Um das Gleichgewicht wiederherzustellen, und im Hinblick auf das Befinden des Kranken, kann man die mangelnde Energie durch »Tonisierung« kräftigen oder, im anderen Fall, kann man die im Übermaß vorhandene Kraft durch »Zerstreuung« schwächen.

## Spiel der Wolken und des Regens

*Nichts drückt die Vorstellung vom Yin und Yang besser aus, als die Grundsätze, die die Chinesen in der Liebeskunst anwenden, bei der die Harmonisierung der Vereinigung der Geschlechter in einer vollkommenen Entfaltung angestrebt wird.*

Es ist ganz natürlich, daß die Lehre vom Yin und Yang erst recht auch im sexuellen Bereich angewandt wird, und so haben die Chinesen denn auch in allen Einzelheiten eine Liebeskunst hervorgebracht, die im übrigen, wie sie uns auch immer erscheinen mag, höchst moralisch ist. Der Stellenwert, den die Chinesen dem Liebesspiel einräumen, und die Bedeutung, die sie den Prinzipien, die sie leiten sollen, geben, sind ein vorzügliches Beispiel (ein Schelm, der Böses dabei denkt!) dafür, wie die Chinesen die Beziehungen zwischen Yin und Yang verstehen.[32]

Die Chinesen nehmen im Bereich der sexuellen Beziehungen an, daß es der Mann (Yang-Expansion) ist, der sich hingibt und dabei Gefahr läuft, sein Yang-Potential bis zur Erschöpfung aufs Spiel zu setzen, wohingegen sich die Frau (Yin-Rezeptivität) mit dem Aufnehmen oder Empfangen zufriedengibt und damit, sich durch das Gleichgewicht zu bereichern, das ihr die Yang-Kräfte, die sie aufsaugt, bescheren. Die Frau neigt also dazu, den Mann auszuschöpfen und zu erschöpfen, zieht sie doch dadurch, daß sie ihren Partner allein durch ihre Passivität beherrscht, die Kraft an sich. Je heftiger und länger dagegen ihre Lust ist, desto mehr Yin-Elemente setzt sie frei, die sich dann der Mann zueignen kann. Da eine junge Frau auf dem Gipfel ihrer Weiblichkeit ist, kann sie den, der sie besitzt, sehr bereichern.

Die Taoisten (die auf ihrer Suche nach Unsterblichkeit oftmals den grundsätzlichen chinesischen Sinn für Mäßigung beinahe vergessen) neigen manchmal dazu, den Kräften des Yang eine zu große Bedeutung und ein zu großes Übergewicht zuzuschreiben. So haben sie sich eine gelehrte Theorie zurechtgelegt, wonach die Lust der Frau auf das höchste zu steigern sei, der Mann sich dagegen so sehr wie möglich zurückhalten solle. Einige meinten gar egoistisch, es wäre ideal, überhaupt keinen Samen von sich zu geben und sich damit zu begnügen, die Yin-Säfte aufzunehmen.

Mit einem Wort: Die menschliche Liebeskunst sollte soweit wie möglich darauf ausgerichtet sein, die Lust des Partners durch völlige Beherrschung der eigenen Lust hervorzurufen. Wir sind weit entfernt von den albernen Witzbolden, die da behaupten, für den Orientalen sei die Frau lediglich ein bloßes Objekt männlicher Geilheit.

## Weder Yin noch Yang dürfen absolut vorherrschend sein

*Weder beim Mann noch bei der Frau ist die unbeschränkte Vorherrschaft eines der Elemente wünschenswert.*

Es ist gut und normal, beim Mann eine Vorherrschaft des Yang-Prinzips vorzufinden, wie bei der Frau das Yin-Prinzip. Für einen Mann ist die Geburt in einem Yang-Jahr also günstig, für eine Frau hingegen ist es gut, wenn sie in einem Yin-Jahr geboren ist. Aber aufgepaßt! In dem Yang sollte stets ein wenig Yin vorhanden sein, und genauso sollte das Yin stets etwas Yang enthalten. Wären alle Zeichen, die das Geburtsdatum eines Mannes umschreiben, Yang, wäre das beinahe ebenso gefährlich, als wenn alle Yin wären; dasselbe gilt, umgekehrt, für eine Frau.

Das Lebensgesetz allen Geschehens ist, daß Yin und Yang einander durchdringen; allerdings ist ein zu vollkommenes Gleichgewicht zwischen diesen auch nicht wünschenswert, da dies einer Art von Stagnation gleichkäme.

Vergessen wir zudem nicht, daß man das Yin und das Yang nicht allein auf den Aspekt der Beziehungen von Männlichkeit und Weiblichkeit zurückführen darf. Psychologisch gesehen ist zum Beispiel die Feststellung sehr wichtig, daß das die Expansion kennzeichnende Yang eine aktive, extravertierte Natur anzeigt, wohingegen das die Rezeptivität, ja beinahe die »Possessivität« (wenn man mir diese abscheuliche Wortneuschöpfung erlaubt) kennzeichnende Yin das Zeichen einer auf sich selbst zurückgezogenen, kontemplativen und introvertierten Natur ist.

Die Taoisten bevorzugen die Aufstellung des »T'ai ki t'ou«, umgeben von den acht Triagrammen, die alle möglichen Kombinationen von Geraden und Ungeraden (Yin und Yang) darstellen. Diese paarweise verbundenen Triagramme bilden die vierundsechzig heiligen Hexagramme des *I King* (Buch der Wandlungen), das für die Chinesen das Geheimnis alles Zukünftigen enthält. Immerhin brachte dieses von Leibniz sehr bewunderte Buch diesen Philosophen auf den Gedanken des binaren Rechnens, von der wiederum unsere ganze Informationsverarbeitung herstammt.

In dieser Zeichnung ist der durch das ungerade Triagramm dargestellte Süden, entsprechend der chinesischen Tradition, oben.[33]

## Zwölftes Kapitel

# Bedeutung der Wahrsagung

## Wahrsagung ist ein wesentlich moralischer Akt

> *Dadurch, daß die Wahrsagung gleichzeitig die Verwirklichung dessen erlaubt, was für uns gut ist und dessen, wofür wir gut sind, ist sie nach chinesischer Anschauung durch und durch moralisch.*

Für uns, deren Weltbild vom Nützlichen und von Besitzgier beherrscht wird, ist die Psychologie von Menschen, für die das Universum nicht nur ausschließlich ein unerschöpfliches Reservoir an Naturschätzen darstellt, schwer begreiflich. Dennoch bedeutet die Natur für einen ganzen Teil der Menschheit eine notwendigerweise zu respektierende Realität, da von der Unterordnung unter ihr Gesetz unser Überleben und unsere Erfüllung abhängen. Sehr bezeichnend ist, daß in China jede Form künstlerischen Ausdrucks – Kalligraphie und Malerei, Architektur und Musik – von der Kenntnis des Gleichgewichts, der Harmonie, auf der Suche nach einer vertieften Übereinstimmung mit der Natur, geprägt ist.

Aufgrund des bisher Ausgeführten wissen wir, daß für einen Chinesen *Kenntnis des Universums* nicht eine, unmögliche, rationale Erklärung bedeutet, sondern ein Versuch, die Gesetze mit dem Ziel aufzuspüren, unser Leben daran harmonisch anzupassen. *Sich selbst kennen* bedeutet, sich das Wissen über die Kräfte, die unsere Persönlichkeit bestimmen, anzueignen und so besser imstande zu sein, unsere Rolle in der Gemeinschaft, der wir angehören, zu spielen. In dem einen wie in dem anderen Fall handelt es sich um einen höchst moralischen Akt (für einen Chinesen vielleicht der einzig tatsächlich moralische Akt), geht es doch darum, die Ordnung der Welt zu erfüllen und zu vollenden. Unter solcher Betrachtungsweise wäre das Säen außerhalb der günstigen Zeit nicht nur nutzlos, sondern sogar gefährlich, da im Mißklang mit der vorgeschriebenen Ordnung. Und so wird das, was mit der Ordnung übereinstimmt, das heißt, was übereinstimmend mit den Riten zu günstiger Zeit und an günstigem Ort vollzogen wird, als günstig, vorteilhaft und folgerichtig als Gewinn in weitestem Sinne betrachtet. Umgekehrt kann alle mit der Ordnung nicht übereinstimmende Tätigkeit nur ungünstig, unvorteilhaft und somit schädlich sein. Wesentliches Ziel der Wahrsagung ist es, zu erfahren, welchem Gesetz diese Ordnung untersteht; und dies ist ein durchaus moralischer Akt.

Es ist kein Zufall, daß die ältesten Dokumente, die ungefähr dreitausendfünfhundert Jahre alten Orakelinschriften aus der Zeit der Shang-Dynastie, Verfahren für das Wahrsagen enthalten.

Um einen Vergleich zu gebrauchen, den die Spieler, die die Chinesen oftmals sind, nicht ablehnen: Die Wahrsagung läßt uns einen Blick in unsere Karten werfen und ermöglicht uns daher die größten Gewinnchancen. Schließlich hat der Bauer, der in jedem Chinesen steckt, gelernt, daß der Erfolg einer Handlung – das Säen, um dieses Beispiel nochmals zu gebrauchen –, grundsätzlich von der Zeit und von der Art und Weise, da sie in Angriff genommen wurde, abhängt. Das erklärt die Bedeutung des Jahresbeginns für die Chinesen. Ein glücklicher Verlauf des Neujahrs ist die beste Glücksgarantie für das beginnende neue Jahr. Das ist auch der Grund, weshalb sie eine eingehende Untersuchung ihres Horoskops vor Beginn irgendeiner wichtigen Handlung für erforderlich halten; ja, es wird sogar eine Rücksprache mit einem Fachmann empfohlen.

## Wert und Grenzen der Wahrsagung

*Die den klassischen Büchern ( 經　King) zu entnehmenden Beispiele zeigen eindeutig, daß die Wahrsagung das Ziel hat, den gesunden Menschenverstand und die menschliche Urteilskraft zu vervollständigen, nicht jedoch zu ersetzen.*

In den kanonischen Büchern (die zwölf Klassiker) findet man sehr viele Anspielungen auf Methoden der Wahrsagung, die beweisen, welche Bedeutung der Wahrsagung seit dem frühesten Altertum zuerkannt wurde. Der chinesische Sinn für Mäßigung kommt jedoch dort sehr deutlich zum Ausdruck, wo von der Wahrsagung die Rede ist: Nie ersetzt sie die menschliche Urteilskraft, nur in Zweifelsfällen soll zur Vervollständigung auf die Wahrsagung zurückgegriffen werden. Deswegen heißt es im *Chou King*, im Kapitel »Die Große Regel«: »Wenn Sie in bezug auf eine wichtige Angelegenheit Zweifel haben, beraten Sie sich mit sich selbst (es handelt sich um den Kaiser), beraten Sie sich mit Ihren Ministern und Ihren Beamten, befragen Sie das Volk, lassen Sie die Schildkröte und die Schafgarben befragen[34] ... Wenn es Übereinstimmung gibt, wird das Unternehmen gelingen ... Wenn Sie, die Schildkröte und die Schafgarbe, Ihnen zuraten und die Minister, die Beamten und das Volk Ihnen davon abraten, wird das Unternehmen gelingen. Wenn die Minister, die Beamten, die Schildkröte und die Schafgarbe dazu zuraten, und Sie und das Volk Ihnen abraten, wird das Unternehmen gelingen. Wenn das Volk, die Schildkröte und die Schafgarbe dazu zuraten und Sie, Ihre Minister und Ihre Beamten Ihnen abraten, wird das Unternehmen glücklich ausgehen. Wenn Sie und die Schildkröte Ihnen zuraten und die Schafgarbe, der Minister, die Beamten und das Volk davon abraten ... wenn es sich dabei um eine interne Angelegenheit des Hofes handelt, wird es gelingen, andernfalls nicht. Wenn die Schildkröte und die Schafgarbe beide dem menschlichen Gefühl entgegengesetzt sind, ist es gut, sich ruhig zu verhalten ...«[35]

Die Hinweise der Wahrsagung ersetzen das Nachdenken nicht, und sie können keine absolut sicheren Antworten geben. Aber die erhaltenen Hinweise sollte man voller Achtung behandeln. In demselben Buch, in dem mit der Überschrift »Rat des Großen Iu« versehenen Kapitel, lehnt der Kaiser eine erneute Befragung des Orakels ab: »... nachdem ich meinen Entschluß gefaßt hatte, habe ich gefragt und Rat erhalten; alle Hinweise stimmen mit meiner Meinung überein. Die Geister haben ihre Zustimmung gegeben. Die Schildkröte und die Schafgarbe haben mir zugeraten. Wenn in der Wahrsagung ein Vorzeichen günstig gewesen ist, wiederholt man sie nicht.« Es läuft alles anders, das wird nicht gesagt, wenn ein Vorzeichen ungünstig ist.[36]

# Unter welchen Umständen die Befragung der acht Zeichen angebracht ist

*Es ist wichtig, sein Horoskop zu überprüfen und die acht Zeichen des Schicksals vor jeder Handlung von Bedeutung eingehend zu untersuchen.*

## Die drei großen Augenblicke

Eine sorgfältige Erforschung der acht Zeichen jedes einzelnen Schicksals anläßlich der drei wichtigen Ereignisse in jedem Leben ist dringend erforderlich: Geburt – Heirat – Begräbnis

*Geburt*
Es ist notwendig zu wissen, ob die Geburt eines Kindes für die Familie des Neugeborenen günstig ist. Wenn das nicht der Fall ist, nimmt man oft zu einer (manchmal auch nur fiktiven) Adoption durch eine fremde Familie, für die dieses Kind günstig ist, Zuflucht. Indem man auf diese Weise die Identität des Kindes verändert, glaubt man, das Schicksal abzuwenden. In Extremfällen sollte diese Identität verborgen bleiben; weshalb mir auch niemand die wahrhafte Identität meiner Frau enthüllen wollte.

*Heirat*
Es ist ganz klar, daß die Verbindung zweier vom Schicksal Auserwählter unter allergrößten Vorsichtsmaßnahmen stattfinden muß. Das gilt erst recht für die Chinesen, da nach ihrer Ansicht geradezu ein fremdes Element in den Schoß des Familienklans eingeführt wird. Erste Aufgabe der »Vermittler« (für alle Heiraten erforderlich, denn wenn eine in Aussicht genommene Verbindung nicht zustandekäme, würde einer der beiden Teile sein »Gesicht verlieren«) ist es also, die acht Zeichen eines jeden der beiden zukünftigen Ehepartner genau zu vergleichen. In der Umgangssprache sagt man geradezu, ein Heiratsprojekt sei ein »Austausch der acht Zeichen«. Der Vergleich der acht Zeichen ist übrigens eine Sache höchster Diskretion, händigt man doch diesen geheimen Schlüssel zu seinem Charakter und seinem Schicksal nicht jedermann aus.

*Begräbnis*
Der Tod schneidet die Familienbande zwischen dem Verstorbenen und

den Lebenden nicht ab – in China hat das eine grundlegende Bedeutung. Es ist wichtig, daß die Bedingungen für die letzte Reise sowohl für den Dahingeschiedenen als auch für seine Familie so günstig wie möglich sind. Indem man sorgfältig die acht Zeichen des Verstorbenen den Zeichen des Tages und der Stunde des Begräbnisses gegenüberstellt, verbunden mit der Auswahl und der örtlichen Ausrichtung des Grabes, trifft man genaue Vorkehrungen, um jeden ungünstigen Einfluß auszuschließen. Vom Leichengefolge schließt man die aus, deren Anwesenheit ungünstig wäre. So kam es, daß mich einer meiner besten Freunde ein wenig verlegen darum bat, am Begräbnis seines Vaters nicht teilzunehmen. Ich bin im Jahr der Ratte geboren, meine Anwesenheit war also für den Tag und die Stunde des Begräbnisses unerwünscht.

## Zusammenfassung

Bei allen Anlässen, die sie für genügend wichtig halten oder die sie belasten, wenden sich die Chinesen an einen »Spezialisten«, dem sie genauso selbstverständlich ihre Geburtsdaten mitteilen wie wir einem Arzt den Abzug unseres Röntgenbildes zeigen. Für die Erfordernisse des Alltags genügt allerdings ein Kalender, dem man die günstigen oder ungünstigen Hinweise entnehmen kann. Es ist so, daß jedem Tag ein Verzeichnis besonders empfehlenswerter oder abzuratender Handlungen beigegeben ist: »Sich verloben, an einer Hochzeit oder Beerdigung teilnehmen, Freunde empfangen, das Fundament für ein Haus legen, fischen gehen, sich daran geben, die Pferde zu kupieren, ein Bad nehmen, auf Reisen gehen« usw. Ein englischer Geschäftsmann, den ich im Fernen Osten kennengelernt hatte, erzählte mir, daß er die Angewohnheit habe, den Almanach zu befragen, ehe er Verabredungen treffe. Die Erfahrung hatte ihn gelehrt, daß seine Gesprächspartner seine Einladung nicht mit hundertprozentiger Sicherheit annahmen, wenn die Stunde offensichtlich ungünstig war.

Wegen ihres unzerstörbaren Optimismus haben es die Chinesen schwer, ungünstige Ergebnisse eines Horoskops als endgültig anzusehen. Sie glauben, daß es immer ein Mittel gäbe, das Los zu lindern. Andererseits wäre auch zu viel Glück nicht gut, liefe man doch Gefahr, daß sich das Glück umkehren würde. Ohne es so deutlich zu formulieren wie die Griechen, glauben sie instinktiv an den Neid des Schicksals. Ebenso wäre es aber auch gefährlich, sich rückhaltlos nach seinem künftigen Glück zu erkundigen: Es ist nicht gut, die Früchte vom Baum der Erkenntnis hinsichtlich des Guten und Bösen zu früh ernten zu wollen.

## Dreizehntes Kapitel
# Die Zeit und der Kalender

## Der Kaiser und der Kalender

*Erste Pflicht des Kaisers war die Aufstellung eines Kalenders, um die Zeit festzusetzen, sowie die Maße zu berechnen, um den Raum festzulegen.*

Die Aufstellung des Kalenders war die wichtigste der Pflichten des Kaisers, diejenige, die gewissermaßen seine Rolle und seine Vorrechte rechtfertigten. Es war eine Pflicht, deretwegen er mit dem Himmelsmandat beauftragt worden war. Zur Sicherung der Genauigkeit hat der Kaiser nicht gezögert, auf die Ratschläge ausländischer Barbaren, zunächst der Muselmanen, sodann, Mitte des 17. Jahrhunderts, der Jesuiten, zurückzugreifen. Als Mittler zwischen Himmel und Erde sollte der Kaiser vor allem die Beziehung oder, wie wir heute sagen würden, den Kontakt herstellen. Er mußte am Tag der Wintersonnenwende auf dem »Himmelshügel« dem Himmel den Dank seines Volkes entgegenbringen, und am Frühlingsanfang hatte er im »Tempel, in dem man den Himmel für das Jahr anfleht« um den Wohlstand für die Erde zu bitten.

Die gewissenhafteste Beachtung der Riten hatte den magischen Sinn, die Ordnung der Welt zu sichern, dem *T'ien Hsia* (»Was sich unter dem Himmel befindet«), wie das Universum volkstümlich auf chinesisch genannt wird. Gewiß, im Laufe der Jahre hat sich dieser einengende Zwang gelockert, das Prinzip ist jedoch immer noch lebendig.

Dem *Yue Ling* zufolge sollte der Kaiser symbolisch und in Übereinstimmung mit den Jahreszeiten in verschiedenen Teilen seines Palastes wohnen. Im Frühling residierte er in Perioden von einem Monat in jedem der drei Teile des Palastes *Ts'ing Yang,* im »Grünen Yang«, der den östlichen Teil der kaiserlichen Residenz einnahm. Er mußte sich dann, in Überein-

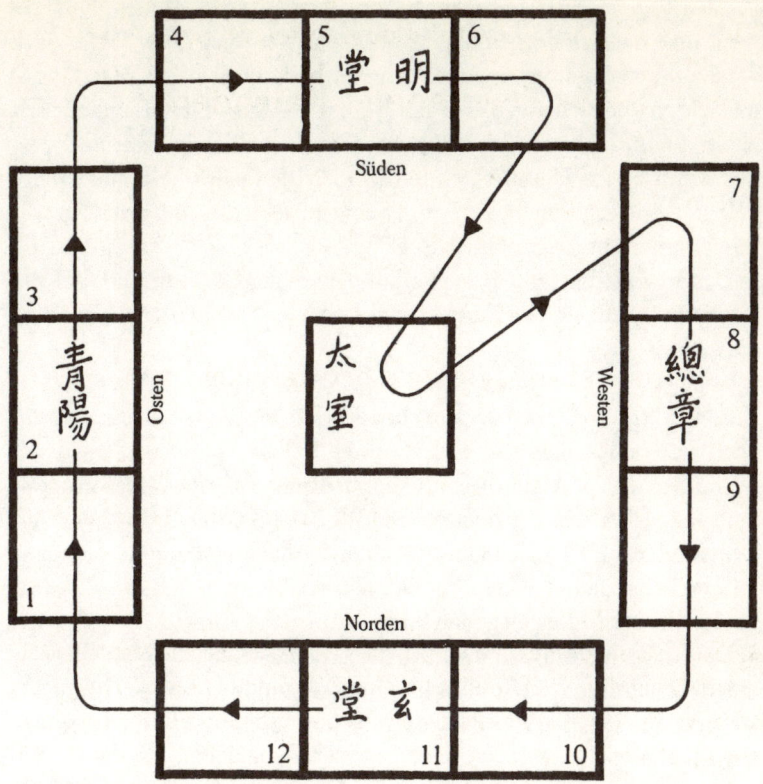

現在 figure内の文字:

位置 4, 5, 6（上段・南）: 堂 明

左列（東・Osten）: 青 陽

中央（太室）: 太 室

右列（西・Westen）: 總 章

下段（北・Norden）: 堂 玄

番号: 4, 5, 6（上段）; 3, 2, 1（左）; 7, 8, 9（右）; 12, 11, 10（下段）

Die Monatsresidenzen des Himmelssohnes. Bei der Auswahl seiner Wohnungen folgt der Kaiser dem Lauf der Sonne. Entsprechend chinesischer Gepflogenheit liegt der Süden im oberen Teil dieser Zeichnung.

stimmung mit der Wirkkraft Holz, in Grün kleiden, Getreide und Schaffleisch essen usw. Im Sommer residierte er in gleicher Weise im südlichen Teil seiner Residenz, im *Ming T'ang,* im »Palast der Klarheit«. Er kleidete sich in Rot und ernährte sich von Erbsen und Geflügel.

Dann greift die Wirkkraft Erde ein. Die Texte enthalten darüber keine klaren Zeitangaben, aber die Überlieferung ordnet ihm die Hundstage zu. Während dieser Zeit sollte der Kaiser im zentralen Teil seines Palastes residieren, im *T'ai Cheu* oder der »Höchsten Halle«, die auch der Tempel der Ahnen war. Er mußte sich in Gelb kleiden und sich von Hirse und Rindfleisch ernähren. Es ist charakteristisch, daß das Gelb, die Farbe der Erde, nachdem die Riten außer Gebrauch gekommen waren, zum Kaiserlichen Symbol wurde, was die erstrangige Bedeutung dieser Wirkkraft, als Zentrum und Erzeuger der anderen, bestätigt.[37] Im Herbst bewohnte er

nach und nach die drei Teile des Westpalastes, das *Tsong Tchang* oder
»Halle der versammelten Schönheit«. Er hatte sich in weiße Gewänder
zu kleiden und sich von ölhaltigen Körnern (Sesam?) und Hundefleisch
zu ernähren. Während der Wintermonate schließlich lebte er im Palast
des Nordens, im *Hsiuan T'ang,* in der »Schattenhalle« beziehungsweise
»Halle des Mysteriums«. Er war in Schwarz gekleidet und ernährte sich
von Sorghum und Schweinefleisch.

Das *Yue Ling* führt eine lange Reihe aufgetretener Katastrophen auf, die
erfolgten, wenn es ein Kaiser gewagt hatte, die Riten zur Unzeit zu
vollziehen.

Nach einer Überlieferung, die mir die älteste zu sein scheint, sollte der
Kaiser den Jahreszeiten entsprechend die östlichen, südlichen, westlichen und nördlichen Gegenden seines Reiches besuchen, um nach
jedem Besuch zur Mitte zurückzukehren. Eine taoistische Interpretation
derselben Überlieferung deutet an, daß sich der Kaiser entsprechend den
Jahreszeiten auf Pilgerschaft nach einem der heiligen Berggipfel der vier
Himmelsrichtungen begeben sollte, ohne dabei zu vergessen, jedesmal
zu dem in der Mitte gelegenen fünften zurückzukehren.

Der Kaiser hatte auch die Pflicht, die Arbeiten einzuleiten, indem er an
einem bestimmten Tag und zu bestimmter Stunde symbolisch die erste
Ackerfurche zog, den Fischfang oder die Jagd eröffnete und die Jahreszeiten ankündigte.

## Der Mondkalender

*Der Mondkalender, auch »Bauernkalender« genannt,
war in Wirklichkeit ein Mond-Sonnen-Kalender. Dieser wurde jedes Jahr vom Kaiser feierlich verkündet.*

Es ist einleuchtend, daß Kalender, die lediglich astronomischen Bedürf-
nissen entsprechen und nur eine abstrakte Datierung ermöglichen, weitaus zu knapp sind, als daß sie von einer bäuerlichen Bevölkerung, deren
Wunsch es vor allem ist, in einem Almanach praktische, sofort brauch-
bare Hinweise zu finden, benutzt werden könnten.

Es wäre aber auch undenkbar, daß gerade Bauern, als aufmerksame
Beobachter der Natur, die Lunationen und Mondphasen nicht berücksichtigen würden. Es ist also ein Mondkalender, der im Mittelpunkt

chinesischer Zeitberechnung steht. Der Sonnenkalender der Astrologen hat ihn nie ersetzt, und auch in der Gegenwart stießen alle Versuche der chinesischen Regierung, den Mondkalender abzuschaffen, auf Schwierigkeiten. In Wirklichkeit ist der benutzte Kalender, der, den der Kaiser verkündet hat, ein Mond-Sonnen-Kalender, der auf einer geschickten Verbindung der beiden Systeme beruht. Die vierundzwanzig Einheiten der Sonnenzeit sind zudem für die Landwirtschaft sehr nützlich.

Das Problem, das darin besteht, die Mondmonate und das Sonnenjahr aufeinander abzustimmen, ist nicht gerade einfach, aber die Chinesen haben sich da elegant aus der Affäre gezogen. Der synodische Mondmonat – die zwischen zwei aufeinanderfolgenden Neumonden liegende Zeit – zählt im Mittel 29 Tage, 12 Stunden und 44 Minuten. Dabei handelt es sich um einen Mittelwert, da der Einfluß der Anziehung der Sonne, des Jupiter und der Venus dabei eine Veränderung einer Zeitdauer von beinahe einer Stunde bewirken kann. Zwölf Monde (ich ziehe diesen Ausdruck dem »Monat« vor, um Verwirrungen auszuschließen und da mir »Lunation« barbarisch erscheint) sind also 354 Tage, 8 Stunden, 48 Minuten oder 10 Tage und 21 Stunden weniger als das Sonnenjahr.

Wie ein Mond eine genaue Anzahl von Tagen haben sollte, wird es »große« Monde von 30 Tagen und »kleine« Monde von 29 Tagen geben. Die »gewöhnlichen« Jahre werden also 354 Tage (mit 6 »großen« Monden) oder 355 Tage (mit 7 »großen« Monden) haben.

Um den Ausgleich mit dem Sonnenjahr wiederherzustellen, wird man von Zeit zu Zeit einen Schaltmonat oder »Embolismus« hinzufügen müssen. Man hat errechnet, daß in einem Zeitraum von 19 Jahren 7 Embolismen erforderlich sind; dieser Zyklus ist bei den Griechen und bei den Hebräern unter dem Namen *Zyklus des Meton* bekannt. In China sind die embolistischen Jahre das 3., 6., 9., 11., 14., 17. und das 19. Jahr des Zyklus. Die Zyklen der 19 Jahre vom Ende des 19. und des 20. Jahrhunderts beginnen 1890, 1909, 1928, 1947, 1966, 1985, 2004 usw.

Die embolistischen Jahre haben, je nachdem, 385 Tage (6 »große« Monde), 384 Tage (7 »große« Monde) oder 385 Tage (8 »große« Monde).

Bei der Einschaltung der embolistischen Monate verfuhr man im Laufe der Zeiten sehr unterschiedlich. Ich begnüge mich mit der Aufzeigung der gegenwärtig üblichen Methode, wobei ich darauf aufmerksam mache, daß der embolistische Mond keine Eigenständigkeit hat und die Ordnungszahl des Mondes bewahrt, dem er unmittelbar folgt. Liegt er zum Beispiel nach dem vierten Mond, heißt er »vierter embolistischer Mond«; er wird so von demselben Zehner- und Zwölferzeichen geprägt sein wie der vierte Mond.

Es ist unabdingbar, daß die Tagundnachtgleiche des Frühlings auf den zweiten, die Sommersonnenwende auf den fünften, die Tagundnachtgleiche des Herbstes auf den achten, und die Wintersonnenwende auf den elften Mond fällt. Wie lang das Jahr auch immer sein mag, es müssen im allgemeinen der erste, der zweite und der dritte Mond dem Frühling entsprechen; der vierte, fünfte und sechste dem Sommer; der siebente, achte und neunte dem Herbst; der zehnte, elfte und zwölfte dem Winter. Die Schaltmonde dürfen auf den Übergang eines Zodiakalzeichens zu einem anderen keinen Einfluß nehmen.

Die ersten, elften und zwölften Monde sind niemals verdoppelt, da sie den Winterstationen, den kürzesten, entsprechen. Es kommt also mehrmals vor, daß ein embolistischer Mond, der regulär nach dem zwölften Mond hätte gelegt werden sollen, in den Zeitraum nach dem zweiten Mond des folgenden Jahres verwiesen wurde. Das ist in den Jahren 1889, 1908, 1927, 1946 und 1965 der Fall. In der Praxis wird man den Mond verdoppeln, dessen Ordnungszahl der verbleibenden Anzahl der Tage zwischen der Wintersonnenwende und der Syzygie, die folgt, entspricht. Übersteigt diese die Zahl 12, rechnet man nur mit der darüberliegenden Zahl.

Der chinesische Neujahrstag ist datumsmäßig nicht genau festgelegt, er kann jedoch auf eine Zeit zwischen dem 21. Januar und dem 20. Februar fallen. Wenn wir, um die Dinge zu vereinfachen, ein chinesisches Jahr an eines unserer Jahre angleichen, muß man daran denken, daß die zwischen dem ersten Januar und dem chinesischen Neujahrstag liegenden Tage zum vorangegangenen Jahr gehören.

Es gibt in China viele Methoden, die Jahre in mehr oder minder lange Perioden einzuteilen: Wir haben schon das »Große Jahr« kennengelernt, den Zyklus der zwölf Jahre, der einem Umlauf des Jupiter um die Sonne entspricht, sowie auch die Periode der neunzehn Jahre, die eine Grundlage für den Ausgleich der embolistischen Monate bietet. Es gibt auch eine Periode von dreißig Jahren, *Cheu* genannt, was fälschlicherweise mit »Jahrhundert« übersetzt wird. Besonders eigenartig ist die Periode von sechzig Jahren, die bei den Jahren und den Monaten dem Wiederbeginn des Sexagesimal-Zyklus entspricht.

# Der astrologische Kalender

*In Wirklichkeit handelt es sich um einen Sonnenkalen-
der, der auf vierundzwanzig Solareinheiten aufgebaut
ist, die unseren Tierkreiszeichen entsprechen, mit dem
Unterschied, daß das Zeichen den Kulminationspunkt
und nicht den Beginn einer jeden Periode kennzeichnet.*

## a) Die vierundzwanzig Solareinheiten

Genauso wie der Tag um Mitternacht beginnt, fängt das astrologische
Jahr mit der Stunde der Wintersonnenwende (Eintritt in den Steinbock)
an, aber die Chinesen zählen anstatt zwölf Einteilungen des Jahres vierundzwanzig, wobei jede Einheit 15 Bogengraden entspricht. Die Winterstationen sind kürzer als die Sommerstationen, wie dies auch bei unseren
Tierkreis-Monaten der Fall ist, und die so festgesetzten Perioden sind
ungleich. Wie wir in der Tabelle auf Seite 160 sehen, entsprechen die
氣 *K'i* (»Hauch«, »Atem«, »Energie«) genannten Stationen ungera-
der Ordnung unseren Tierkreiszeichen, wohingegen die 節 *Tsie* (»Knoten«; nach den Knoten, die beim Bambus die Teilabschnitte markieren)
genannten Stationen gerader Ordnung dem Beginn der zwölf Perioden
oder astrologischen Monaten entsprechen.

Die diesen Zeiteinheiten gegebenen Bezeichnungen sind alt. Für den,
der in China gelebt hat, offenbaren sie vorzüglich die Beobachtungsgabe
dieses Volkes. Acht dieser Zeiteinheiten werden als die wichtigsten angesehen: die vierte, zehnte, sechzehnte und zweiundzwanzigste Einheit,
deren Anfänge den für die Chinesen bedeutenden Beginn der vier Jahreszeiten festsetzen. Wichtig sind sodann die Anfänge der ersten, siebenten,
dreizehnten und neunzehnten Einheit, die die Sonnenwenden und
Tagundnachtgleichen bestimmen. Es sei betont, daß die Jahreszeiten
nicht so festgesetzt sind wie in unserem Kalender, sondern anderthalb
Monate früher beginnen, während die Tagundnachtgleichen und Sonnenwenden die Kulminationspunkte bilden.

Der kosmische Zyklus, der das astrologische Jahr festlegt, ist also
wesensmäßig ein solarer. Dadurch, daß man die kosmischen Kräfte und
ihre Wirkungen aufeinander festlegt, erhält nach dem *Nei King* das Spiel
der in der Akupunktur nutzbar gemachten Dynamik eine Grundlage.

# Die vierundzwanzig Solareinheiten

| Tage | | Volkstümliche Bezeichnungen der Stationen | Eintritt der Sonne in |
|------|---|---|---|
| 1 | 22. Dezember | 冬至 Wintersonnenwende | 1° Steinbock |
| 2. | 5. Januar | 小寒 Kleine Kälte | 16° Steinbock |
| 3 | 20. Januar | 大寒 Große Kälte | 1° Wassermann |
| 4 | 4. Februar | 立春 Frühlingsanfang | 16° Wassermann |
| 5 | 19. Februar | 雨水 Regenwasser | 1° Fische |
| 6 | 5. März | 驚蟄 Insekten beginnen sich zu regen | 16° Fische |
| 7. | 20. März | 春分 Frühlings-Tagundnachtgleiche | 1° Widder |
| 8 | 5. April | 清明 Reines Hell | 16° Widder |
| 9 | 20. April | 穀雨 Regen für das Korn | 1° Stier |
| 10 | 5. Mai | 立夏 Sommerbeginn | 16° Stier |
| 11 | 21. Mai | 小滿 Kleine Fülle | 1° Zwillinge |
| 12 | 6. Juni | 芒種 Ähren des Kornes | 16° Zwillinge |
| 13 | 21. Juni | 夏至 Sommersonnenwende | 1° Krebs |
| 14 | 7. Juli | 小暑 Kleine Hitze | 16° Krebs |
| 15 | 23. Juli | 大暑 Große Hitze | 1° Löwe |
| 16 | 7. August | 立秋 Herbstbeginn | 16° Löwe |
| 17 | 23. August | 處暑 Weichende Hitze | 1° Jungfrau |
| 18 | 7. September | 白露 Weißer Tau | 16° Jungfrau |
| 19 | 23. September | 秋分 Herbst-Tagundnachtgleiche | 1° Waage |
| 20 | 8. Oktober | 寒露 Kalter Tau | 16° Waage |
| 21 | 23. Oktober | 霜降 Fallen des Reifes | 1° Skorpion |
| 22 | 7. November | 立冬 Winteranfang | 16° Skorpion |
| 23 | 22. November | 小雪 Kleiner Schnee | 1° Schütze |
| 24 | 7. Dezember | 大雪 Großer Schnee | 16° Schütze |

Die Tagesangaben in dieser Tabelle, die ihre Entstehung R. P. Havret verdankt, sind Näherungswerte, die um jeweils einen Tag schwanken.

Man muß den wesentlichen Unterschied zum gewöhnlichen, vulgären Jahr begriffen haben. Gewisse Handbücher über Akupunktur verzetteln sich in unverständlichen und widersprüchlichen Erklärungen.

Die Kommentare zum *Nei King* erklären, daß das Jahr 365 Tage und 25 Viertelstunden *(k'o)* umfaßt; der Tag zählt also 100 *k'o*, was somit ein Mehr von $^{25}/_{100}$ ergibt, womit um nur 14′ 12″ über unsere übliche Berechnung hinausgegangen wird.[38]

## b) Der Zyklus des Jupiter

Die Beobachtung des Jupiter, dessen Umlaufszeit um die Sonne rund zwölf Jahre beträgt, diente der Bestimmung des Jahres. Deshalb gab man ihm den Namen *T'ai Souei* (»Großes Jahr«), wobei dieses Große Jahr ungefähr einem Umlauf dieses Planeten entspricht, was wiederum die Festlegung der bevorzugten Periode von zwölf Jahren ermöglicht, die die Grundlage für den Zwölferzyklus ist. Vielleicht wäre es auch für die westlichen Astrologen interessant, daß dadurch, daß man die Etappen als Jupiter-Aufenthalte ansieht, eine Annäherung der Zeiten zwischen dem Jupiter-Zyklus und derer des Tierkreises ermöglicht würde. Die Chinesen haben diese Annäherung niemals ausdrücklich vollzogen[39] (siehe die nachstehende Abbildung).

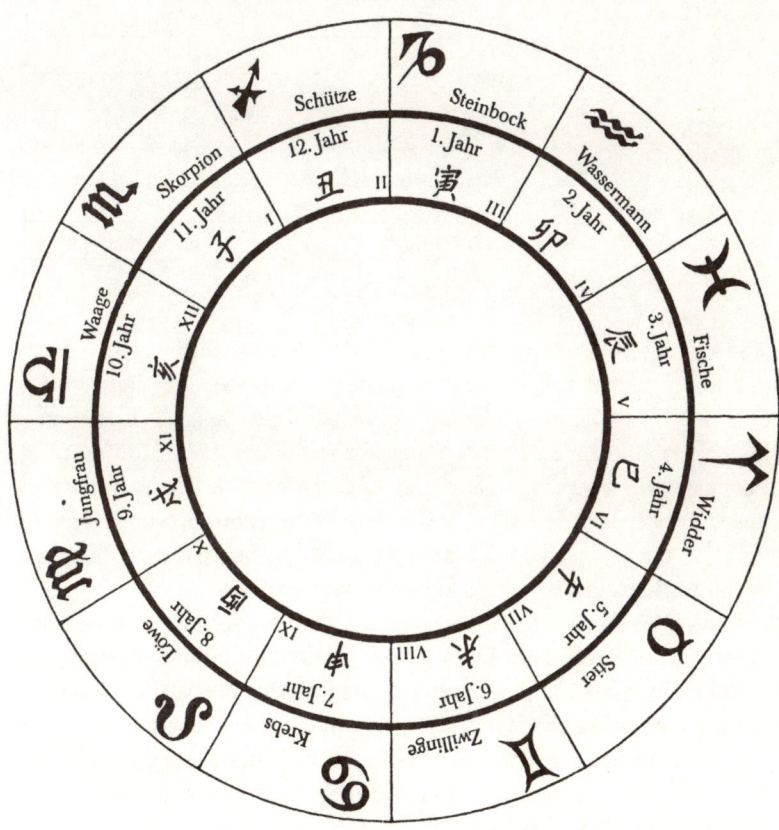

Der Jupiterzyklus

## c) Das derzeit benutzte astrologische Jahr

Das bürgerliche Jahr beginnt im Frühling, und ebenso verhält es sich mit dem vierten Sonnenzeichen, das den Frühlingsanfang kennzeichnet, mit dem das astrologische Jahr beginnt. Unter Berücksichtigung der Zeit, da das Jahr mit der Wintersonnenwende beginnt, wird diese erste Periode des Jahres weiter durch das dritte Zeichen der Zwölferreihe benannt, wohingegen das erste Zeichen dem elften Monat zugehörig bleibt. Die so bestimmten zwölf Perioden beginnen also mit den zwölf Knoten und kulminieren zu Beginn unserer Tierkreiszeichen. Stellt man sie zu dritt zusammen, bilden sie die Jahreszeiten, die in China somit mit den Sonnenwenden und Tagundnachtgleichen kulminieren. (Bezüglich der genauen Daten siehe die Tabellen auf den Seiten 34 bis 37.)

## Die Stunden

*In China zählt man zwölf Stunden; eine chinesische Stunde entspricht somit zwei Stunden unserer Zeit. Der Tag beginnt um Mitternacht, in der Mitte der ersten Stunde.*

Alle Chinesen sind sich darin einig, der Stunde, die unsere Geburt miterlebt hat, in der, da die Feen sich über unsere Wiege geneigt haben – um ein Bild aus der östlichen und westlichen Sagenwelt zu gebrauchen – eine außergewöhnliche Bedeutung zuzuschreiben. Ein Horoskop ist unvollständig, wenn es nicht dieses Element enthält, das irgendwie an unserer Persönlichkeit teil hat. Außerdem ist dieser ersten Stunde wesentlich, daß die Wahrsager beurteilen, ob ein Neugeborenes in der Familie, in der es das Tageslicht erblickt, willkommen ist.

Eine chinesische Stunde entspricht zwei Stunden unserer Zeit; sie besteht aus zwei Teilen. Einer dieser beiden Teile heißt Beginn, der andere Abschnitt ist der exakte Teil. Der Tag beginnt um Mitternacht. Diese erste chinesische Stunde, *tseu*, ist zwei Tage lang dem Pferd zugeordnet, wohingegen die Zeichen, die diesem zugeordnet sind, bereits von Mitternacht an mit denen des folgenden Tages verbunden sind.

Die Stunden ungeradzahliger Ordnung sind Yang, die geradzahliger Ordnung sind Yin. Jede chinesische Stunde hat ihren Optimalpunkt in dem Augenblick, der für uns einer Stunde geradzahliger Ordnung entspricht. Die Stundentafel sieht also so aus:

| | | | Beginn | exakt | | | | Beginn | exakt |
|---|---|---|---|---|---|---|---|---|---|
| 1 | 子 | tseu | 23 h | 0 h | 7 | 午 | wou | 11 h | 12 h |
| 2 | 丑 | tcheou | 1 h | 2 h | 8 | 未 | wei | 13 h | 14 h |
| 3 | 寅 | yin | 3 h | 4 h | 9 | 申 | chen | 15 h | 16 h |
| 4 | 卯 | mao | 5 h | 6 h | 10 | 酉 | yeou | 17 h | 18 h |
| 5 | 辰 | tch'en | 7 h | 8 h | 11 | 戌 | hsiu | 19 h | 20 h |
| 6 | 巳 | seu | 9 h | 10 h | 12 | 亥 | hai | 21 h | 22 h |

Es gibt zwölf Tages-Stunden, es ist der Zyklus der zwölf der Erde zugehörigen zwölf Zweige, und er hat höchste Bedeutung. Sie sind, vergessen wir das nicht, mit himmlischen Einflüssen geladen!

Ursprünglich wurde der Tag in zehn Perioden (Zeitpunkte *cheu*) eingeteilt, die ihrerseits in zehn *k'o* unterteilt waren. Erst in der Han-Zeit, wahrscheinlich im zweiten Jahrhundert unserer Zeitrechnung, kam es zur Einführung der zwölf Stunden. Aber die Unterteilung in Zehnergruppen blieb, und die erste und die siebente Stunde enthalten jeweils zehn Unterteilungen. Erst im Jahre 1670, unter der Herrschaft des Kaisers K'ang Hsi, hat dieser auf den Rat von R. P. Verbiest die Anzahl dieser Unterteilungen in Analogie zu unseren Viertelstunden auf sechsundneunzig reduziert.[40] Sie sind in 15 Minuten unterteilt, die ihrerseits wieder in 60 Sekunden aufgeteilt sind, was mit unseren Einteilungen genau übereinstimmt.

## Vierzehntes Kapitel

# Definition der Zeit

## Allgemein übliches Datierungssystem

*In der Praxis erhielt jedes bürgerliche Jahr eine Ordnungszahl, die sich auf eine bestimmte Zeit (die der Herrschaft eines Kaisers) bezog. Ebenso verhielt es sich bei den Monaten in bezug auf das Jahr, für den Tag in bezug auf den Monat, und für die Stunde in bezug auf den Tag.*

In der Umgangssprache wird ein Datum sehr einfach dadurch ausgedrückt, daß man – die Chinesen gehen immer vom Allgemeinen zum Besonderen – das Jahr, dann die Ordnungszahl des (Mond) Monats, des Tages und der Stunde angibt. Zur Kaiserzeit war das Jahr durch eine Ordnungszahl genau bestimmt, die die Zeit einer Herrschaft angab; also zum Beispiel: Das dritte Jahr der Regierungszeit des Kaisers K'ang Hsi, das fünfte Jahr der Regierungszeit des Kaisers K'ien Long usw. Nach 1911, dem Jahr, in dem die Mandschu-Dynastie gestürzt worden war, wurde es üblich, die Namen der Kaiserzeiten durch das Wort »Republik« zu ersetzen, was in Taiwan weiter gepflegt wird, wobei 1977 für sie das sechsundsechzigste Jahr der Republik ist. In dieser Zeit wurde der allgemeine Kalender eingeführt, und die solaren Monate ersetzten im offiziellen Sprachgebrauch die Mondmonate. Zum Beispiel war nach 1911 der 15. des zweiten Monats des Jahres 10 der Republik: der 15. Februar 1921. Auch für die Wochentage wurden die neuen Bezeichnungen gebraucht. Da aber der wöchentliche Ruhetag praktisch unbekannt gewesen war, hatte diese Neuerung keinen Einfluß auf das alltägliche Leben, und tatsächlich richten sich die Chinesen immer noch nach dem gewohnten Mondkalender.

Obwohl die Kommunisten bestrebt waren, mit den alten Bräuchen aufzuräumen (zumindest auf dem Gebiet des Kalenders), wollten sie keine neue Zeitrechnung einführen, und auch sie nahmen den allgemeinen Kalender an. Für Schulen und für die Verwaltung führten sie einen wöchentlichen Ruhetag ein, und einen beweglichen Ruhetag für die Fabriken. Doch trotz ihrer Anstrengungen gelang es ihnen nicht, das aus dem Altertum stammende System zu beseitigen. Nach einigen Versuchen, die traditionellen Kalenderdaten in den Zeitungen zu unterdrükken (wie es Anfang 1977 geschah), mußten sie zu der Lösung zurückgreifen, die darin besteht, beide Kalender, den »allgemeingültigen« Kalender und den »Bauernkalender« gleichberechtigt zu benutzen.

## Der Sechzigerzyklus

*Der Sechzigerzyklus ermöglicht es, jedem Augenblick Eigenständigkeit zu verleihen, indem man ihm einen genauen Namen gibt.*

Ohne sich von politischen Ereignissen und Strömungen beeindrucken zu lassen, geht die Zeit unabänderlich ihren Weg. Frei von allen Schwankungen und Änderungen durch amtliche Kalender bewahrt jeder Augenblick dank dem Sechzigerzyklus seine Eigenständigkeit und behält gewissermaßen seine Individualität. Der Ablauf dieses Zyklus, der, wie wir bereits wissen, jeweils für Jahre, Monate, Tage und Stunden angewandt wird, ist im ersten Teil dieses Buches ausführlich dargelegt; wir können uns daher hier mit einigen zusätzlichen Hinweisen begnügen.

Die Chinesen nennen die vier Binome 四柱 *seu tchou*, die »vier Säulen des Schicksals«, wobei ein jedes aus einem Zeichen der Zehnerreihe, 天干 *T'ien kang* (Himmlische Stämme) und einem Zeichen der Zwölferreihe, 地支 *Ti tche* (Irdische Zweige) zusammengesetzt ist. Diese acht auf vier Binome verteilten Zeichen heißen 八字 *Pa Tseu*, die (im eigentlichen Sinne) »acht Zeichen«, nämlich die acht Zeichen unseres Schicksals. Dank diesen acht Zeichen hat jeder Augenblick eine Identität, trägt er doch nun einen eigenen Namen.[41]

Dieser Sechzigerzyklus, der von dem halb legendären Kaiser Houang Ti, dem »Gelben Kaiser«, dem weisen Organisator des Reiches, ins Leben gerufen worden war, geht auf das Jahr 2697 vor Christus zurück.

Sein Grundelement ist ein Zeitraum von sechzig Jahren. Diese Zeiträume waren verdreifacht, also in weitaus längere Zeitabschnitte von einhundertsechzig Jahren angeordnet. Die drei Zyklen, die diese Periode bildeten, hießen die drei *Yuan;* das heißt, die drei »Anfänge«; im einzelnen: »Höchster Anfang«, »Mittlerer Anfang« und »Unterer Anfang«. Zur Zeit befinden wir uns in der sechsundzwanzigsten Gruppe nach dem Anbeginn und im dritten Zyklus dieser Gruppe, der 1924 begann und 1983 endet. Es sei bemerkt, daß die für uns geradzahligen Jahre einem ungeradzahligen chinesischen Jahr (Yang) entsprechen: 1924, das Jahr I des Zyklus; die ungeradzahligen Jahre entsprechen einem geradzahligen chinesischen Jahr (Yin): 1983, das Jahr IX des Zyklus.

## Der Wert der Zeichen

*Die Chinesen verbinden mit einem Zeichen nicht nur eine algebraische Vorstellung. Nach ihrer Anschauung ist ein Zeichen vielmehr auch von einer gewissermaßen magischen Aura umgeben.*

Um die ganze Bedeutung dieser acht Zeichen unseres Schicksals zu verstehen, um das, was sie verkörpern, aus ihren ursprünglichen Zusammenhängen zu sehen, ist eine kleine Abschweifung erforderlich. Wir andersartigen, die wir in Vernunft und Logik verliebt sind, haben fast völlig den Blick dafür verloren, was für den Chinesen eine banale Selbstverständlichkeit ist: Das Zeichen an sich hat einen Wert.

Zu allen Zeiten hat der Mensch an den magischen Wert der Gebärde geglaubt: Sei es, daß er versucht, durch Nachahmung eines Wesens, eines Gegenstandes oder einer Handlung – Musik, Tanz und Wort dabei unauflöslich verbunden – seinen Einfluß auf die Objekte auszuüben, sei es, daß er der Gebärde der Anrufung dadurch äußerste Wirkkraft verleiht, daß er sie auf einem Stein darstellt. Ich meine, heute bezweifelt niemand, daß dies die Bedeutung der Höhlenzeichnungen von Eyzies und Altamira ist. Einem Ding dadurch, daß man es mittels einer Gebärde oder einer Zeichnung beschreibt, einen Namen zu geben, bedeutet bereits, dieses Ding magisch zu besitzen. In der Bibel benennt Gott die Sterne und überträgt auf Adam die Macht, den Wesen der Schöpfung Namen zu geben. Der Höhepunkt der Bibel ist die Stelle, wo der Ewige dem Moses gleichzeitig sein Wesen und seinen Namen enthüllt, den Namen, vor dem die Hebräer solche Scheu und Ehrfurcht empfanden, daß sie seine wahre Aussprache geheim hielten. Und dies nicht nur aus Scheu und Ehrfurcht, sondern da die magische Benutzung dieses Namens das furchtbarste Verbrechen war: die wirkliche »Entweihung«. Die Christen (auch die integrierten) haben vollständig vergessen, daß der eigentliche Sinn der auf die Gesetzestafeln geschriebenen Gebote Gottes darin bestand, zu verbieten, den Namen Gottes unnütz auszusprechen.

Genauso haben die Chinesen Scheu und Ehrfurcht vor dem persönlichen Namen, wobei noch die Angst hinzukommt, ihn magisch genutzt zu sehen. Die Benutzung des persönlichen Namens ist einigen wenigen intim Bekannten vorbehalten. Je nach der Art der Beziehungen steht für eine Person jeweils ein entsprechender Name zur Verwendung. Diese »Polynomie«, wenn ich so sagen darf, erschwert einem Abendländer die Lektüre eines mittelmäßigen und volkstümlichen chinesischen Romans sehr. Nach dem Tode wird einer bedeutenden Persönlichkeit feierlich ein posthumer Name beigelegt. So lautet der Name von Sun Yatsen nach dessen Tode Sun Chung-shan.[42]

Der Name des Kaisers blieb dem gemeinen Mann unbekannt. Ein Tabu verbot den Gelehrten die Benutzung der Schriftzeichen, die Bestandteil des kaiserlichen Namens waren. Deshalb war die Benutzung des in der taoistischen Literatur häufig gebrauchten Schriftzeichens 玄 hsiuan (geheimnisvoll, mystisch) von der Zeit des Kien Long bis zur Zeit der Republik verboten. Man mußte das Schriftzeichen entweder verstümmelt 玄 wiedergeben oder durch ein vage gleichwertiges Schriftzeichen, 元 (Yuan) ersetzen, ein Schriftzeichen, das genaugenommen der Name des Sechzigerzyklus ist. Die Verwirrungen, die dies auslösen konnte, sind verständlich.

Die Namen K'ien Long und K'ang Hsi waren nicht die Namen der Kaiser, wie man gemeinhin annimmt, sondern günstige Ausdrücke, die gewählt wurden, nachdem man die Weisen um Rat gefragt hatte, um die Herrschaft der Kaiser zu charakterisieren. In schlimmen Zeiten kam es auch vor, daß ein Kaiser den Namen der Regierungszeit geändert hat, wenn ihm der Name schlecht gewählt schien. Man kann sicher sein, daß ein solcher Kaiser nicht vergaß, die törichten Berater zu bestrafen.

Der größte Liebesbeweis, den Ihnen der zuvorkommende Pensionär eines »Teehauses« angedeihen lassen kann, besteht nicht darin, Ihnen (stets mit übertriebener Sparsamkeit) seine Gunstbeweise anzubieten, sondern darin, daß er Ihnen seinen persönlichen Namen offenbart; er ist dann Ihr intimster Freund, und der Dank ist gewiß.

167

Der Respekt vor dem Geschriebenen ist in China ungeheuerlich. Dem kaiserlichen Siegel wird die gleiche Ehrfurcht entgegengebracht wie dem Herrscher selbst; eine Visitenkarte wird mit größtmöglicher Ehrfurcht in beide Hände genommen. Nur in ganz außergewöhnlichen Fällen würde man geschriebene Dokumente aus Furcht, sie könnten in falsche Hände geraten, verbrennen, hat dies doch zweifellos eine unvorhersehbare magische Auswirkung. In Südchina gab es Wohltätigkeitsgesellschaften, die sich damit befaßten, alte Drucksachen dezent zu beerdigen. Von einem alten Missionar wird erzählt, daß er gelyncht wurde, als man herausfand, daß er Teile von Zeitungen als Toilettenpapier benutzte, der schlimmste Gebrauch, den man sich überhaupt vorstellen kann. Der Missionar konnte sein Leben nur dadurch retten, daß der alte Katechist zur Wiedergutmachung einen ganzen Klumpen der Substanz, die Anlaß dieses ruchlosen Verbrechens gewesen war, herunterschluckte.

Ich weise darauf hin, daß die ältesten chinesischen Schriftzeichen, die auf etwa vier Jahrtausende zurückgehen, eben »Orakelinschriften« waren. Ich werde noch von den Teilen von Schildkrötenpanzern und den Schulterblattknochen von Rindern sprechen, deren Fossilien man in Anyang entdeckt hat, und auf denen die königlichen Wahrsager der Chang-Dynastie ihre Vorhersagen und, als Beweis für ihre Kunstfertigkeit, die tatsächlich eingetroffenen Ereignisse festgehalten haben.[43]

Vernebelt von der Bedeutung, die unsere Zivilisation und unsere Geisteshaltung dem Nutzbringenden zuschreibt, erkennen wir in den Worten der Sprache – die zu rein algebraischen Zeichen geworden sind – nicht mehr das Mittel, das es uns ermöglicht, das Universum nicht als Selbstzweck zu verstehen, sondern um es besser zu besitzen. Ich bin davon überzeugt, daß es für uns unendlich viel gedeihlicher wäre, den wahren Wert der Zeichen wiederzufinden und sich dadurch der Position des Menschen im Universum wirklich bewußt zu werden. Wenn wir unsere Fähigkeit zum Staunen wiederfinden, wird unser Bewußtsein nur noch darauf abgestimmt sein, eine Beziehung zu einem Ganzen herzustellen, mit dem wir uns solidarisch fühlen. Sinn und Inhalt, die dann die Zeichen unserer Sprache für uns annehmen, werden sich dann verwandeln. Die Zeichen würden zum Instrument werden, das die Beziehung möglich macht: Für einen Dichter würde jedes Wort sein Eigenleben und seine besondere Macht der Beschwörung haben, und ebenso wäre für einen Maler jeder Pinselstrich voll kreativer Kraft.

So gesehen, ist auch der Besitz von Ehrfurcht geprägt. Die Annahme, unsere prähistorischen Vorfahren hätten vor dem Tier, das sie jagten und von dem ihr Überleben abhing, Ehrfurcht gehabt, ist keineswegs paradox. Für uns Rationalisten wäre es vielleicht nicht schlecht, wenn wir uns von diesem Gefühl der Demut gegenüber dem Universum, das uns Leben schenkt, beeinflussen ließen.

In Anbetracht der Bedeutung der acht Zeichen, die nach chinesischer Auffassung das Meisterwort und den Schlüssel zum Schicksal eines jeden darstellen, meine ich, daß deren Kenntnis jedem Leser wichtig wäre, damit er sich mit ihnen in unmittelbarer Verbindung befindet. Es erschiene mir eine Abwertung, wollte man in den acht Zeichen nur eine algebraische Darstellung sehen.

Deshalb bringe ich hier anschließend die Übersicht über die zweiundzwanzig zyklischen Zeichen sowie auch Hinweise zu ihrer Schreibweise.

(Anmerkung: Es genügt, die Striche in der Ordnung und in der Richtung zu ziehen, in der sie in der Tabelle angegeben sind; zuerst also die horizontalen Striche ⌐ (von links nach rechts gezogen) und dann die vertikalen ❘ (von oben nach unten). Einige dieser Striche enden unten mit einem Haken ⌐ . Die schrägen Striche können aufsteigend oder absteigend ∕ ⟍ gezogen werden (siehe Pfeile). Die gebogenen Striche können unten von einem Haken begrenzt werden oder sich nach außen wenden ⅂ ㇄ . Die Gebärde beim Schreiben ist rhythmisch, wie beim Tanz; deshalb ist es notwendig, die Striche ordnungsgemäß zu ziehen, vergleichbar den Luftsprüngen im Ballett.)

Beim Schreiben dieser Zeichen muß man folgendes genau unterscheiden:

1 甲 *kia* und IX 申 *chen:* Beim ersten geht der Vertikalstrich nicht durch das Viereck hindurch;

5 戊 *wou* und XI 戌 *hsiu:* Ober dem zweiten, nach links gezogenen Strich, kommt ein Punkt hinzu;

6 己 *ki* und VI 巳 *seu:* Werden häufig selbst von den Chinesen verwechselt; beim ersten bleibt der obere Teil offen.

# Die vierundzwanzig zyklischen Sinnbilder des Schicksals und deren Schreibweise

| | |
|---|---|
| 甲 kia ... 甲 1 | 丑 tcheou ... 丑 II |
| 乙 yi 乙 2 | 寅 yin ... 寅 III |
| 丙 ping ... 丙 3 | 卯 mao ... 卯 IV |
| 丁 ting ... 丁 4 | 辰 tch'en ... 辰 V |
| 戊 wou ... 戊 5 | 巳 seu ... 巳 VI |
| 己 ki ... 己 6 | 午 wou ... 午 VII |
| 庚 ken ... 庚 7 | 未 wei ... 未 VIII |
| 辛 hsin ... 辛 8 | 申 chen ... 申 IX |
| 壬 jen ... 壬 9 | 酉 yeou ... 酉 X |
| 癸 kouei ... 癸 10 | 戌 hsiu ... 戌 XI |
| 子 tseu ... 子 I | 亥 hai ... 亥 XII |

# Zyklische Sinnbilder und ihre Geschichte

*Die Bedeutung dieser Zeichen für die Wahrsagung verleitet zu dem Gedanken, daß sie mit tieferem Sinn befrachtet und von einer magischen Aura umgeben seien. Ärgerlich genug, aber nichts dergleichen ist der Fall, und ihre etymologische Erforschung erweist sich als reichlich enttäuschend.*

Die beiden Reihen der Schriftzeichen, die den Sechzigerzyklus bilden, werden sehr poetisch die zehn Himmlischen Stämme 天 干 *T'ien Kang,* genannt, und die zwölf Irdischen Zweige heißen 地 支 *Ti tche.* Aber die Überlieferung ist formelhaft. Das *Nei King* hat sie gut präzisiert: 6 ist die Chiffre für den Himmel und 5 die der Erde. Es sind also die Himmlischen Stämme (5 × 2), die die Erdenverhältnisse bedingen, und die Irdischen Zweige (6 × 2) bedingen die Himmelsverhältnisse. Granet meint, daß diese »bedeutungsvolle Umkehrung die gegenseitige Abhängigkeit der beiden Zyklen beweise«. Demzufolge könnte man meinen, der Himmel beherrsche die Erde, während umgekehrt die Erde den Himmel beeinflusse. Das ist eine Erklärung, die, nicht ganz befriedigend, mit der Vorstellung der wechselseitigen Abhängigkeit von Yin und Yang übereinstimmt. Ich selbst bin mit dergleichen Erklärungen zurückhaltend, da man auf diese Weise eine für sich stehende Tatsache philosophisch interpretiert.

In Anbetracht der Bedeutung, die diesen Sinnbildern bzw. Schriftzeichen zuteil wird, wäre der Gedanke logisch, daß sie, sicherlich nicht rein zufällig gewählt, mit tieferem Sinn und erhabener Symbolik befrachtet sind. Da sich ihr Ursprung unglücklicherweise im Dunkel der Zeiten verloren hat, muß man zugeben, daß, außer für zwei oder drei dieser Sinnbilder, eine sicher zutreffende Etymologie nicht möglich ist. Für uns, die wir von der abendländischen Geisteshaltung geprägt sind, ist es sicher überraschend, daß die Überlieferung solche überaus bedeutenden Inhalte vergessen hat. Meines Erachtens liegt das daran, daß diese Sinnbilder niemals isoliert und für sich allein betrachtet wurden, sondern in ihren gegenseitigen Beziehungen und dahingehend, inwiefern ihre Affinitäten Bedeutungsvolles bargen. Der Versuch, in die Symbolik dieser allgemein bekannten Schriftzeichen tief einzudringen, wäre für den Geist ebenso müßig, wie es der Versuch wäre, das Geheimnis eines geschriebe-

171

nen Laut- oder Wortzeichens oder eines algebraischen Symbols zu erforschen. Das entspricht im übrigen der Mentalität der modernen Chinesen, die sich so sehr mit der Anwendung und dem praktischen Nutzwert beschäftigen, daß sie sich mit der Erforschung des Wesens dieser Sinnbilder gar nicht erst aufhalten.

Trotz gründlichster Nachforschungen, und obwohl ich zahlreiche Wörterbücher, linguistische, astrologische und sinologische Werke verglichen habe, sind die Ergebnisse, die ich schließlich erhalten habe, dürftig und enttäuschend. Ich habe also keine Handhabe gegen die Schlußfolgerungen, die in einigen neueren Handbüchern über Akupunktur zu finden sind. Das mindeste, was man dazu sagen kann, ist, daß sie weit davon entfernt sind, zu überzeugen.

## Zehn Himmlische Stämme

Es sind die ältesten bekannten zyklischen Schriftzeichen. Bereits in der Shang-Dynastie (1500 v. Chr.) dienten sie zur Bezeichnung der Wochentage oder der Dekade, der sie angehörten, und außerdem erschienen sie in den Namen der Könige (siehe Abbildung Seite 62).

Die Zeichen, die die Reihe der zehn Himmlischen Stämme darstellen, gehören zu den ältesten bekannten chinesischen Schriftzeichen. Man findet sie (schon im Zusammenhang mit dem Kalender: sie bezeichnen die Wochentage) in den Orakelinschriften (1500 v. Chr.). Sie sind ganz einfach paarweise (abwechselnd Yin und Yang) an eine Wirkkraft gebunden, was manche, insbesondere Saussure, annehmen läßt, daß sie nur eine einfache Entwicklung der »Theorie der fünf Elemente« darstellen. Das scheint unwahrscheinlich, da sie in viel früheren Texten als die fünf Wirkkräfte auftreten.[44]

Granet sieht in der Tatsache, daß diese Zehnerzeichen seit unvordenklichen Zeiten in den Namen der Herrscher vorkommen, den Grund dafür, weshalb ihnen wahrsagerische Bedeutung zugemessen wurde, woraus sich die Methode entwickelt habe, mittels der acht Zeichen des Schicksals wahrzusagen.[13] Die zehn Himmlischen Stämme sind also wesentlich mit dem Tag verbunden, was ein zusätzlicher Grund dafür ist, die traditionellen Vorschläge der Etymologien, die alle mit den Monaten und Jahreszeiten Verbindungen herstellen, in Zweifel zu ziehen.[45]

Wie dem auch immer sei, die Himmlischen Stämme, paarweise miteinander, abwechselnd Yang (in ungeradzahliger Ordnung) und Yin (in geradzahliger Ordnung), sowie mit einem der fünf Wirkkräfte verbunden, haben auch die Kommentatoren mit den Jahreszeiten und deren evolvierendem Zyklus in Verbindung gebracht. Wir haben also:

verbunden mit dem Holz (und damit mit dem Beginn, dem Frühling)

1 甲 kia (alte Schreibweise ☉), die Schreibart deutet
Yang auf eine Knospe in ihrer Schutzhülle hin, die gerade aufbricht oder im Aufbrechen begriffen ist.

2 乙 yi (alte Schreibweise 乚), Darstellung eines aus
Yin einer Knospe hervorkommenden Keims, Symbol des Aufblühens.
Dem *Yue Ling* zufolge ist es günstig, an einem Tag im Frühling geboren zu werden, dessen Zeichen eines dieser beiden Schriftzeichen enthalten.

verbunden mit dem Feuer (und damit mit der Reife, dem Sommer)

3 丙 ping (alte Schreibweise 𠕓), Feuer im Haus,
Yang Konzentration und Zähmung der Kraft des Feuers.

4 丁 ting (alte Schreibweise 个), Nagel, Bienenstachel.
Yin Im Sommer (Zeit der Honigernte?), so sagt eine Glosse, brennt ihr Stich wie Feuer – oder damit ist das Feuer gemeint, mit dessen Hilfe der Nagel hergestellt worden ist. Merken wir uns, daß dieses Zeichen bis heute den Sinn von hart und solide hat. Im Sommer sind die Tage, die diese Zeichen enthalten, ganz besonders günstig.

verbunden mit der Erde (und damit mit der vollen Reife, den Hundstagen)

5 戊 wou (alte Schreibweise 𢦏 ); Darstellung einer Hand, die
Yang ein Schneidinstrument hält, und die dabei ist, etwas durchzuschneiden: Begriff oder Vorstellung von der Ernte. Andere Kommentatoren meinen, dieses Schriftzeichen sei wegen einer anderen Bedeutung, nämlich »blühend«, »Entfaltung«, auf diesen Platz gestellt worden.

6　己　ki　(alte Schreibweise 乚); dieses Schriftzeichen
Yin　　　stellte ursprünglich den Quer- und den Kettenfaden
dar. Dem Glossar zufolge bezeichnet es das volle
Aufblühen. Das Vorhandensein eines dieser beiden
Schriftzeichen in einem Zeichen des Tages ist vor allem
während der Hundstage günstig.

verbunden mit dem Metall (und damit mit dem Altern und dem Herbst)

7　庚　keng　(alte Schreibweise 秦); dieses Schriftzeichen stellt
Yang　　　deutlich rechts und links zwei Hände dar, die etwas tragen oder schwingen: Nach Wieger bedeutet es das
Schälen oder Stampfen von Reis; ein anderer Kommen-
tor deutet es als Ernte und Speicherung.

8　辛　hsin　(alte Schreibweise 辛); Bild der Beleidigung und
Yin　　　Bestrafung (der Herbst ist, wird gesagt, die Zeit des
Vollzugs von Kapitalstrafen). Heute bezeichnet es den
Gram oder die Bitterkeit und damit, wie ein
Kommentator betont, »die Traurigkeit, die sich der
Seele beim Herannahen des Winters bemächtigt.«
Wenn das Zeichen eines Herbsttages eines dieser
Schriftzeichen enthält, ist dies ganz besonders günstig.

verbunden mit dem Wasser (und damit mit dem Alter, dem Tod, dem
Winter)

9　壬　jen　(alte Schreibweise 壬); Bild eines Menschen, der
Yang　　　auf chinesische Weise eine Last an den Enden eines
Stabes trägt. Müdigkeit des Menschen, der eine Last
trägt, wie man sagt; ein Kommentator sieht darin das
Symbol einer befruchtenden Kreatur.

10　癸　kouei　(alte Schreibweise 癸); aus Gräsern gefertigtes
Yin　　　Flechtwerk oder Verzierungen, auf die die Opfergaben
gestellt wurden, die man bei der Ahnenverehrung dar-
brachte.
Während des Winters sind die günstigsten Tage die,
bei denen eines der beiden Sinnbilder im Zeichen des
Tages vorhanden ist.

Diese Interpretationen sind überliefert und verdienen es daher, daß auf sie hingewiesen wird. Ich selbst glaube allerdings weiterhin, daß sie von der ursprünglichen Bedeutung, die die zur Bezeichnung der Tage einer Dekade und der Monatsdrittel gewählten Schriftzeichen gehabt haben müssen, recht weit entfernt sind.

## Zwölf Irdische Zweige

Sie tauchen erst in weitaus jüngerer Zeit als die Himmlischen Stämme auf und sind im wesentlichen mit den zwölf Monaten und den zwölf Stunden des Tages verbunden (siehe Abbildung auf Seite 64).

Wie wir wissen, sind sie mit dem Himmel (!) verbunden. Weitaus weniger alt als die zehn Himmlischen Stämme, werden sie, wie es scheint, erst etwa im 5. Jahrhundert v. Chr. in den Texten genannt. Zuerst haben sie die zwölf Stunden des Tages bezeichnet (tatsächlich entspricht die chinesische Stunde zwei unserer Stunden), dann die zwölf Monate des Jahres und jedes der zwölf Jahre des Jupiter-Zyklus.

Ihre Beziehungen mit den fünf Wirkkräften war nicht so leicht herzustellen, wie das bei den zehn Himmlischen Stämmen der Fall war. Ganz offensichtlich läßt sich nämlich die Beziehung $^5/_{10}$ leichter bilden als die Beziehung $^5/_{12}$. Es ist also nicht überraschend, daß mehrere Systeme vorgeschlagen wurden.

Insbesondere begnügen sich einige Akupunkteure damit, die zwölf Zweige in Dreiergruppen den Jahreszeiten und Himmelsrichtungen zuzuordnen, und damit dem Holz, dem Feuer, dem Metall und dem Wasser. Es bleibt nun noch das Zentrum und die Wirkkraft Erde, allgegenwärtig und zeitlos, in die Rechnung mit einzubeziehen. Die Astrologen nehmen jedoch geschlossen eine andere Lösung an: dem Holz, dem Feuer, dem Metall und dem Wasser werden jeweils zwei aufeinanderfolgende Zweige zugewiesen, und die vier verbleibenden Zweige werden einer nach dem anderen zwischen eine jede Gruppe eingeschaltet, womit sie der Erde übertragen werden.

Man wird feststellen, daß die Zeichen, im Gegensatz zu den Himmlischen Stämmen, nicht mehr in einem hübschen Wechsel von Yang und Yin den Wirkkräften zugeordnet sind. Aber die Rückkehr zum Zentrum in der dritten Periode einer jeden Jahreszeit dünkt mir völlig logisch. Hier geben wir die folgenden Übereinstimmungen wieder:

寅   *yin* (ungeradzahlig und damit Yang) und 卯   *mao* (Yin), verbunden mit dem Holz, dem Frühling, dem Osten.

辰   *tch'en* (Yang), verbunden mit der Erde, kennzeichnet die Rückkehr zum Zentrum.

巳   *seu* (Yin) und 午   *wou* (Yang), verbunden mit dem Feuer, dem Sommer, dem Süden.

未   *wei* (Yin), verbunden mit der Erde, Rückkehr zum Zentrum.

申   *chen* (Yang) und 酉   *yeou* (Yin), verbunden mit dem Metall, dem Herbst, dem Westen.

戌   *hsiu* (Yang), verbunden mit der Erde, Rückkehr zum Zentrum.

亥   *hai* (Yin) und 子   *tseu* (Yang), verbunden mit dem Wasser, dem Winter, dem Norden.

丑   *tcheou* (Yin), verbunden mit der Erde, Rückkehr zum Zentrum.

Obwohl die zwölf Zweige jüngerer Herkunft sind, ist ihre Etymologie vielleicht noch ungenauer als die der zehn Stämme. Die Kommentatoren scheinen diesem Gegenstand wenig Aufmerksamkeit entgegengebracht zu haben. Es ist wahr, daß man in der Praxis häufig dazu neigt, sie durch die zwölf Tiere zu ersetzen, was den Vorteil hat, daß sie der Vorstellungskraft des breiten Volkes mehr entgegenkommen. Wenn es darum geht, das Jahr, den Monat und die Stunde zu erforschen, sind sie indessen die wichtigsten Faktoren.

I   子   *tseu*     (alte Schreibweise 𣲘 ), Bild eines ganz kleinen Kindes; Geburt, Saat, Keim, Anfang.

II   丑   *tcheou*   (alte Schreibweise 又 ), verbundene Hand, Bild des Verbindens, um, wie man sagt, dem Wachstum in seinen Anfängen zu helfen (?) und die junge Pflanze zu unterhalten.

III   寅   *yin*     (alte Schreibweise 寅 ), zwei unter einem Dach zur Begrüßung vereinte Hände, daher

Ehrerbietung, Respekt: die gemeinsamen Besuche und Begrüßungen bei den Feiern zum Frühling und Neujahr.

IV 卯 *mao* (alte Schreibweise 𠨍 ), offene Tür, Empfang des Frühlings (?)

V 辰 *tch'en* (alte Schreibweise 𠂆 ), Bild einer Frau, die mit ihren Händen den Bauch bedeckt: schwanger und völlig verschüchtert (?).

VI 巳 *seu* (alte Schreibweise 𠃚 ), vollständig gebildeter Embryo; wenn man diese Bedeutung der des zwölften Zeichens annähert, befindet er sich im siebenten Schwangerschaftsmonat.

VII 午 *wou* (alte Schreibweise 𠂔 ), Gegensatz, Kampf; es ist der Augenblick, da das kulminierende Yang die Opposition des Yin hervorruft.

VIII 未 *wei* (alte Schreibweise 𣎳 ), großer Baum mit seinen Ästen, Fülle des Wachstums.

IX 申 *chen* (alte Schreibweise 𢑔 ), zwei Hände, die ein Seil halten, Ausdehnung, sagt man (?); eine andere alte Schreibweise(ㄥ 𤰔) läßt an den Kampf zweier wechselnder Prinzipien, die das Universum erzeugen, denken, es kann aber auch den Blitz darstellen (?).

X 酉 *yeou* (alte Schreibweise 𠬝 ), Gefäß, in dem Getreide gärt, was ein alkoholisches Getränk geben wird.

XI 戌 *hsiu* (alte Schreibweise 𢦏 ), Verletzung durch eine schneidende Waffe, Bild der Zerstörung: vor der Aussaat Gestrüpp entfernen.

XII  亥 *hai*  (alte Schreibweise 丙 ), ein Mann und eine Frau unter einem Dach, die günstigste Zeit zur Befruchtung.

Diese Auskünfte sind, wie ich zugebe, sehr knapp und wenig überzeugend. Was jedoch zählt, ist, daß es sich nicht um isoliert zu betrachtende Zeichen handelt, sondern um ihre Beziehungen mit anderen Zeichen und mit den Wirkkräften.

# Ursprung der zyklischen Sinnbilder: Die zwölf Tiere

## Ursprung dieser Symbole

*Weitaus jünger als die Zwölferzeichen, mit denen sie oftmals verwechselt werden. Die Versuche, sie mit den Tierkreiszeichen in Übereinstimmung zu bringen, erscheinen mir nicht überzeugend.*

Die zwölf Tiere sind wesensgemäß mit dem Jahreszyklus und den zwölf Aufenthaltsorten des Jupiter in seiner zwölfjährigen Umlaufszeit verbunden. In China und in Vietnam sind sie viel volkstümlicher als die Zwölferzeichen oder Irdischen Zweige, mit denen sie verbunden sind, und auch im Westen sind sie gewiß weitaus bekannter als diese. In zahlreichen Werken fanden die Horoskope, die man damit erstellen kann, Verbreitung. Hinzu kommt, daß ihre Symbolik die Vorstellungskraft mehr anspricht als die abstrakten Zeichen. Das ist aber auch der Grund, weshalb seriöse Interpreten der Schicksalszeichen ihnen ein wenig mißtrauen und sie allenfalls amüsant finden, denn schon hinsichtlich der fünf Wirkkräfte darf man sich nicht durch eine zu einfache Symbolik verführen lassen; dies gilt in noch größerem Maße für die zwölf Tiere.

Der Ursprung dessen, das man manchmal etwas überspitzt ausgedrückt den »chinesischen Tierkreis« nennt, liegt im Dunkeln, da zum Zodiakus keine ernstzunehmende Brücke geschlagen werden kann. Manche möchten einen Vergleich mit den Benennungen herstellen, mit denen die Perser die Stunden bezeichnet haben. Abgesehen von der Tatsache, daß dabei ebenfalls Tiernamen benutzt wurden, läßt sich dazu noch nichts Abschließendes sagen.

Meines Erachtens braucht man gar nicht so weit zu gehen, für sie einen Ursprung im Ausland zu suchen; man braucht nur im Schatz der chinesischen Sagen zu suchen, sind sie doch alle die Helden alter Mären und insgesamt günstig.[46]

*Die Ratte* ist Yin, da es ein Wesen ist, das vornehmlich nachts lebt. Man nimmt an, daß sie dreihundert Jahre alt und nach Vollendung des hundertsten Lebensjahres weiß wird. Sie ist sehr günstig für die, die sie schätzt. Sie ist Symbol für Reichtum und Wohlstand. Die Ratte hält sich nicht in schlecht versorgten Häusern auf. Sehr nützlich ist ihre Gabe des zweiten Gesichts.

*Der Büffel* ist aus der Essenz einer tausendjährigen Pinie geboren. Er ist Yin, da er, im Reisfeld versunken, aus dem Erdboden hervorzukommen scheint. Er hilft bei der Bestellung des Ackers und darf (wie bei uns das Pferd) in den Metzgereien nicht als Fleisch herhalten. Zeichen der Langlebigkeit. Laotse, der Philosoph, ritt bei seinen Reisen in die Gebirge auf der Suche nach der Unsterblichkeit auf einem Büffel. Der transzendente Büffel kann Tausende von Jahren leben.

*Der Tiger* ist Yang, da er im siebenten Monat geboren wird, in der Zeit der Formation des himmlischen Yang. Aber seine Streifen stellen eine günstige Mischung von Yin und Yang dar. Er ist der Herr aller Tiere. Er bereitet Dämonen und überirdischen Wesen, die er ohne Mitleid verschlingt, Schrecken. Er hat die Aufgabe, Kinder gegen böse Geister zu bewachen. Junge Burschen sind häufig dem Tiger geweiht, und sie tragen einen Hut in Gestalt eines Tigerkopfes, um die mißgünstigen Geister, die sie bezaubern wollen, abzuwehren. Soviel mir persönlich bekannt ist, ist dieser Brauch noch heute in China weit verbreitet.

*Der Hase* ist Yin, da er aus der Yin-Essenz gebildet ist. In seiner transzendenten Gestalt hat er den Mond als seinen Wohnsitz erwählt. Er lebt eintausend Jahre und wird nach fünfhundert Jahren weiß. Durch seine Voraussicht und seine Kunst, Gelegenheiten ausfindig zu machen, ist er ein weiser Berater.

*Der Drache* Ein Yang-Geschöpf. Es ist das beste aller Symbole (aber aufgepaßt, er ist ebenso günstig, wie er auch das Zeichen wechseln und gefährlich werden kann). Er ist der König aller Dinge. Er ist Symbol für den Kaiser, er lenkt den Regen und die Wolken, vor allem geht es aber

darum, daß er, da er das Wasser als Aufenthaltsort erkoren hat, die fünf Farben der Morgenröte annimmt und wohltätig wird.

In einem Königreich offenbart sich der Grüne Drache dann, wenn der Herrscher tugendhaft ist. Im Gegensatz dazu zeigt sich sein »Amtsbruder«, der Blaue Drache, nur im Fall von Unglück an. Wenn sie dennoch die Wahl treffen, gemeinsam zum Vorschein zu kommen, ist das ein ganz besonders günstiges Vorzeichen. Leider schweigen sich die alten Texte über die Zeichen, die ihr Hervortreten begleiten, aus.

*Die Schlange* ist von derselben Wesensart wie der Drache und Yang. Ihre Anwesenheit auf dem Fundament eines Aufenthaltsortes ist ein Zeichen von Reichtum, dies insbesondere dann, wenn man sie »beim Namen zu nennen« weiß, und insbesondere, wenn sie sich nicht offen zeigt. Ihr plötzliches Erscheinen stellt eine Drohung und ein sehr schlechtes Vorzeichen dar.

*Das Pferd* ist das Hauptsymbol für die Männlichkeit, es ist auch mit dem Mittag und mit dem männlichen Triagramm verbunden (siehe Seite 148). Nach einer uralten Sage sind die acht Pferde die Symbole allen Glückes. Es ist das Bild der hilfreichen Kraft.

*Die Ziege,* mit dem Wesen der Vegetationskräfte verbunden, ist Yang. Sehr günstig; sie ist das Symbol für den sozialen Aufstieg und einer ausgezeichneten Karriere.

*Der Affe* wird von manchen als gleichzeitig Yin und Yang angesehen. Er ist das Symbol für die Intelligenz und Pfiffigkeit, manchmal jedoch ein wenig unaufrichtig. Verdankt der Affengott seine Unsterblichkeit etwa dem Pfirsich, den er aus dem Garten der Herrschermutter des Westens gestohlen hat? Seine Lebensdauer beträgt mehrere Jahrtausende. In seiner Jugend bis zum Alter von achthundert Jahren ist er nicht immer wohlwollend, aber er bessert sich mit zunehmendem Alter. Sobald er sich in einen Pavian umwandelt, wird er charmant und hilfreich.

*Der Hahn* ist Yang, denn er ist in einem der Sonne ausgesetzten Wald geboren. Sein Schrei weckt und reizt auf und macht Mut; er jagt die Dämonen, die der Anblick seines Kamms (die Chinesen glauben, das Rot sei ein »Dämonenaustreiber«) in die Flucht schlägt.

*Der Hund* ist Yin. Obwohl in China außer als Frikassee wenig geschätzt, ist er günstig, weise und loyal. Er ist ein treuer Freund und sehr nützlich, da ihn sein Spürsinn verborgene Hinterhalte und Gefahren aufspüren läßt.

*Das Schwein* ist Yin. Es ist das Symbol für Ungezwungenheit und Wohlstand in der Familie (das Schriftzeichen für »Familie« stellt ein sich friedlich unter einem Dach befindliches Schwein dar). Als Zeichen des Reichtums ist es stets ein glückverheißendes Vorzeichen; seine Anwesenheit zieht Glück und Glückseligkeit herbei.

Offensichtlich sind diese Sinnbilder ebenso wie bei den Tieren in unserer Bilderwelt, wie Adler, Schafe, Bienen, deshalb gewählt, da sie Günstiges verheißen; daher darf man sie nicht zu wirklichkeitsgetreu interpretieren.

Es sei bemerkt, daß die Vietnamesen den Hasen durch die Katze ersetzt haben. Als unreines Tier, wie der Hase, gilt sie im Fernen Osten für nicht eßbar. Das kann nicht daran liegen, daß diese beiden Tierarten aus dem Grunde miteinander vertauscht werden, aus dem bei uns mitunter gewisse Garköche angeklagt werden. Es sei allein bemerkt, daß das Wort »Kaninchen« in der Umgangssprache in Nordchina als Beleidigung gilt, und daß man stattdessen das minder übel klingende Wort »Wildkatze« benutzt. Daß der Hase in Vietnam durch die Katze ersetzt wurde, hat vielleicht einen ähnlichen Grund.

## Sechzehntes Kapitel

# Zweites Stadium der Manifestation der Energie der fünf Wirkkräfte

## Das Wesen der fünf Wirkkräfte

*Es handelt sich in keinem Fall um unterschiedliche Gegebenheiten oder um konstituierende Elemente der Wesen und Dinge, es sind vielmehr die wirkenden Prinzipien.*

In einer zweiten Phase teilt sich die Energie in fünf Kräfte (man sollte vielmehr sagen, in vier Kräfte und in eine Kraft, wobei die Erde allem voran ein Bezugspunkt ist, der mit dem Zentrum identisch ist). Das Studium dieser fünf Kräfte erhellt sehr deutlich den Nachteil, auf den ich bereits hingewiesen habe, wenn man rein chinesische Vorstellungen mittels unserer westlichen Kategorien interpretieren will.

Der Begriff 行 *hing,* den ich mit »Wirkkraft« übersetze, bedeutet auf chinesisch »gehen«, »voranschreiten«, er ist also wesentlich dynamisch und kennzeichnet das Zukünftige. Dennoch versteifen sich die Sinologen auf die Übersetzung »fünf Elemente«, was zweifellos daran liegt, daß sie von der Weltanschauung des Empedokles beeinflußt sind, der die Bestandteile eines jeden Dinges auf die durch die Liebe vereinten und durch den Haß getrennten vier Grundelemente Wasser, Luft, Erde und Feuer zurückführte. Abgesehen davon, daß eine solche Übersetzung widersinnig ist, flößt sie auch noch den irrigen Gedanken ein, Entsprechendes träfe auch für die fünf Elemente im Sinne der chinesischen Astrologie, also für die Elemente Metall, Holz, Wasser, Feuer und die Erde zu, daß demnach auch deren Kombination die Substanz aller Dinge bilde.

Tatsächlich handelt es sich dabei, und hierin ist sich die chinesische Überlieferung einig, lediglich um, übrigens vorzüglich gewählte, Symbole, die die Kräfte darstellen, die das Universum beseelen, um mehrere Jahrtausende alte Bilder, deren Erfahrung die Nützlichkeit erweist. Es wäre müßig, diesbezüglich noch einmal all das zu wiederholen, was bereits weiter oben über das Yin und das Yang gesagt worden ist.

Aus Achtung vor seinen Sinologie-Kollegen gebraucht Joseph Needham den Ausdruck »Element« weiter, jedoch er entleert diesen Ausdruck seines gewöhnlichen Sinnes, indem er darauf hinweist, daß es sich dabei nicht um Elemente handelt, die in die Grundverfassung der Dinge eingehen, sondern um *Prozesse,* womit, wenn ich nicht irre, die Prinzipien der Entwicklung und des Werdens gemeint sind.[47]

Es ist so, daß die Wirkkraft, die ich die »Tugend des Wassers« nennen möchte, eine infiltrierende und auflösende Wirkungsart darstellt, die nach unten tendiert. Bei der »Tugend des Feuers« ist die Wirkungsart erhitzend und brennend, sie tendiert nach oben. Die »Tugend des Holzes« ist lebend und lebhaft; sie nimmt die Gestalt an, die ihr das Werkzeug verleiht. Die »Tugend des Metalls« ist bewegungslos, vermählt sich aber mit der Gestalt, die ihr die Gußform auferlegt. Die »Tugend der Erde« steht abseits, da sie die Elemente hervorbringt. Das sei nur als ein Hinweis verstanden, geht es doch nicht an, dadurch, daß man Begriffe wortwörtlich nimmt, dem, was nur ein Symbol ist, Realität zuzuschreiben.

Jacques Lavier, der mir von allen französischen Akupunkteuren als der erscheint, der die chinesische Mentalität und die chinesischen Texte am unmittelbarsten erfaßt hat, gab eine ausgezeichnete, dem *Nei King* entnommene Erklärung, die ich hier kurz zusammenfasse. Indem auch er feststellt, daß es sich in erster Linie um Dynamismen handelt, hat er die Übersetzung »die fünf Potentiale« gewählt. Er beschreibt ihre Wirkungsart wie folgt: Das Feuer, verbunden mit dem Sommer und dem Süden, symbolisiert das »große Yang« in seinem Extremwert. Das Wasser, mit dem Winter und dem Norden verbunden, symbolisiert umgekehrt das »große Yin«. Das Holz, verbunden mit dem Frühling und dem Osten, ist das »kleine Yin«, das kleiner werdende, sich vermindernde, an Schnelligkeit verlierende Yin in bezug auf das dynamische Yang, das sich wie die Vegetation vergrößert und vermehrt. Das Metall ist das »kleine Yang«, das Yang auf dem Weg des Rückschritts. Es ist mit dem Herbst und dem Westen verbunden. Das Yang wird weichen und einem destruktiven Yin Platz machen. Die Erde schließlich, im Zentrum gelegen, steht in unmittelbarer Beziehung zu den anderen »Potentialen«, die sie in Wirklichkeit alle enthält.[48]

Diese traditionelle Erklärung hat den Vorteil, daß sie die zwischen den fünf Wirkkräften bestehende Beziehung gut aufzeigt: Ich ziehe entschieden diese Übersetzung vor. Der Ausdruck »Potential« erweckt, wie mir scheint, den Eindruck von einer tätigen oder sich in Reserve befindlichen Kraft. Der Ausdruck »Wirkende« (»agissants«) wäre vielleicht genauer, jedoch verschließe ich mich solch einer barbarischen Wortschöpfung.

Es sei indessen hervorgehoben, daß sich Lavier entsprechend der von allen Akupunkteuren verfolgten Überlieferung auf eine kosmische Astrologie als Stufenleiter des Universums bezieht. Die Astrologie, die sich für das Schicksal eines jeden einzelnen von uns interessiert, ist davon ein wenig verschieden, da unter diesem Gesichtspunkt, wie wir noch sehen werden, abwechselnd Yang in der Expansion oder rezeptives Yin ist.

## Affinitäten und Relationen der fünf Wirkkräfte

*Es gibt unzählig viele Affinitäten. Sie alle stimmen jedoch, abgesehen von geringfügigen Unterschieden, im wesentlichen überein.*

Im Laufe der Jahrhunderte haben die Astrologen und Akupunkteure eine Vielzahl von Katalogen erstellt, in welche die Wesen oder die Zustände aufgenommen wurden, die mit der einen oder der anderen der fünf Wirkkräfte bevorzugt in Beziehungen zu stehen schienen. Man könnte eine endlose Aufzählung vornehmen. Jedoch abgesehen davon, daß sich diese Verzeichnisse an verschiedene und manchmal widersprüchliche Überlieferungen anlehnen, die nur aufgrund ihrer Absonderlichkeit oder nur für Fachgelehrte von Interesse sein können, bedürfte der esoterische Hintergrund mancher dieser Kataloge umfangreicher und schwieriger Kommentare. Ich ziehe es vor, mich mit dem Verzeichnis im *Nei King*, ergänzt durch die des *Yue Ling*, zu begnügen.

### Der Osten
erschafft im Himmel den Wind, der sich auf der Erde in der Wirkkraft Holz ausdrückt, dessen Jahreszeit der Frühling ist.

### Das Holz
lenkt und beherrscht die *Leber*, die Augen, die Muskeln. Seine Farbe ist das Grün, sein Geschmack das Saure. Passende Ernährung: Schaffleisch und Getreide. Planet *Jupiter*. Chiffre 8 (numerisches Symbol).

*Der Süden*
erschafft im Himmel die Hitze, die sich auf der Erde in der Wirkkraft Feuer ausdrückt, deren Jahreszeit der Sommer ist.

*Das Feuer*
lenkt und beherrscht das *Herz*, die Zunge, das Blut. Seine Farbe ist das Rot, sein Geschmack das Bittere. Passende Ernährung: Geflügel und Erbsen. Planet *Mars*. Chiffre 7.

*Die Mitte* (Das Zentrum)
erschafft im Himmel die Feuchtigkeit, die sich auf der Erde in der Wirkkraft Erde ausdrückt, deren Jahreszeit die Hundstage sind.

*Die Erde*
lenkt und beherrscht die *Milz*, den Mund und das Fleisch. Ihre Farbe ist das Gelb. Ihr Geschmack ist süß, der Zucker. Passende Ernährung: Rindfleisch und Hirse. Planet *Saturn*. Chiffre 5.

*Der Westen*
erschafft im Himmel die Trockenheit, die sich auf der Erde in der Wirkkraft Metall ausdrückt, deren Jahreszeit der Herbst ist.

*Das Metall*
lenkt und beherrscht die *Lunge*, die Nase, die Haut und die Behaarung. Seine Farbe ist das Weiß. Sein Geschmack ist das Scharfe. Passende Ernährung: Hundefleisch und ölhaltige Samenkörner. Planet *Venus*. Chiffre 9.

*Der Norden*
erschafft im Himmel die Kälte, die sich auf der Erde in der Wirkkraft Wasser ausdrückt, deren Jahreszeit der Winter ist.

*Das Wasser*
lenkt und beherrscht die *Nieren*, das Ohr und die Knochen. Seine Farbe ist das Schwarz. Sein Geschmack ist das Salzige. Passende Ernährung: Schweinefleisch und Sorghum. Planet *Merkur*. Chiffre 6.

# Affinitäten der fünf Wirkkräfte

| Wirkkräfte | Holz | Feuer | Erde | Metall | Wasser |
|---|---|---|---|---|---|
| Himmels-richtungen | Osten | Süden | Mitte | Westen | Norden |
| Jahreszeiten | Frühling | Sommer | Hundstage | Herbst | Winter |
| Zehnerzeichen | 1,2 | 3,4 | 5,6 | 7,8 | 9,10 |
| Zwölferzeichen | III,IV | VI,VII | II,V,VIII,XI | IX,X | XII,I |
| Planeten | Jupiter | Mars | Saturn | Venus | Merkur |
| Organe | Leber | Herz | Milz | Lungen | Nieren |
| Geschmacks-richtungen | sauer | bitter | süß | scharf | salzig |
| Zahlen | 8 | 7 | 5 | 9 | 6 |
| Noten | kiao 3. Note | tcheng 4. Note | kong 1. Note | chang 2. Note | yü 5. Note |
| Farben | grün | rot | gelb | weiß | schwarz |
| Regierungs-Stil | entspannt | erleuchtet | klug | energisch | ruhig |
| Tugenden | Wohlwollen | Weisheit | Glaube | Aufrich-tigkeit | Achtbar-keit |
| Gemüts-stimmungen | Zorn | Freude | Verlangen | Traurigkeit | Furcht |

Man könnte mit der Aufzählung, die diese Tabelle enthält, bis ins Unendliche fortfahren. Die chinesischen Kommentatoren haben diesbezüglich weder Arbeit noch Mühe gescheut. Ich meinte jedoch, mich bei der Aufstellung auf solche Begriffe beschränken zu sollen, die unserem Vorhaben dienlich sind. So können Begriffe wie zum Beispiel »Regierungsstil«, »Tugend« usw. im Verlauf einer Charakterstudie leicht übertragen werden.

# Rhythmus der Zeiten,
# Wechselspiel von Yin und Yang
# und Phasen der fünf Wirkkräfte

*Die Überlegungen, die ich hier anstelle, sollen auf ein Thema hinweisen, das nur am Rande unseres gesteckten Rahmens liegt. Ich meine jedoch, es ist nützlich, Perspektiven offenzulegen und zu zeigen, daß ein Begriff wie der des Biorhythmus in der chinesischen Überlieferung bereits vorgezeichnet ist.*

Seit mehr als zweitausend Jahren erwähnen Texte das Vorhandensein energetischer Zyklen in China. Sie entsprechen völlig dem, was wir heute *Biorhythmus* nennen. Im *Nan King* findet man ein Diagramm· für die Akupunkteure, das die Punkte angibt, wo die Energie der verschiedenen

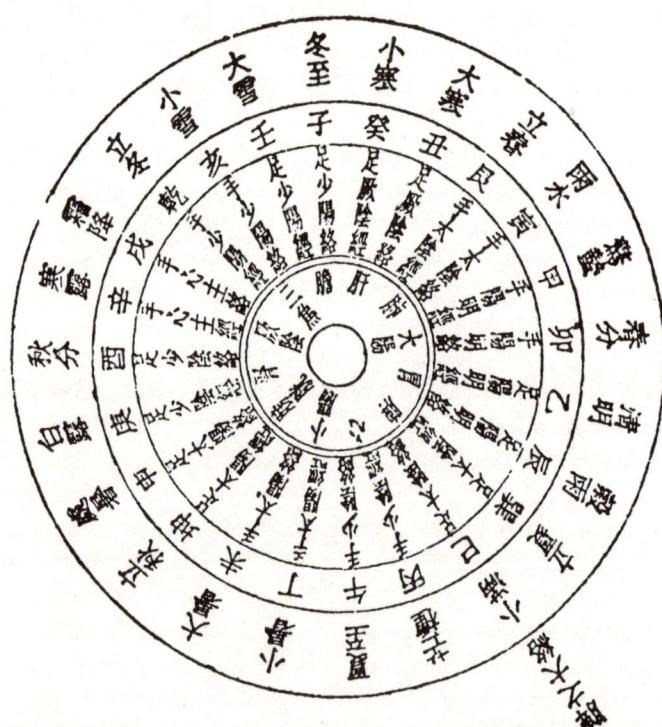

Dem *Nan King* entnommenes Diagramm. Im äußeren Kreis: die vierundzwanzig Solar-Raumzonen; im folgenden Kreis: die zyklischen Zeichen; darauf: die Meridiane (Absteckung der Akupunkturpunkte); in der Mitte: die in Betracht kommenden Organe.

Organe, in Relation zu den vierundzwanzig Solar-Raumzonen, am größten ist.[50] Wie ohne weiteres ersichtlich, beruhen diese Angaben auf dem Zyklus der fünf Wirkkräfte. Das wird noch klarer, wenn man diese Angaben durch die in anderen alten Werken, wie im *Nei King,* enthaltenen Angaben ergänzt, deren Diagramme tatsächlich die ältesten bekannten Biorhythmen enthalten.

Die Mondphasen, bei denen das Licht vom Verlöschen bis zur Fülle beständig seinen Gang geht, sind ein vollkommenes Beispiel für die natürlichen Zyklen, deren wir, bei nur geringer Aufmerksamkeit, eine große Anzahl entdecken könnten.

Unter diesem Gesichtspunkt betrachten die Chinesen die Jahreszeiten, die Monate, die Tage, die Stunden..., die alle wechselnd einen Höhepunkt und einen Tiefpunkt an Kraft und Stärke durchschreiten. Auch die Sonnenwenden und die Tagundnachtgleichen betrachten sie unter dieser Perspektive; auch das, was dem Beginn unserer Tierkreiszeichen entspricht: die Kulminationspunkte der Jahreszeiten und der Monate, und das, was im Laufe der täglich wiederkehrenden (Doppel-)Stunden zu den Höhepunkten die vollen Stunden schlagen läßt.

Die Diagramme, die ich hier bringe, entstammen den Anregungen chinesischer Texte. Deshalb sind sie so belehrend und zum Nachsinnen so geeignet; aber noch sind sie nicht ausführlich genug, als daß sie mehr sein könnten, als nur ein aufschlußreicher und reizvoller Ausgangspunkt für vertiefte Studien.

### Die fünf Wirkkräfte und die vier Jahreszeiten

Die fünf Wirkkräfte üben während des ganzen Jahreslaufes einen Einfluß aus, sie haben jedoch alle einen Höhepunkt und einen Tiefwert. Dem durch das *Pao P'ou Tseu* vervollständigte *Nei King* zufolge, hat das Holz zur Frühlings-Tagundnachtgleiche sein Maximum, zur Herbst-Tagundnachtgleiche sein Minimum, während das Metall sein Maximum zur Herbst-Tagundnachtgleiche und sein Minimum zur Frühlings-Tagundnachtgleiche hat. Ebenso steht das Feuer zur Sommersonnenwende an seinem Maximum, zur Wintersonnenwende an seinem Minimum, während das Wasser zur Wintersonnenwende an seinem Maximum, zur Sommersonnenwende an seinem Minimum angelangt ist.[51]

Im Gegensatz dazu scheint die Erde drei verschiedenen Phasen zu folgen. Sie ist im letzten Monat jeder Jahreszeit an ihrem Maximum angelangt, was eine Rückkehr zum Zentrum darstellt.

Alle diese Hinweise können in der folgenden Zeichnung ihren Ausdruck finden:

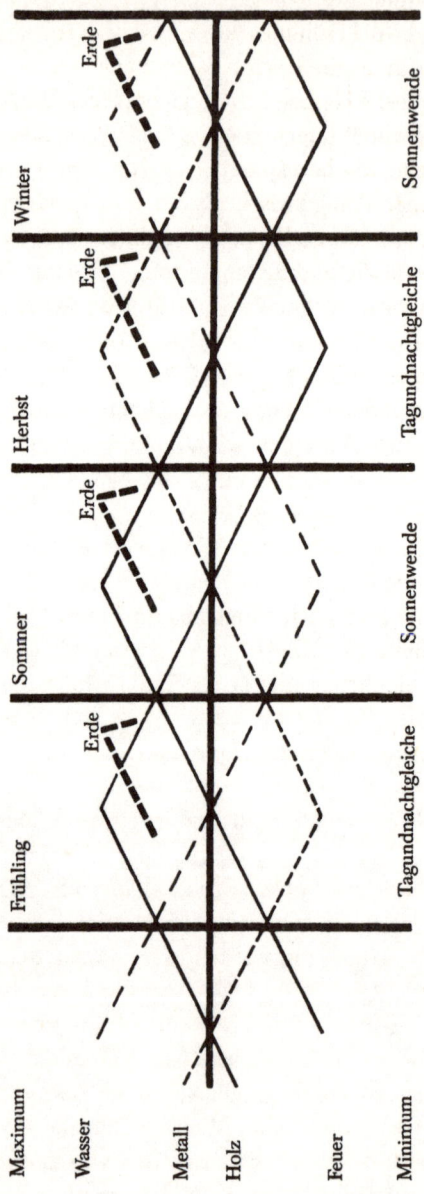

## Die fünf Wirkkräfte, das Yin und das Yang und die Monate

Folgen wir der Zahlenregel der geraden und ungeraden Ordnung, stellen wir fest, daß der zweite astrologische Monat (oder die Periode) Yin ist. Es ist die Periode, in die die Frühlings-Tagundnachtgleiche fällt. Dagegen ist die fünfte Periode, in die die Herbst-Tagundnachtgleiche fällt, Yang. Die achte Periode, in die die Herbst-Tagundnachtgleiche fällt, ist Yin, und die elfte Periode, in die die Wintersonnenwende fällt, ist Yang. Wenn wir die Abbildung auf Seite 194 betrachten, verstehen wir, weshalb der fünfte und der elfte Monat »Yang zwischen zwei Yin« genannt werden. Dies erklärt teilweise die seltsame Behauptung einiger esoterischer Autoren, denen zufolge der fünfte und der elfte Monat Yin sind. Dieses Beispiel zeigt gut, daß man nicht zu voreilig Schlüsse ziehen sollte, wenn man die Aspekte von Yang und Yin untersucht, deren Wert nicht stets so eindeutig ist, wie es auf den ersten Blick scheinen mag.

Die Abbildung auf Seite 194 ist eine durch die Wechselwirkungen von Yang und Yin ergänzte Weiterentwicklung der Abbildung auf Seite 192.

## Die fünf Wirkkräfte, das Yin und das Yang und die Stunden

Entsprechend kann man auch eine gleichwertige Tafel für die Stunden aufstellen (siehe Seite 195). Da jedoch die Ordnung der Zwölferzeichen ein wenig unterschiedlich ist (der erste Mond- oder astrologische Monat beginnt beim dritten Zwölferzeichen, die erste Stunde beim ersten), ist gleicherweise auch die Ordnung der Wirkkräfte verschieden.

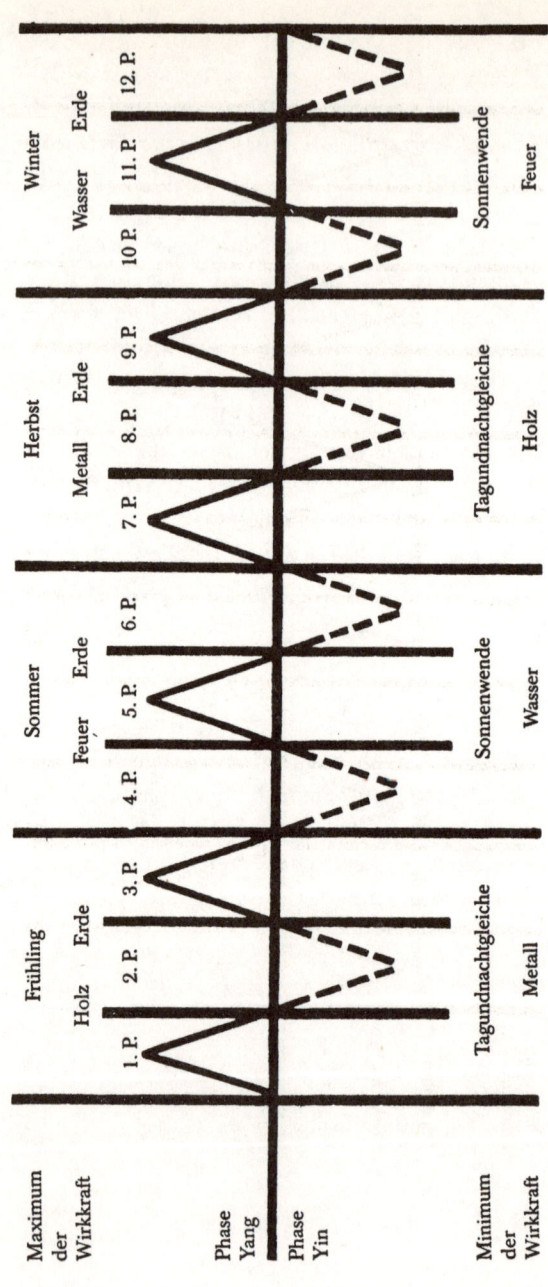

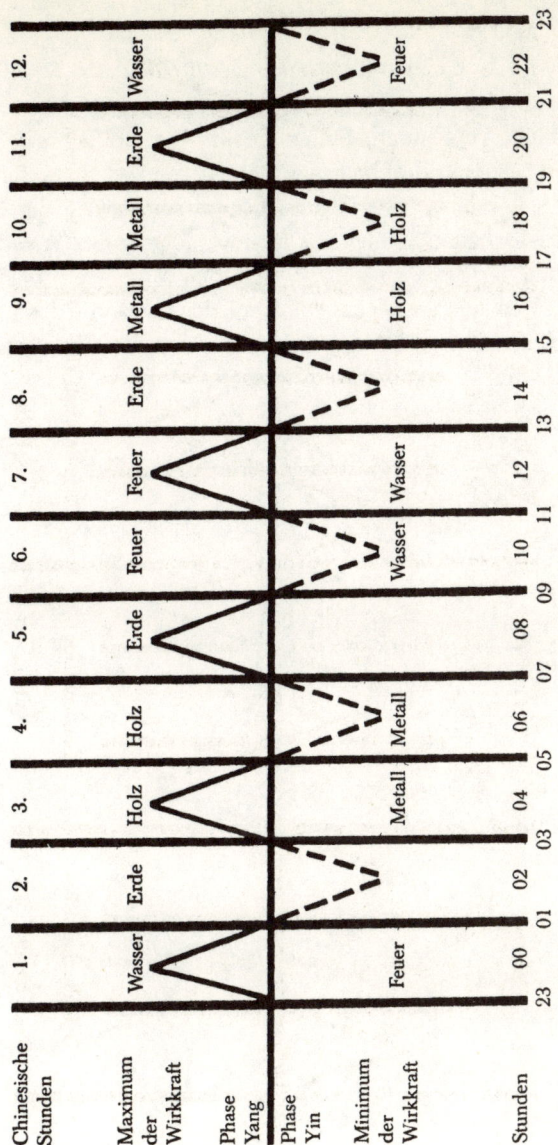

Ich meine, diese graphischen Darstellungen können beschaulichem Nachsinnen sehr nützlich sein, wenn man sich anschickt, ein Horoskop zu
interpretieren.

Die fünf Wirkkräfte
und die Symbolsprache in den Geheimgesellschaften

Eine vielfältige Verwendung finden die fünf Wirkkräfte bei den Initiationsriten und in der Kodesprache der Geheimgesellschaften. Kürzlich bin ich auf ein sehr interessantes Dokument gestoßen, das von den Riten der Geheimgesellschaften handelt.[52] Dabei werden die fünf Wirkkräfte zur Bezeichnung der Beziehungen zwischen den Mitgliedern benutzt. Beispielsweise bedeutet das Metall den Kopf, den Chef, und das Wasser die »Brüderschaft«. Die Abbildung zeigt die Gebärden, die dazu benutzt werden, die fünf Wirkkräfte auszudrücken.

Die Auswahl, entsprechend dem den Wirkkräften beigegebenen Rang und nach der Ordnung der »gegenseitigen Überwindung«, ist für die kriegerische Haltung der Geheimgesellschaften recht bezeichnend.

Siebzehntes Kapitel

# Achtundzwanzig Konstellationen oder Der Lunar-Zodiakus

## Achtundzwanzig Konstellationen – Aufenthaltsort des Mondes

*Sie stellen den einzig wirklich astrologischen Bestand-teil unseres chinesischen Horoskops dar.*

Verbunden mit den Mondmonaten sind die achtundzwanzig Konstella-tionen die einzigen astrologischen Elemente des chinesischen Horo-skops. Es handelt sich dabei um einen Zyklus von achtundzwanzig Tagen, die in den Zeichen des Sechzigerzyklus aufeinanderfolgen. Diese mit der die tägliche Gruppe des Schicksals beherrschenden Wirkkraft verbundenen Konstellationen sind der bestimmende Faktor zur Enthül-lung des einem jeden von uns zugeteilten Glückskoeffizienten. Die chine-sischen Almanache weisen durchwegs sorgfältig darauf hin, da vor allem von ihnen die Verbote oder Empfehlungen für jeden Tag abhängen.

Hier folgt, mit ein oder zwei Korrekturen, das Verzeichnis der Konstel-lationen, wie es von Havret gegeben wird. Needham nimmt an, sie entsprächen dem Äquator, wie er sich 2400 Jahre v.Chr. dargestellt hat.[53]

Östliche Konstellationen.

Sektor des Grünen Drachen.

| Name | Symboltier | Ausdehnung | Begrenzendes Gestirn, gerades Aufsteigen | Eigenschaft |
|---|---|---|---|---|
| 1 Das Horn | Krokodil | 11° 49' 48' | $\alpha$ der Jungfrau 13 h 19 mn 55 s | günstig |
| 2 Der Hals | Drache | 8° 52' 12" | $k$ der Jungfrau 14 h 07 mn 34 s | ungünstig |
| 3 Die Wurzel | Dachs | 14° 46' 48" | $\alpha^2$ der Waage 14 h 45 mn 21 s | ungünstig |
| 4 Das Zimmer | Hase | 4° 55' 48" | $\pi$ des Skorpions 15 h 52 mn 48 s | günstig |
| 5 Das Herz | Fuchs | 4° 55' 48" | $\sigma$ des Skorpions 16 h 15 mn 07 s | günstig |
| 6 Der Schwanz | Tiger | 17° 44' 24" | $\mu$ des Skorpions 16 h 45 mn 06 s | günstig |
| 7 Der Korb | Leopard | 11° 00" | $\gamma$ des Schützen 17 h 59 mn 23 s | günstig |

Nördliche Konstellationen.

Sektor der Schwarzen Schildkröte.

| Name | Symboltier | Ausdehnung | Begrenzendes Gestirn, gerades Aufsteigen | Eigenschaft |
|---|---|---|---|---|
| 8 Der Scheffel | Einhorn | 25° 48' | α des Schützen 18 h 39 mn 25 s | günstig |
| 9 Der Büffel | Büffel | 7° 53' 24" | β des Steinbocks 20 h 15 mn 24 s | ungünstig |
| 10 Die Frau | Fledermaus | 11° 49' 48" | ε des Wassermanns 20 h 42 mn 16 s | ungünstig |
| 11 Die Leere | Ratte | 9° 51' 36" | β des Wassermanns 21 h 26 mn 18 s | ungünstig |
| 12 Das Dach | Schwalbe | 16° 45' 36" | α des Wassermanns 22 h 00 mn 39 s | günstig |
| 13 Das Haus | Schwein | 15° 46' 12" | α des Pegasus 22 h 59 mn 47 s | günstig |
| 14 Die Mauer | Stachelschwein | 8° 52' 12" | γ des Pegasus 00 h 08 mn 05 s | günstig |

Westliche Konstellationen.

Sektor des Weißen Tigers.

| Name | Symboltier | Ausdehnung | Begrenzendes Gestirn, gerades Aufsteigen | Eigenschaft |
|---|---|---|---|---|
| 15  Die Schenkel | Wolf | 15° 46' 12" | η der Andromeda 00 h 42 mn 02 s | ungünstig |
| 16  Das Band | Hund | 11° 49' 48" | β des Widders 01 h 49 mn 07 s | günstig |
| 17  Der Magen | Fasan | 13° 48' | 41 des Widders 02 h 44 mn 06 s | günstig |
| 18  Die Richter | Hahn | 10° 50' 24" | η des Stiers 03 h 41 mn 32 s | ungünstig |
| 19  Das Vogelnetz | Rabe | 15° 46' 12" | ε des Stiers 04 h 22 mn 47 s | günstig |
| 20  Die Schildkröte | Affe | 1° 58' 12" | λ des Orion 05 h 29 mn 38 s | ungünstig |
| 21  Die drei Verbundenen | Gibbon | 8° 52' 12"' | ζ des Orion 05 h 35 mn 43 s | günstig |

Südliche Konstellationen.

Sektor des zinnoberroten Vogels.

| Name | Symboltier | Ausdehnung | Begrenzendes Gestirn, gerades Aufsteigen | Eigenschaft |
|------|-----------|-----------|------------------------------------------|-------------|
| 22 Die Brunnen | Tapir | 32° 31' 48" | $\mu$ der Zwillinge 06 h 16 mn 35 s | günstig |
| 23 Der Genius | Ziege | 3° 56' 24" | $\theta$ des Krebses 08 h 25 mn 54 s | ungünstig |
| 24 Die Weide | Dammhirsch | 14° 46' 48" | $\delta$ der Hydra 08 h 32 mn 22 s | ungünstig |
| 25 Der Stern | Pferd | 6° 54' | $\alpha$ der Hydra 09 h 22 mn 40 s | ungünstig |
| 26 Der Vierkant- degen | Hirsch | 17° 44' 24" | $\mu$ der Hydra 10 h 21 mn 15 s | günstig |
| 27 Die Flügel | Schlange | 17° 44' 24" | $\alpha$ des Bechers 10 h 54 mn 54 s | ungünstig |
| 28 Der Wagen | Regenwurm | 16° 45' 36" | $\gamma$ des Raben 12 h 10 mn 40 s | günstig |

# Gestirne der achtundzwanzig Konstellationen

1  $\alpha$ und $\zeta$ der Jungfrau.
2  $k \, \iota \, \varphi \, \lambda$ der Jungfrau.
3  $\alpha^2 \, \iota^1 \, \gamma \, \beta$ der Waage.
4  $\pi \, \rho \, \delta \, \beta$ des Skorpions.
5  $\sigma \, \alpha \, \tau$ des Skorpions.
6  $\mu \, \varepsilon \, \xi \, \eta \, \theta \, \iota \, k \, \lambda \, \upsilon$ des Skorpions.
7  $\gamma \, \delta \, \varepsilon \, \beta$ des Schützen.

8  $\varphi \, \lambda \, \mu \, \sigma \, \tau \, \zeta$ des Schützen.
9  $\beta \, \alpha^2 \, \zeta^2 \, \pi \, o \, \rho$ des Steinbocks.
10  $\varepsilon^2$ und $\mu$ des Wassermanns.
11  $\beta$ des Wassermanns und $\alpha$ des Füllens.
12  $\alpha$ des Wassermanns und $\theta$ des Pegasus.
13  $\alpha$ und $\beta$ des Pegasus.
14  $\gamma$ des Pegasus und $\alpha$ der Andromeda.

15  $\eta \, \zeta \, \iota \, \varepsilon \, \delta \, \pi \, \nu \, \mu \, \beta$ der Andromeda, $\sigma^2$ (der Fische) sowie auch 11 andere Gestirne dieser zwei Konstellationen.
16  $\beta \, \gamma \, \alpha$ des Widders.
17  35, 39, 41 des Widders.
18  17, 16, 19, 20, 12, $\eta$, 28, 27 des Stiers: die Plejaden.
19  $\zeta \, \delta^3 \, \delta^1 \, \gamma \, \alpha \, \theta^1$, 71, $\lambda$ des Stiers: Aldebaran und die Hyaden.
20  $\lambda \, \varphi^1 \, \varphi^2$ des Orion.
21  $\zeta \, \varepsilon \, \delta \, \alpha \, \gamma \, k \, \beta$ des Orion.

22  $\mu \, \nu \, \gamma \, \zeta^2 \, \zeta \, \varepsilon \, \delta \, \lambda$ der Zwillinge.
23  $\theta \, \eta \, \gamma \, \delta$ des Krebses.
24  $\delta \, \sigma \, \eta \, \rho \, \varepsilon \, \zeta \, \omega \, \theta$ der Hydra.
25  $\alpha \, \tau \, \tau^2 \, \iota$, 27 der Hydra.
26  $\nu^1 \, \lambda \, \mu$ der Hydra.
27  $\alpha \, \gamma \, \zeta \, \lambda \, \nu \, \eta \, \delta \, \iota \, k \, \varepsilon$ des Bechers, sowie auch 11 andere Gestirne des Bechers und der Hydra.
28  $\gamma \, \varepsilon \, \delta \, \beta$ des Raben.

# Achtundzwanzig Konstellationen und die Woche

Es ist kein Zufall, wenn man in den chinesischen Almanachen die »Sieben Himmelslichter«, die Sonne, den Mond und die fünf Planeten mit den Konstellationen in einer Ordnung verknüpft findet, die mit der unserer Wochentage identisch ist:

| Konstellationen | | | | dazugehörige Himmelslichter | | Wochentage |
|---|---|---|---|---|---|---|
| 1 | 8 | 15 | 22 | 木星 | Jupiter | Donnerstag |
| 2 | 9 | 16 | 23 | 金星 | Venus | Freitag |
| 3 | 10 | 17 | 24 | 土星 | Saturn | Samstag |
| 4 | 11 | 18 | 25 | 日 | Sonne | Sonntag |
| 5 | 12 | 19 | 26 | 月 | Mond | Montag |
| 6 | 13 | 20 | 27 | 火星 | Mars | Dienstag |
| 7 | 14 | 21 | 28 | 水星 | Merkur | Mittwoch |

Obwohl die Planeten in dieser Liste hinsichtlich der Wirkkraft angegeben sind, der sie der Überlieferung nach angehören, hat diese Siebenerreihe keinen unmittelbaren Bezug zu den in der Astrologie gebräuchlichen fünf Wirkkräften. Außerdem wird das Problem wegen der Gegenwart der Sonne und des Mondes noch verwickelter, und meines Wissens nach bedienen sich die chinesischen Astrologen seiner kaum. Im übrigen hat die Umgangssprache diese Benennung der Wochentage nicht beibehalten, die, wie die Chinesen sie benutzen, einfach durch eine Ordnungszahl dargestellt werden (wobei der Sonntag, »Tag der Sonne« genannt, eine Ausnahme bildet).[54]

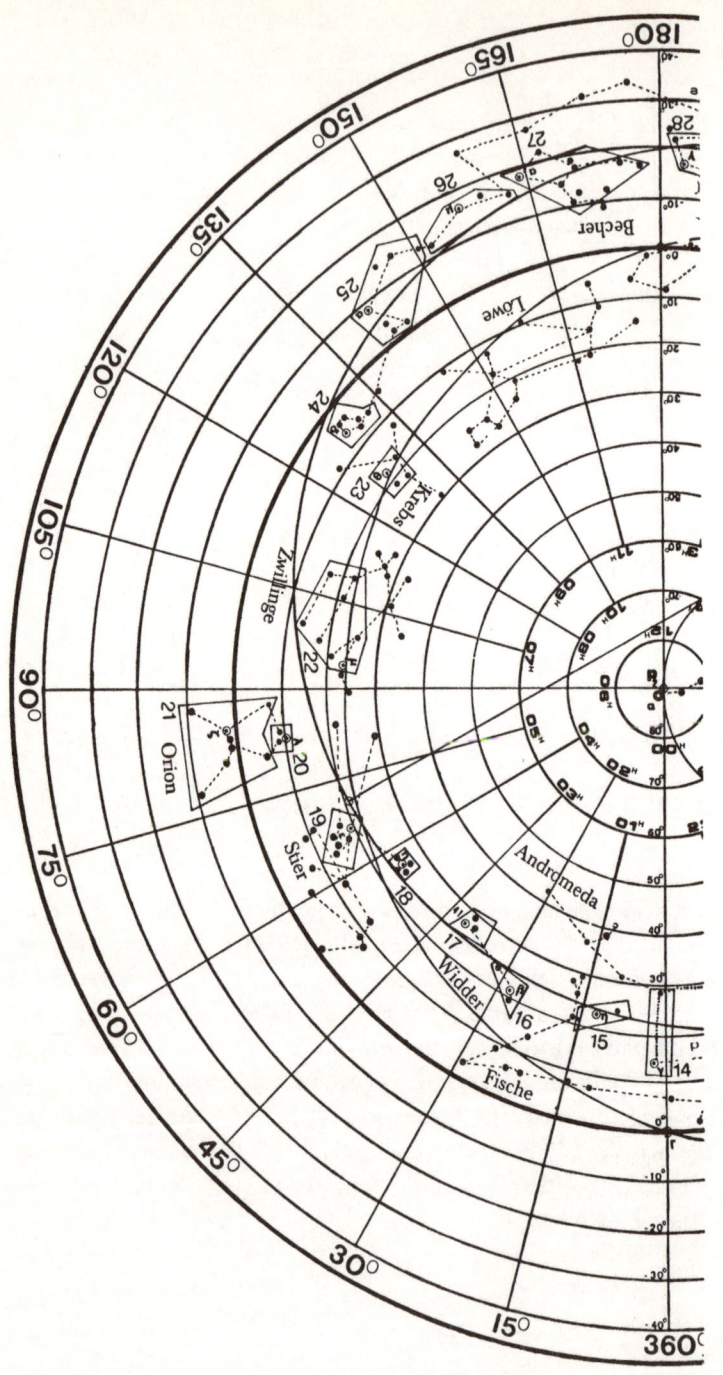

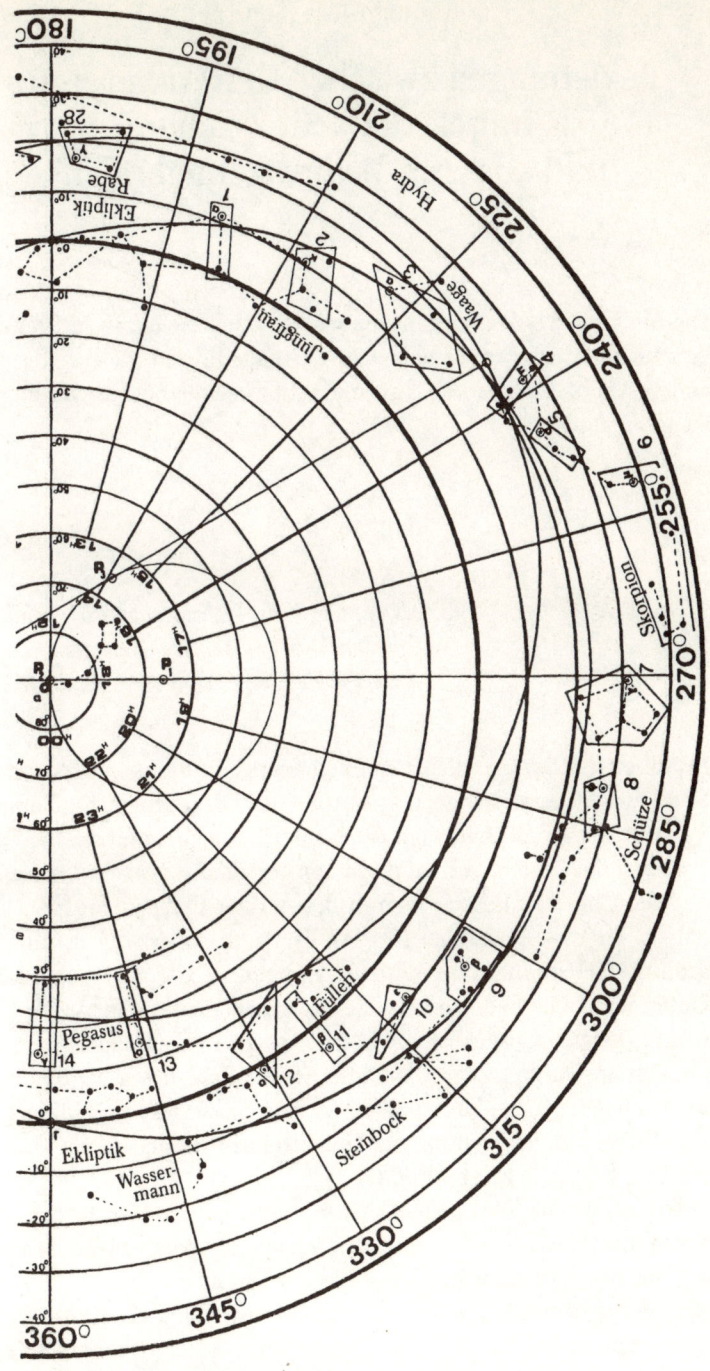

## Achtzehntes Kapitel

# Beziehungen zwischen der Wahrsagung mittels der acht Zeichen und anderen Wahrsagemethoden

Die Methode des Wahrsagens mittels der acht Zeichen ist in China die gebräuchlichste; was jedoch nicht ausschließt, daß gleichzeitig auch andere Verfahren, die sie manchmal sehr zweckdienlich ergänzen, Verwendung finden.

## Numerologie

*Die Numerologie oder Wahrsagung mittels Zahlen hat in China nicht mehr die einstige Bedeutung, wenn sie auch von den Taoisten weiterhin sehr geschätzt wird.*

In Anbetracht der grundlegenden Bedeutung, die die alten Chinesen der Musik beigemessen hatten, und in Anbetracht des emsigen Studiums der mathematischen Beziehungen zwischen der Tonleiter und der Länge der Bambusrohre, deren Ausmaße den Ton gestalten, ist es sehr erstaunlich, daß die Chinesen kein System in der Art der Pythagoräer geschaffen haben, für die die Zahlen für das Verständnis des Universums von grundsätzlichem Interesse waren. Es gibt indessen doch einen wichtigen Unterschied. Die Pythagoräer sahen aufgrund einer mehr der Metaphysik zugeneigten Geisteshaltung heraus, die Zahlen als Bauelemente des Universums, wohingegen die Chinesen die Zahlen nur als Sinnbilder betrachteten, die die Funktion haben, das Universum abzubilden, was die einzige Möglichkeit war, das Universum zu vermessen und dadurch darüber Kontrolle zu gewinnen.

Der mythische Kaiser Yü der Große hatte aufgrund seiner Erfindung zweier magischer Quadrate die Möglichkeit, die Welt zu vermessen und von ihr Besitz zu ergreifen. Die Rolle des Kaisers als oberster Herr über die Gewichte und Maße war für ihn ebenso wichtig wie die als Ordner und Regler des Kalenders. Der Überlieferung zufolge, konnte Yü allein schon »durch seine Stimme, seine Gestalt und seinen Schritt als Maßstab aller Maße dienen.«[55] Diese magischen Quadrate, die im Altertum in hohem Ansehen standen, werden von der taoistischen Tradition noch sehr hoch geachtet.

Das erste dieser magischen Quadrate, die *Ho T'ou,* die »Flußtafel«, wurde dem Kaiser Yü von einem Drachen, der aus dem Gelben Fluß aufstieg, übergeben. Es enthält symbolisch aus Reihen schwarzer Punkte (Yin-Zahlen) und weißer Punkte (Yang-Zahlen) alle Ziffern, die die Himmelsrichtungen, die Jahreszeiten, die fünf Wirkkräfte, kurz, alles, was die Beziehung Raum – Zeit zu bestimmen ermöglicht.

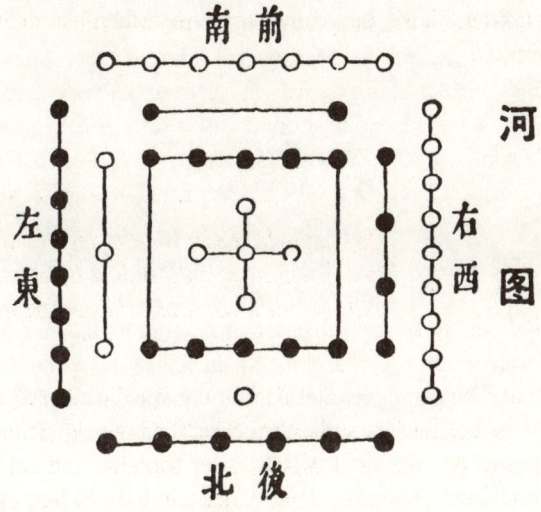

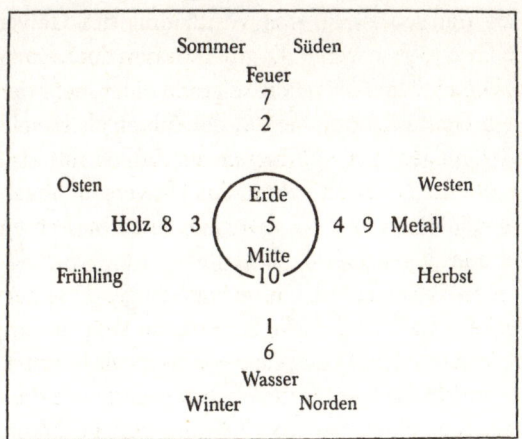

Das zweite magische Quadrat, das *Louo Chou,* die »Schrift des Louo-Flusses«, das noch berühmter ist als das erste, erschien dem Kaiser Yü plötzlich auf dem Rücken einer Schildkröte eingeschrieben. (Die Schildkröte, mit ihrem runden Rücken ein Abbild des Himmels und mit ihrem flachen und platten Bauch ein Abbild der Erde, ist das Symbol des Universums.) Die neun ersten Zahlen sind in einem magischen Quadrat angelegt, ihre Darstellung erfolgte in alten Zeiten durch neun Ritual-Kessel. Diese Aufstellung in Viereckform erfolgte bei einer gegebenenfalls erforderlichen Aufteilung zu bestellender (Reis-)Felder, sie fand auch für den Kaiserpalast, den *Ming T'ang,* Verwendung. Wie man leicht feststellen kann, ergibt die so verteilte Summe der Zahlen, ob man sie horizontal, vertikal oder diagonal liest, immer die Zahl 15.

Wie schon Granet feststellte, unterscheiden die Chinesen nicht zwischen Grund- und Ordnungszahlen. Wir haben gesehen, wie wichtig die Berechnungen bei der Erstellung eines Horoskops sind. Man könnte also ein Horoskop auf einfache Zahlenbeziehungen zurückführen; einige Astrologen haben dies auch getan. Obwohl ich Fachleute auf diesem Gebiet getroffen habe, sind diese Zahlenakrobatiken an mir etwas vorbeigegangen. Ich erkenne sie an, vermag jedoch in keinem Werk über das Wahrsagen darüber eine Erklärung zu finden, außer in den Almanachen, und dort in folgender stark vereinfachten Art: Jedem Binom ist tatsächlich eine Ziffer zugeordnet, die man einfachheitshalber »Gewicht« oder »Wichtigkeit« nennt. Die insgesamt erhaltenen »Gewichte« werden so angesehen, daß sie den durch das Schicksal einem jeden Geschick beigeordneten Wert bezeichnen.

Die Feststellung ist hier nicht ohne Interesse, daß im Hong Fan, das das älteste der bekannten Verzeichnisse der fünf Wirkkräfte enthält, diese in folgender Ordnung angegeben sind:

| Wasser | Feuer | Holz | Metall | Erde |
|--------|-------|------|--------|------|
| 1 | 2 | 3 | 4 | 5 |

Die gesamte Überlieferung nimmt an, daß ihr numerischer Wert gleich ist; man wird feststellen, daß die Summe dieser Werte 15 ergibt.

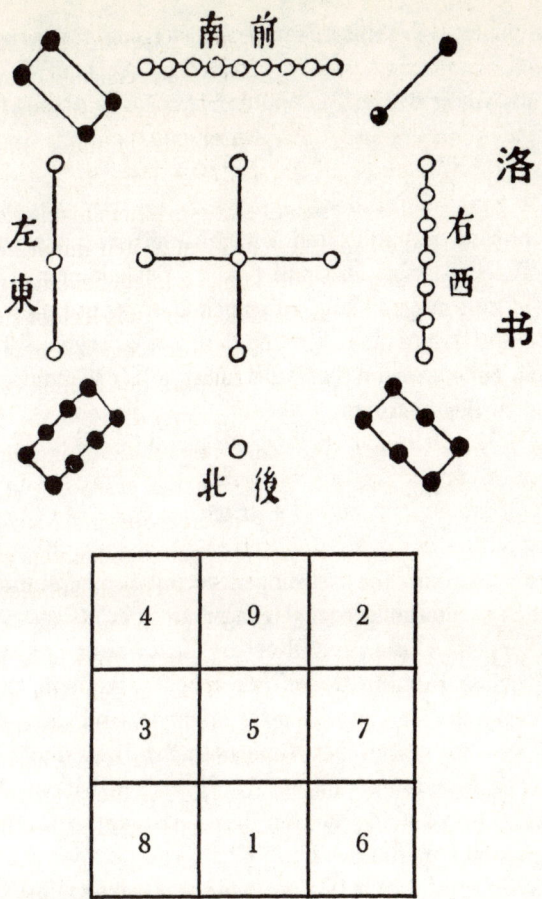

Da sich das *Yue Ling* auf den Kalender beschränkt, betrachtet es nur die im *Ho T'ou* gegebenen starken Ziffern der Paare: 1–6, 2–7, 3–8, 4–9, was folgendes ergibt:

| Wasser | Feuer | Holz | Metall |
|--------|-------|------|--------|
| 6 | 7 | 8 | 9 |

Es ergibt sich also eine Gesamtsumme von 30 (die Zahl der Tage eines Monats); es sei bemerkt, daß man dieselben Zahlen findet, wenn man zu jeder Zahl des obigen Quadrats eine 5 hinzufügt.

Wenn wir die Wirkkräfte in der in diesem Buch üblichen Ordnung aufstellen, in der sie sich hervorbringen, haben wir:

Holz 8, Feuer 7, Frühling, Sommer, ansteigende Jahresperiode, insgesamt 15.

Metall 9, Wasser 6, Herbst, Winter, Periode des Abstiegs, insgesamt 15.

Das gilt genauso für den Tageszyklus mit den beiden Perioden Mitternacht-Mittag, Anstieg und Mittag-Mitternacht, Abstieg.

Gleichfalls stellt man fest, daß 8 und 7 jeweils dem dynamischen jungen Yin und jungen Yang entsprechen – Periode des Anstiegs –, während 6 und 9 dem alten Yin und dem alten Yang entsprechen – im Zustand der Fülle, aber, im Sinne des *I Ging,* in der Wandlung und damit bereits im Abstieg begriffen.

# I Ging[61]

Die meisten chinesischen Astrologen verwenden zusammen mit den acht Zeichen die vierundsechzig Hexagramme des *I Ging* aus dem »Buch der Wandlungen«. Diese vierundsechzig Hexagramme ergeben sich aus allen möglichen Kombinationen der acht Triagramme, die ihrerseits Entwicklungen der Yin- und Yang-Beziehungen sind, die wir im Zusammenhang mit der taoistischen Bilderwelt zur Darstellung der beiden verflochtenen Prinzipien Yin und Yang gesehen haben. Den chinesischen Historikern zufolge wurden diese Triagramme unmittelbar von dem magischen Quadrat des Louo Chou, von dem wir soeben gesprochen haben, inspiriert. Wie? Das ist keineswegs völlig selbstverständlich! Und das veranlaßt dieselben Historiker zu der Behauptung, das Geheimnis der echten Interpretation und damit das wahre Geheimnis des Sinnes und der Bedeutung dieser vierundsechzig Hexagramme, das sich daraus ergibt, sei heute verloren.[57]

## I Ging und Zahlen

Hier ist nicht der Ort, über die Methode der Losbefragung nach dem *I Ging* Ausführungen zu machen. Zu diesem Thema gibt es viele, darunter mehrere ausgezeichnete Werke. Nur ein bemerkenswerter Zusammenhang sei hier hervorgehoben.

Wenn wir daran denken, daß das Yang ungeradzahlig und das Yin geradzahlig ist, und daß man, um ein Hexagramm zu eröffnen, dem Yang den Wert 3 und dem Yin den Wert 2 gibt, kann man jeden Strich, den

man durch drei Stäbchenwürfe findet, als im Wachstum begriffen oder
»jung« ansehen und als sich wandelnd beim Abstieg oder im »Alter«:

Das dynamische »Junge Yang« wird als Symbol $7 = 2 + 2 + 3$ haben,
also zwei Yin-Aspekte und einen Yang-Aspekt, und das dynamische
»Junge Yin« wird als Symbol $8 = 3 + 3 + 2$ haben, also zwei Yang-Aspekte
und einen Yin-Aspekt;

das sich wandelnde »Alte Yang«, das an seiner Vollendung oder Voll-
kommenheit angelangt ist, wodurch es zum Wechsel der Zeichen kommt,
hat als Wert $9 = 3 + 3 + 3$, also 3 Yang; dagegen hat das sich wandelnde
»Alte Yin« den Wert $6 = 2 + 2 + 2$, also 3 Yin.

Bei der Wahrsagung im Sinne des *I Ging* wandeln sich diese sogenannten »Mutanten« in ihr Gegenteil: ein »Altes Yang« wird zum »Jungen
Yin« und ein »Altes Yin« wird ein »Junges Yang«. Dies ist der Schlüssel
aller Wahrsagung mittels des *I Ging,* wo jedes Hexagramm mit den sich
wandelnden Strichen ein anderes Hexagramm hervorbringt. Eben diese
Umwandlung ist so bezeichnend: das »Buch der Wandlungen« hat das,
was in Entwicklung begriffen ist, zur Grundlage, nicht das Statische.

Auf jeden Fall sind die Parallelen zwischen den Strichen, die die
Hexagramme bilden, und den Wirkkräften sehr anregend und des Nach-
sinnens wert.

## *I Ging* und Kalender

Es ist nicht überraschend, daß zwischen den Hexagrammen und den
zwölf Monaten des Jahres eine Übereinstimmung hergestellt worden ist;
dazu die bekannte Tabelle:

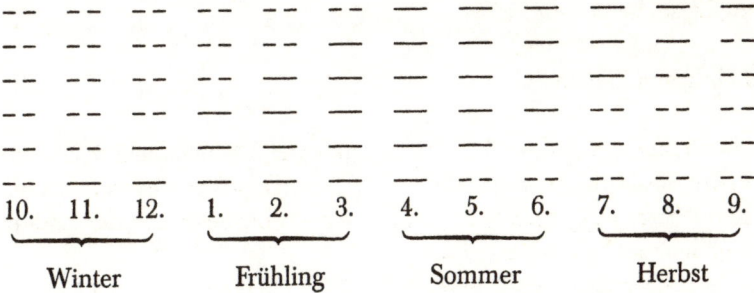

| 10. | 11. | 12. | 1. | 2. | 3. | 4. | 5. | 6. | 7. | 8. | 9. |
|-----|-----|-----|-----|-----|-----|-----|-----|-----|-----|-----|-----|
| Winter | | | Frühling | | | Sommer | | | Herbst | | |

Manche Autoren gehen soweit, ein jedes Hexagramm mit einer bestimmten Periode des Jahres zu identifizieren. Hier folgt die traditionelle Interpretation von Blofeld, die sich an den Mondkalender hält (folgen wir aber den astrologischen Perioden, ist das Ergebnis noch befriedigender):

»Die folgende Tabelle enthält ein Verzeichnis der Monate, bei denen jedes Hexagramm eine bestimmte Affinität hat. Dennoch muß man nicht meinen, irgendeine in einem einzelnen Hexagramm gegebene Voraussehung träfe unausweichlich-schicksalhaft in dem Zeitraum des Jahres ein, mit dem es verbunden ist; jedenfalls soweit die Texte darauf nicht ausdrücklich hinweisen. Wenn wir, im Gegensatz dazu, dem *I Ging* die Frage stellen, in welchem Monat ein Ergebnis stattfinden wird, finden wir die Antwort darauf in dieser Tabelle« (die ich hier, ein wenig weiterentwickelt, wiedergebe):

Erste Periode

|  |  |  |  |  |  |
|---|---|---|---|---|---|
| 11 | 5 | 17 | 35 | 40 | 52 |

Zweite Periode

|  |  |  |  |  |
|---|---|---|---|---|
| 34 | 16 | 6 | 18 | 45 |

Dritte Periode

| | | | | |
|---|---|---|---|---|
| 43 | 56 | 7 | 8 | 9 |

**Vierte Periode**

| | | | | | |
|---|---|---|---|---|---|
| 1 | 14 | 37 | 48 | 31 | 30 |

**Fünfte Periode**

| | | | | |
|---|---|---|---|---|
| 44 | 50 | 55 | 59 | 10 |

**Sechste Periode**

| | | | | |
|---|---|---|---|---|
| 33 | 32 | 60 | 13 | 41 |

Siebente Periode

```
—    —    --   —    —    --
—    —    —    --   --   —
—    --   —    --   --   —
--   —    —    —    —    --
--   —    --   —    --   —
--   --   —    —    —    —
12   57   49   26   22   58
```

Achte Periode

```
—    --   —    --   --
—    --   —    --   —
--   —    —    --   —
--   --   --   —    --
--   —    --   --   —
--   —    —    —    --
20   54   25   36   47
```

Neunte Periode

```
—    --   --   —    --
--   --   —    --   —
--   —    --   —    —
--   --   —    --   —
--   --   --   --   —
--   —    —    —    --
23   51   63   21   28
```

**Zehnte Periode**

| 2 | 64 | 39 | 27 | 61 | 29 |
|---|----|----|----|----|----|

**Elfte Periode**

| 24 | 3 | 15 | 38 | 48 |
|----|---|----|----|----|

**Zwölfte Periode**

| 19 | 62 | 4 | 42 | 53 |
|----|----|---|----|----|

» . . . Noch genauer beherrscht jedes Hexagramm sechs Tage. Zudem beherrscht jede Strichzeile dieses Hexagramms (von unten ausgehend) insbesondere einen dieser sechs Tage. Also bezeichnet die vierte Wandel-Zeile im Hexagramm Nr. 5 den zehnten Tag des ersten Monats . . . Man kann sich merken, daß vier dieser Hexagramme jeweils eine vollständige Periode von drei Monaten anführen . . .«[58]

Wie wir wissen, haben die Chinesen den Kompaß weniger für Navigationszwecke benutzt, sondern dazu, auf dem Festland die Himmelsrichtungen und die günstigen oder ungünstigen Einflüsse zu bestimmen, ein Verfahren, das anschaulich *Feng Shui* (Wind und Wasser) genannt wird. Die Grundlagen für diese Berechnungen sind im Grunde dieselben wie die, die für den Kalender und das Erstellen eines Horoskops benutzt werden. Tatsächlich sind für die Chinesen Raum und Zeit keine unterschiedlichen Begriffe, sondern zwei  Aspekte von ein und derselben Wirklichkeit.

Ökologen, ohne dies zu wissen, haben stets danach getrachtet, ein Gebäude, ein Haus oder einen Pavillon im Hinblick auf die Himmelsrichtungen und auf günstige Einflüsse örtlich festzulegen, und dies mit dem bewunderungswürdigen Ergebnis einer vollkommenen Anpassung des Bauwerks an einen Ort und an eine Landschaft. Peking teilt sich mit Versailles das Privileg, völlig in Zusammenarbeit mit Astrologen und Geomanten geplant worden zu sein.

Noch vom Grab aus wacht der Verstorbene weiter über seine Familie, daher sind Auswahl und Ausrichtung des Grabplatzes Gegenstand einer sehr ausführlichen Untersuchung von Landvermessungsexperten.

Der geomantische Kompaß, das Werkzeug aller dieser Berechnungen, wird in der Mitte mehrerer Kreise gestellt, die die Angaben enthalten, die wir schon kennen, da wir sie bei den Horoskopen benutzt haben. In dem wunderschönen, auf Seite 217 abgebildeten Kompaß finden wir, von außen nach innen, zuerst die achtundzwanzig Konstellationen und dann die Elemente der Numerologie (die Zahlen sind abgekürzt) In einem kunstvollen, wohldurchdachten Durcheinander mischen sich in der Folge die Binome, die zyklischen Zeichen, die die Triagramme bezeichnenden Zeichen und die fünf Wirkkräfte. In der Mitte schließlich befindet sich die Darstellung der uns bereits bekannten zyklischen Zeichen, verbunden mit den Kardinalpunkten. Es sei bemerkt, daß der Kompaß in China den Süden anzeigen soll, weshalb auch hier der Süden oben, der Norden unten, der Osten links und der Westen rechts zu liegen kommt, wie wir das ja auch schon bei anderen Abbildungen in diesem Buch getan haben.

Der kosmische Zyklus, der in der Betrachtungsweise der Chinesen über die Beziehungen von Himmel und Erde und damit über die Ordnung des Universums herrscht, unterscheidet sich erheblich von dem,

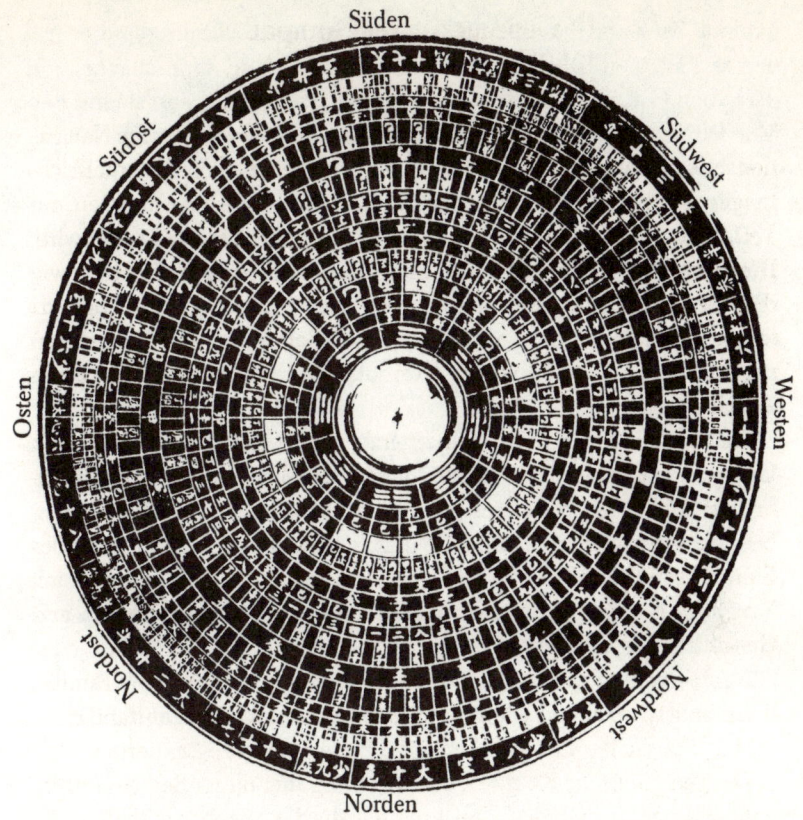

Süden

Südost

Südwest

Osten

Westen

Nordost

Nordwest

Norden

was in der Nativitätsastrologie, der Wissenschaft von den individuellen Horoskopen, benutzt wird. Dieser Zyklus ist aber sehr wichtig, wenn man die Einflüsse studieren will, die die Entwicklung der Welt beherrschen und damit auch Herr über unser Schicksal sind. Er ist aber auch in der Akupunktur von großer Bedeutung, da die »Meridiane« auf unserem Körper die kosmischen Einflüsse anzeigen und kennzeichnen (was sich schon aus ihren Bezeichnungen ergibt), denen alle Individuen ausgesetzt sind.[60]

Dieser kosmische Zyklus wird vom uns schon bekannten Sechzigerzyklus beherrscht:

*Die himmlischen Einflüsse* sind mit der Ziffer 6 verbunden und damit (durch eine Umkehrung, wie wir bereits früher hervorgehoben haben) mit den zwölf Irdischen Zweigen. Sie manifestieren sich durch sechs Energien (manchmal 3 Yang und 3 Yin genannt), die der Reihe nach das kleine Yin, das extreme Yin, das kleine Yang, das mittlere Yang, das extreme Yang und das mittlere Yang sind. In dieser Ordnung sind sie mit den sechs ersten Irdischen Zweigen verbunden und dann aufs neue in derselben Ordnung mit den sechs letzten. Gleichzeitig sind sie mit den fünf Wirkkräften verbunden. Damit aber eine dauerhafte Beziehung zustandekommen kann, wird das Feuer in zwei Aspekten dargestellt, die jeweils »Ministerielles Feuer« und »Kaiserliches Feuer« heißen.

*Die irdischen Einflüsse* sind mit der Ziffer 5 und damit mit den zehn Himmlischen Stämmen verbunden. Sie manifestieren sich durch die fünf »Bewegungen«, eine Bezeichnung, die in diesem Fall den fünf Wirkkräften beigegeben ist, die wir schon kennen, die wir aber hier in einer ausgesprochen anderen als der von uns bisher benutzten Anordnung wiederfinden. Die jahreszeitlichen Zyklen, auf dieselben Prinzipen übertragen, spielen im Innern des Jahreszyklus eine Rolle, indem sie die Variationen und die Komplexität der Jahreszeiten trotz ihrer ursprünglich einfachen Schemata rechtfertigen.

In diesem Werk ist es nicht möglich, über diesen kosmischen Zyklus noch ausführlicher zu sprechen. Nichtsdestoweniger gestatten die summarischen Begriffe, die wir beibehalten, einem jeden von uns eine Gegenüberstellung des persönlichen Schicksals zum Gesamtbild eines jeden Jahres: es genügt die Anwendung der Regeln, die wir bereits bei den Beziehungen zwischen den fünf Wirkkräften kennengelernt haben.

# Erläuterung der tabellarischen Zusammenfassung
## (folgende Seiten)

Im Mittelpunkt finden wir die drei Zyklen der sechzig Jahre *(Yüan):* der vergangenen von 1864 bis 1923, der gegenwärtigen von 1924 bis 1983 und der zukünftigen von 1984 bis 2043.

In der linken Ecke eines jeden Rechtecks oder Feldes bezeichnet eine Ziffer die Ordnungsnummer des Binoms eines jeden Jahres.

1) Der kosmische Zyklus (der die Jahresfolge determiniert)

A. Der kosmische Zyklus und die sechs Bewegungen: – bedeutet *klein;* = bedeutet *mittel;* + bedeutet *extrem* (im Verhältnis zu den Zweigen).

B. Die Wirkkräfte und die sechs Bewegungen. Das Feuer ist unterteilt in Kaiserliches Feuer und Ministerielles Feuer (im Verhältnis zu den Zweigen).

C. Die fünf Bewegungen und die fünf Wirkkräfte (im Verhältnis zu den Zweigen).

2) Der astrologische Zyklus

D. Die Wirkkräfte im Verhältnis zum Zwölferzyklus (Zwölf Irdische Zweige).

E. Die zwölf Irdischen Zweige.

F. Die Wirkkräfte, betrachtet in ihrem Verhältnis zum Zehnerzyklus (zehn Himmlische Stämme).

G. Die zehn Himmlischen Stämme.

H. Der Zyklus der zwölf Tiere im Verhältnis zum Zwölferzyklus.

3) Anwendungen

I. Die Reihe der zwölf chinesischen Stunden.

J. Die zwölf monatlichen Perioden des astrologischen Zyklus.

| | I | II | III | IV | V | VI | VII | VIII | IX | X | XI | XII |
|---|---|---|---|---|---|---|---|---|---|---|---|---|
| **Kosmischer Yin-Yang-Zyklus A** | 少陰 | 太陰 | 少陽 | 陽明 | 太陽 | 厥陰 | 少陰 | 太陰 | 少陽 | 陽明 | 太陽 | 厥陰 |
| | Yin - | Yin + | Yang - | Yang = | Yang + | Yin = | Yin - | Yin + | Yang - | Yang = | Yang + | Yin = |
| **B** | 相火 Minister-Feuer | 土 Erde | 君火 Kaiser-Feuer | 金 Metall | 水 Wasser | 木 Holz | 相火 Minister-Feuer | 土 Erde | 君火 Kaiser-Feuer | 金 Metall | 水 Wasser | 木 Holz |
| **D** | 水 Wasser | 土 Erde | 木 Holz | 木 Holz | 土 Erde | 火 Feuer | 火 Feuer | 土 Erde | 金 Metall | 金 Metall | 土 Erde | 水 Wasser |
| **E** | 子 I | 丑 II | 寅 III | 卯 IV | 辰 V | 巳 VI | 午 VII | 未 VIII | 申 IX | 酉 X | 戌 XI | 亥 XII |
| **G 1 / F Holz / C Erde** | 1864 1924 1984 — 1 | | 1914 1974 2034 — 51 | | 1904 1964 2024 — 41 | | 1894 1954 2014 — 31 | | 1884 1944 2004 — 21 | | 1874 1934 1994 — 11 | |
| **2 / Holz / Metall** | | 1865 1925 1985 — 2 | | 1915 1975 2035 — 52 | | 1905 1965 2025 — 42 | | 1895 1955 2015 — 32 | | 1885 1945 2005 — 22 | | 1875 1935 1995 — 12 |
| **3 / Feuer / Wasser** | 1876 1936 1996 — 13 | | 1866 1926 1986 — 3 | | 1916 1976 2036 — 53 | | 1906 1966 2026 — 23 | | 1896 1956 2016 — 33 | | 1886 1946 2006 — 23 | |
| **4 / Feuer / Holz** | | 1877 1937 1997 — 14 | | 1867 1927 1987 — 4 | | 1917 1977 2037 — 54 | | 1907 1967 2027 — 44 | | 1897 1957 2017 — 34 | | 1887 1947 2007 — 24 |
| **5 / Erde / Feuer** | 1888 1948 2008 — 25 | | 1878 1938 1998 — 15 | | 1868 1928 1988 — 5 | | 1918 1978 2038 — 55 | | 1908 1968 2028 — 45 | | 1898 1958 2018 — 35 | |

Tabellarische Zusammenfassung der bestehenden Konkordanzen zwischen dem kosmischen

| Tier | 6 Erde / Erde | 7 Metall / Metall | 8 Metall / Wasser | 9 Wasser / Holz | 10 Wasser / Feuer | Stunden | Perioden |
|---|---|---|---|---|---|---|---|
| 鼠 Ratte | | 1900 **1960** 2020 (37) | | 1912 **1972** 2032 (49) | | 23.–01 | 11. P. |
| 牛 Rind | 1889 **1949** 2009 (26) | | 1901 **1961** 2021 (38) | | 1913 **1973** 2033 (50) | 01–03 | 12. P. |
| 虎 Tiger | | 1890 **1950** 2010 (27) | | 1902 **1962** 2022 (39) | | 03–05 | 1. P. |
| 兔 Hase | 1879 **1939** 1999 (16) | | 1891 **1951** 2011 (28) | | 1903 **1963** 2023 (40) | 05–07 | 2. P. |
| 龍 Drache | | 1860 **1940** 2000 (17) | | 1892 **1952** 2012 (29) | | 07–09 | 3. P. |
| 蛇 Schlange | 1869 **1929** 1989 (6) | | 1881 **1941** 2001 (18) | | 1893 **1953** 2013 (30) | 09–11 | 4. P. |
| 馬 Pferd | | 1870 **1930** 1990 (7) | | 1882 **1942** 2002 (19) | | 11–13 | 5. P. |
| 羊 Ziege | 1919 **1979** 2039 (56) | | 1871 **1931** 1991 (8) | | 1883 **1943** 2003 (20) | 13–15 | 6. P. |
| 猴 Affe | | 1920 **1980** 2040 (57) | | 1872 **1932** 1992 (9) | | 15–17 | 7. P. |
| 雞 Hahn | 1909 **1969** 2029 (46) | | 1921 **1981** 2041 (58) | | 1873 **1933** 1993 (10) | 17–19 | 8. P. |
| 犬 Hund | | 1910 **1970** 2030 (47) | | 1922 **1982** 2042 (59) | | 19–21 | 9. P. |
| 猪 Schwein | 1899 **1959** 2019 (36) | | 1911 **1971** 2031 (48) | | 1923 **1983** 2043 (60) | 21–23 | 10. P. |

Zyklus und dem astrologischen Zyklus, wie sie in diesem Werk benutzt werden.

# Zusammenfassung

Wir können nun bestätigen, daß die in China übliche Berechnung der acht Zeichen im Hinblick auf das persönliche Schicksal ebenfalls solch genauen Regeln unterliegt, wie das bei der Erstellung eines Horoskops bei uns der Fall ist. Sie sind zudem weitaus einfacher, denn während es für uns, wenn wir uns vor die Notwendigkeit gestellt sehen, das System unserer Bezugspunkte zu ändern, nicht ohne Schwierigkeiten abgeht, ist dies bei den Chinesen offensichtlich nicht der Fall. Es handelt sich bei ihnen eben um einen ihnen vertrauten Kalender, dessen Elemente sie bestens kennen.

Will man diese Methode des Wahrsagens wirklich voll beherrschen, ist das Studium des zweiten Teils des hier vorliegenden Werkes zweifellos unerläßlich. Für eine eilige Charakterstudie genügt jedoch die Kenntnis des ersten Teils.

Die Interpretation der Bestandteile des Horoskops kann gleicherweise auf verschiedenen Ebenen erfolgen, wobei ein jeder Teil des Horoskops nach Belieben gemeinsam mit anderen Teilen oder allein für sich gebraucht werden kann. Um ein früheres Beispiel wieder aufzugreifen: Will man in Erfahrung bringen, ob ein Einvernehmen zwischen zwei Gatten oder Verlobten überhaupt möglich sein wird, kann man sich zunächst mit einer ungefähren Annäherung begnügen, indem man die zwischen den Tieren der jeweiligen Geburtsjahre bestehende Harmonie aufspürt (s. Seite 115) und sodann die zwischen den herrschenden Wirkkräften bestehende (s. Seite 110). Beispielsweise kann man leicht feststellen, daß ein junger Ratten-Mann alle Chancen hat, sich mit einer lieblichen Drachen-Frau zu verstehen, wohingegen es ebenso klar ist, daß es in ihrem Verhältnis nicht ohne Zank und Streit abgehen wird, wenn beider Geburtsjahr mit der Wirkkraft Holz verbunden ist, wobei das Verhältnis dennoch nie gefährdet wird. Wenn man die Bestandteile der beiden Horoskope noch weiter untersucht, wird man zu einer immer sorgfältigeren und genaueren Annäherung kommen.

Ein Akupunkteur wird bei einem Horoskop aus seiner Sicht berücksichtigen, daß jede Wirkkraft mit einem bestimmten Organ verbunden ist. Außerdem wird er dabei die zur Behandlung eines Organs günstigste Stunde sowie die Beziehungen zwischen den Organen, die ihm das Studium der Pulse enthüllt, in Rechnung stellen. Ein Spieler wiederum kann sein Glück mit der Zahl versuchen, die mit seiner beherrschenden Wirkkraft verbunden ist, oder auch mit der Zahl seines Geburtstages, mit der des Tages, an dem er spielt usw., oder auch mit einer Kombination aller Daten. Die günstige Farbe kann die der beherrschenden Wirkkraft sein, aber auch alles andere kommt in Betracht, was für Sie notwendigerweise einen vorteilhaften Einfluß auf einen bestimmten Tag haben mag.

Es gibt also viele Nutzungsmöglichkeiten, unzählige Schulen und Interpretationsmethoden. Es steht Ihnen völlig frei, sich Ihre persönliche Methode auszutüfteln. Der Wert und die Glaubwürdigkeit eines Horoskops werden jedoch einzig und allein von seinem Nutzen getragen.

# Anmerkungen

## Vorbemerkungen

Die hier erfolgte Darstellung der chinesischen Wahrsagung nach den acht Charakteren oder Zeichen des Schicksals beruht auf einer gründlichen Erforschung zahlreicher chinesischer Texte. Eine detaillierte Aufschlüsselung der von mir benutzten Quellen, die nur für Sinologen von Interesse wäre, würde den Rahmen dieses Werkes überschreiten. Ich habe daher nur das sorgfältig zitiert, was für das Verständnis des Textes oder als Beleg meiner Ausführungen wesentlich ist.

## Chinesische Quellen

Bezüglich der »kanonischen« oder klassischen Bücher habe ich die Edition der »Dreizehn Bücher«, 十 三 經 *Che San King* benutzt, herausgegeben von den Éditions Le Monde, in Schanghai 1935. Das wichtigste der Dreizehn Bücher war für mich das *I Ging* 易 經 , das »Buch der Wandlungen«, vervollständigt durch das Studium mehrerer, hier nicht einzeln genannter, kritischer chinesischer Werke.

Was alle die Werke der Denker oder »Weisen«, 子 , *Tseu*, Chinas, die häufig Philosophen genannt werden (ich kann mich allerdings nicht dazu entschließen, Gelehrte, die aller Systembildung derart wenig zugeneigt waren, so zu bezeichnen), betrifft, habe ich die zehnbändige Sammlung 諸 子 集 成, *Tchou Tse Ki Tch'eng*, die zwei verschiedene Kommentare zum 道 德 經 *Tao te King* (»Buch des Weges und seiner Tugend«) enthält, zur Verfügung, die vom selben Verlag, den Éditions Le Monde in Schanghai, im Jahre 1957 veröffentlicht wurde, und andererseits die Sammlung 四 部 備 要 *Seu Pou Pei Yao*, veröffentlicht vom China-Verlag in Schanghai, ab 1935. In dieser Sammlung wurde das von einem unbekannten Autor verfaßte 黃 帝 内 經 素 問 *Houang Ti Nei King Sou Wen* (»Erörterungen über die Medizin des Gelben Kaisers«), wahrscheinlich aus dem 2. Jahrhundert v. Chr.. veröffentlicht. Im allgemeinen heißt es einfach *Nei King*.

Desgleichen benutzte ich mehrere chinesische Almanache und Kalendertabellen sowie auch eine große Anzahl von Traktätchen und Handbüchlein über Wahrsagung und Akupunktur. Diese Bücher sind, ohne Übertreibung, für mich von höchstem Interesse, da sie in der Form von Versen und gereimten Teilen die alte mündliche Überlieferung bewahren. Ich habe sie nur dort zitiert, wo dies notwendig war.

## Westliche Quellen

Obwohl ich die meisten Werke der westlichen Sinologen, insbesondere die, die sich auf das Thema dieses Buches beziehen, zu Rate gezogen habe, war die Ausbeute sehr dürftig. Ich zitiere sie daher nicht häufig. Insgesamt waren mir nur zwei Werke von erheblichem Nutzen. Zunächst war es das monumentale und immer noch nicht vollendete Werk von Joseph Needham, *Science and Civilisation in China* (Cambridge). Glücklicherweise sind die für mich wichtigsten Teile bereits erschienen: der Band II, *History of Scientific Thought* (1956) und der Band III, *The Science of the Heaven and Earth* (1959). Abgesehen von der Qualität des Inhalts sind die Anmerkungen und ausführlichen Bibliographien für den Suchenden eine unschätzbare Hilfe. Was den chinesischen Kalender selbst betrifft, stützt sich das Werk auf das der Patres Havret und Chambeau, *Notes concernant la Chronologie chinoise,* veröffentlicht in den *Variétés Sinologiques* Nr. 52 (Schanghai, 1922). Obwohl etwas gedrängt, ist dieses Buch sehr praktisch und reich an Information. Es ist nur bedauerlich, daß der Unterschied zwischen dem Mondkalender und dem astrologischen (Sonnen-)Kalender an keiner Stelle deutlich ausgedrückt wird. Diese Kritik gilt allerdings für alle Werke westlicher Sinologen.

1. Ich übersetze hier das Schriftzeichen 經 *king* mit »Buch«. Keine Übersetzung ist wirklich befriedigend, da dieses Wort ursprünglich einen wasserführenden Kanal bezeichnet und für alle Werke oder Abhandlungen verwandt wird, aus denen eine Lehre fließt. Die Missionare benutzen diesen Ausdruck zur Bezeichnung ihrer Rezitativ-Gebete. In der Akupunktur bezeichnet dieser Begriff die »Kanäle«, die mit Punkten ausgestattet sind, wo die »Energie« in Umlauf ist, und die, mit einem ins Absurde gehenden Eigensinn, von den Akupunkteuren »Meridiane« genannt werden, ebenso wie auch

der Begriff »Elemente« beinahe überall zur Beschreibung der fünf Wirkkräfte, Energiequellen gebraucht wird (siehe Kapitel III, S. 53 und insbesondere Kapitel XVI, S. 185).

2. Siehe oben Vorbemerkungen, Westliche Quellen.

3. »Der Name, der genannt werden kann, ist nicht der ewige Name« (s. Seite 141).

4. Seit dem hohen Altertum haben die Chinesen das Dezimalsystem gebraucht. Die Ideogramme des Zehnerzyklus, auf denen die »Woche« von zehn Tagen beruhte, sind die ältesten bekannten. Sie gehen auf die Shang-Dynastie, 1300 v.Chr., zurück. Für die Berechnung des Kalenders haben die Chinesen das etwas später auftretende Zwölfersystem praktischer gefunden. Die Kombination der beiden Systeme schuf den Sechzigerzyklus, der dazu dient, alles an der Zeit Meßbare zu messen: Jahre, Monate, Tage und Stunden. Um Reihen von zehn oder zwölf Abschnitten zu ordnen, werden die beiden Zehner- und Zwölferreihen immer noch getrennt voneinander benutzt.

5. Die Begriffe Yin und Yang, die in Büchern über China sehr oft verwandt werden, sind in die Sprache eingegangen. Es ist daher nicht nötig, dafür andere Ausdrücke zu finden. Im großen und ganzen ist es so, daß sich der weibliche, passive Yin-Aspekt und der männliche, aktive Yang-Aspekt gegenüberstehen, wobei beide Aspekte gleichzeitig gegensätzlich sind, aber sich auch ergänzen. Man findet sie in allem Vorhandenen (siehe Kapitel XI, Seite 143). John Blofeld definiert sie in seinem Buch *Gateway to Wisdom* (London, 1976; S. 16) vorzüglich.

6. Alle in Englisch oder Französisch erschienenen populären Werke über die chinesische Astrologie sprechen einzig und allein von der »Mondastrologie«. Sie übersehen die Hinweise in den chinesischen Almanachen darüber, daß man, um die Jahres- und Monats-Binome zu berechnen, die Solarfristen in Rechnung stellen muß, aber nicht die der Lunarmonate. Man beachte diesbezüglich die Übereinstimmung zwischen den chinesischen und westlichen Kalendern, die man in allen chinesischen Almanachen findet 陰 陽 曆 對 照 百 中 經 *Yin Yang Li Touei Tchao Pei Tchong King,* S. 1b; unter anderem siehe man auch das kleine Handbuch über die Wahrsagung 命 學 講 義 *Ming Hsiue Kiang Yi* (»Kommentare zur Wahrsagung«), S. 2 und 3: Es gibt ausdrücklich an, daß das astrologische Jahr und die erste astrologische Periode (Monat) mit der ersten der vierundzwanzig Solarfristen 立 春 *Li Tch'ouen* und nicht mit dem ersten Tag der ersten Lunation 春 節 *Tch'ouen Tsie,* dem »Frühlingsfest«

beginnen. Ebenso beginnt jede astrologische Periode mit einer Solarfrist ungeradzahliger Ordnung.

7. Diese Übereinstimmung zwischen dem allgemeinen Kalender und dem chinesischen Mondkalender beruht auf einem in Chinesisch und Englisch veröffentlichten Werk: *A Sino-Western Calendar for 2000 years* (Peking, 1956).

8. In dieser Tabelle beruhen die astrologischen Perioden auf dreißig Graden der Ekliptik, nicht jedoch genau auf der Zeitdauer. So sind sie also tatsächlich mehr auf den Raum als auf die Zeit ausgerichtet, da die Stationen, insbesondere die winterlichen und die sommerlichen, von ungleicher Dauer sind. Darum ist es für einen chinesischen Astrologen ebenso wichtig, die genaue, eine Periode einleitende Stunde zu kennen, wie es für einen westlichen Astrologen wichtig ist, den genauen Beginn eines Tierkreiszeichens ausfindig zu machen.

9. Wie ich schon im Zusammenhang mit dem Schriftzeichen 行 *hing* hervorzuheben Gelegenheit hatte, erscheint es mir lächerlich, ein Ideogramm, dessen Bedeutung wesentlich dynamisch ist, durch einen statischen Begriff zu übersetzen (siehe Seite 185). Das Wort »Wirkkraft« wurde im Englischen schon von Bary in den *Sources of Chinese tradition* (Columbia University, 1968, Band I, S. 198 ff.) gebraucht. Blofeld (aaO., S. 17) übersetzt es mit »activities«.

10. Es handelt sich um ein in der Ikonographie und Malerei Chinas oftmals benutztes Symbol, bei dem das Holz, wenn es Yang ist, durch die (männliche und kräftige) Pinie dargestellt wird, wenn es Yin ist, durch den (nachgiebigen und anmutigen) Bambus. Ebenso ist das Feuer, das unter freiem Himmel lodert, Yang, aber das im Herd brennende Feuer Yin. Die Yang-Erde ist durch einen Hügel dargestellt, die Yin-Erde durch eine Ebene. Das Yang-Metall wird durch Waffen dargestellt, das Yin-Metall durch Küchengeräte. Schließlich ist das Wasser der Meereswogen Yang und das Wasser des Baches Yin. Diese poetische Symbolik ist für unser Thema nicht von großem Nutzen; im übrigen stimmt sie recht schlecht mit der Symbolik überein, die wir auf den folgenden Seiten kennenlernen werden.

11. Diese Tabelle ist dem 命運大觀, *Ming Yun Ta Kouan,* dem »Schnellen Exposé bezüglich des Zyklus des Schicksals« (Hongkong, 1955, 2. Teil, S. 46) entnommen. Es handelt sich um einen das Gedächtnis unterstützenden siebenfüßigen Vers, wie es deren Tausende gibt, die alle dazu dienen, die mündliche Überlieferung in China fortzusetzen. Es ist das wesentliche Element der Akupunktur und der Wahrsagung, daher war es meine Hauptquelle der Inspiration.

Die Beziehung zwischen den Binomen und den Wirkkräften ist dauerhaft. Der älteste Hinweis auf diese Tabelle findet sich im 抱 朴 子, *Pao P'ou Tseu,* dem »Buch des Meisters der Solidarität«, von 葛 洪 *Ko Hong* (IV. Jahrhundert n. Chr.), *Tchou Tseu-Ki Tch'eng,* aaO., Band VIII, S. 51 und 52. Siehe dazu auch J. Needham, aaO., 3. Teil, S. 75 ff.

12. Bei diesem Ideogramm handelt es sich um 劍 *tsien,* was »zweischneidiges Schwert« bedeutet. Ich ziehe ihm das Ideogramm 釵 *tch'ai* »Haarklammer« vor, die in einer anderen Version desselben Textes vorkommt: 命 理 捷 徑 *Ming Li Tsie King,* »Schneller Führer zu den Prinzipien der Wahrsagung« (Taipeh, 1969, S. 5).

13. Im Altertum wurde einer Person der Name beigegeben, der dem Zeichen des Zehnerzyklus seines Geburtstags entsprach. Granet erblickt darin den Ursprung der Wahrsagung mit den acht Zeichen. Siehe M. Granet, *La Pensée Chinoise,* Paris, 1934, S. 157 und Anmerkung.

14. Es handelt sich hier um eine beinahe wortwörtliche Übersetzung einer Passage des *Nei King,* Kap. 67.

15. Dieses Verzeichnis enthält das *Ming Yun Ta Kouan,* aaO., S. 68 und 69; siehe auch 相 人 法 *Hsiang Jen Fa,* »Die Physiognomie ohne Meister«, Hongkong, 1970, S. 114 und 115.

16. Diese kombinierte Abbildung findet sich in vereinfachter Form in zahlreichen chinesischen Schriften, sie stellt die zwischen den Binomen, zyklischen Zeichen und Wirkkräften bestehenden Beziehungen dar. Wenn es in einem Horoskop eine harmonische Beziehung zwischen den binären Zeichen (s. Seite 48) und den Zwölferzeichen (s. Seiten 50/51) gibt, muß man den verborgenen und wohltätigen Einfluß der mit ihnen verbundenen Wirkkraft in die Berechnung einbeziehen.

17. Siehe *Pao P'ou Tseu,* aaO. (Anmerkung 9), S. 77 und 78.

18. In zahlreichen englischen und französischen Werken wird die gesamte chinesische Wahrsagung (man sollte im übrigen besser von einer vietnamesischen Wahrsagung sprechen) allein auf die in diesem Fall übertrieben »Mond-Tierkreis« genannten Tiere des Jahreszyklus zurückgeführt. Wenn man ihnen, um einen günstigen Vergleichsmaßstab zu erhalten, die zwölf Tierkreiszeichen des Westens beifügt, erhält man 144 Parameter. Da macht man sich die Sache schon sehr einfach! Das einzige hinsichtlich dieser Frage einigermaßen vollständige Werk ist das *Handbook of Chinese Horoscope* (London, 1980). Obwohl sie Chinesin ist, scheint Theodora Lau die chinesischen Quellen über die acht Zeichen des Schicksals leider überhaupt

nicht zu kennen. Sie vermengt munter unsere Tierkreiszeichen mit den chinesischen astrologischen Monaten.

19. Die Beschreibung und Interpretation der Zeichen eines jeden Tieres entstammen hauptsächlich dem *Ming Yan Ta Kouan,* aaO., 3. Teil, S. 6 ff. Die dazugehörigen Zeichnungen sind dem 相 術 學 *Hiang Chou Hsiue,* »Studien der Physiognomie« von 張耀文 Tchang Yue-wen, T'ainan, 1975, S. 34 und 35, entnommen. Jean-Baptiste Biot bietet in dem Werk *Études sur l'astronomie indienne et sur l'astronomie chinoise* (Paris, 1862, Nachdruck 1969), S. 266 und 267 ein fast identisches Verzeichnis.

20. Das Verzeichnis der achtundzwanzig Konstellationen findet sich bei Havret, aaO., S. 25, bei Needham, aaO., Band III, S. 234, sowie in vielen Wörterbüchern.

21. Die diesem Text beigegebenen Abbildungen findet man in sämtlichen traditionellen chinesischen Almanachen.

22. Die Illustrationen dieses Textes stammen aus alten Holzschnitten, die in Hongkong ohne Jahresangabe unter dem Titel 三世相 *San Cheu Hsiang,* »Wahrsagung für drei Generationen«, S. 39 ff. nachgedruckt wurden. Einem Hinweis am Schluß des Werkes kann man entnehmen, daß die Originale wahrscheinlich auf das 53. Jahr der Ära des K'ien Long (1788) zurückgehen.

23. Dieses Verzeichnis stammt aus dem *Ming Yun Ta Kouan,* aaO., 2. Teil S. 65.

24. Ebenda, 3. Teil, S. 65 ff.

25. Siehe Couvreur, *Les Quatre Livres,* »Die Vier Bücher«, III, *Entretiens de Confucius,* »Gespräche des Konfuzius«, Ho Kien Fu, 1895, S. 188.

26. Das ganze Buch 中庸 *Tchong Yong,* »Die Unwandelbare Mitte«, ist eine bildliche Darstellung dieser Lehre. Siehe Couvreur, aaO., Band II.

27. Dieses Buch wird einer Persönlichkeit zugeschrieben, deren Geschichte sich dermaßen in einem Geflecht von Mythen und Legenden verwickelt, daß es unmöglich ist, darin auch nur das geringste Abbild wiederzufinden: Laotse, der »Alte Weise« par excellence. Im Vergleich mit der hausbackenen und pragmatischen Morallehre des Konfuzius wirkt sein mystischer Schwung belebend. Besonders dann, wenn man sich nicht, wie die meisten Übersetzer es tun, darauf versteift, darin ein philosophisches System zu entdecken, sondern sich damit begnügt, darin eine poetische und mystische Bemühung zum Verständnis des Universums zu sehen. Ich habe mehr als zwanzig verschiedene Übersetzungen der Werke des Laotse durchgese-

hen. Um sich eine Vorstellung über die Unterschiede der Übersetzungen zu machen, braucht man nur die französischen Arbeiten zu
vergleichen: Wieger, *Les Pères du Système taoïste,* Hien-hien, 1913;
Duyvendak, *Tao Tö King,* Paris 1953; Liou Kya-hway, *Tao Tö King,*
Paris 1967; Houang Kia-Tcheng und Pierre Leyris, *La Voie et sa Vertu,*
Paris, 1949…, um nicht noch mehr aufzuzählen. Étiemble hat in
seinem Vorwort zur Übersetzung von Liou Kia-hway mit Nachdruck
auf die Schwierigkeiten der Übersetzung hingewiesen.

28. Dieses Diagramm zweier ineinander verflochtener Figuren ist in
China sehr populär. Es ist die trefflichste Anrufung des Dualismus
von Yin und Yang. Im allgemeinen wird dieses Emblem 周敦頤
Tcheou Touen-Yi (1017–1073) zugeschrieben, einem berühmten
Gelehrten, der dem Konfuzianismus neue Impulse gegeben hat. Ich
selbst neige zu der Ansicht, daß es älteren taoistischen Ursprungs
ist.

Dem unerkennbaren *Tao* entspringt das erste Prinzip, das 太乙 *T'ai
Yi,* das sich durch das 太極 *T'ai Ki* ausdrückt. Im *T'ai Ki* finden wir
die erste Bekundung des Dualismus von Yin und Yang. Anstatt *T'ai
Ki T'ou* mit »Diagramm des Absoluten« zu übersetzen, was mit der
Verwechslung der drei Begriffe *Tao, T'ai Yi* und *T'ai Ki* gleichbedeu-
tend ist – warum nicht durch »Diagramm der (beiden) Pole« übersetzen? Da der Plural im Chinesischen sehr häufig nicht ausgedrückt
wird, haben wir an Stelle eines dunklen und fragwürdigen philosophischen Begriffs eine einfache Beschreibung des Bildes.

29. Siehe die Abbildungen auf den Seiten 23 und 133.

30. Tchouang Tseu, Kap. 21, übersetzt von Wieger, *Les Pères du Système
taoïste,* aaO., S. 383.

31. Diese allgemein benutzte Metapher findet sich in sämtlichen chinesischen marxistischen Schriften, so in denen von Lieou Chao-ki, von
Lin Piao oder von Mao Tse-tung, besonders im *Kleinen roten Buch.*

32. Siehe Robert Van Gulik, *La vie sexuelle dans la Chine ancienne,* Paris
1971; Leung Kwok Po, *Sou Nü King, la sexualité taoïste dans la Chine
ancienne,* Paris, 1978.

33. Die Anordnung der Triagramme um das *T'ai Ki* entspricht der, die
traditionell dem (legendären) Kaiser Fou Hsi zugeschrieben wird. Es
gibt daneben mehrere andere; sie sind magisch oder esoterisch.

34. Die Wahrsagung aus dem Schildkrötenpanzer ist die älteste in den
Orakelinschriften nachgewiesene Art (1300 v. Chr.). Sie besteht darin,
die zuvor ausgehöhlten Teile des Bauchpanzers einer Schildkröte
durch Erhitzen zum Zerspringen zu bringen. Entsprechendes gilt

auch für die Schulterknochen eines Rindes. Je nach der Form der so erhaltenen Sprünge kann man durch ein Ja oder ein Nein die Antwort auf eine Frage erhalten. Von dieser Methode rührt die Form des Schriftzeichens ⼘ *pou*, »wahrsagen«, das diese Sprünge darstellt, her. Die Schafgarbe (oder besser: die Schafgarbenstengel) wird auch heute zur Befragung des *I Ging* und seiner Hexagramme gebraucht. Bei diesem Verfahren zerteilt man nach einem bestimmten Brauch ein Bündel von fünfzig Stengeln.

35. Siehe die Übersetzung von Couvreur, *Chou King, les Annales de la Chine,* Nachdruck Cathasia, 1950, 4. Teil, Kap. 4., »La Grande Règle«, S. 205.

36. Ebenda, 1. Teil, Kap. 3, »Conseils du Grand Iu« (Ratschläge des Großen Iu), S. 40.

37. Wie es scheint, zeigen die alten Texte gut (siehe *Pao P'ou Tseu,* aaO., S. 70), daß die Erde am Ende einer jeden Jahreszeit die Rückkehr zur Mitte bezeichnet (siehe Seite 185). Insbesondere am Ende des Sommers, also der Epoche des Feuers, das im Zyklus der Wirkstoffe die Erde erzeugt, ist diese Wirkung gekennzeichnet. Deshalb wird die Zeit der Hundstage, die für die Chinesen das Ende des Sommers bedeutet, besonders von der Wirkkraft Erde beherrscht.
Das jahreszeitliche Pilgern des Kaisers im Laufe des Jahres erfolgt durch die fünf Gebäudeteile des Palastes, die fünf Einheiten bilden, eines in der Mitte und eine in jedem Hauptpunkt. Von den klassischen Autoren wird der Palast Ming T'ang überaus verschieden beschrieben. Außerdem kann sich das Ganze im Laufe der Zeiten verändert haben. Deshalb enthält meine Skizze keine topographische Darstellung, sondern zeichnet einfach die Etappen der kaiserlichen Pilgerschaften im Jahreslauf. J.-B. Biot, der sich an Stanislas Julien, einem Salonsinologen, der China nie besuchte, orientiert hat, beschreibt einen quadratischen Palast von neun Sälen, bei dem acht Säle einen mittleren Saal umgaben. Wenn auch Granet diese Beschreibung wieder aufnimmt, da sie ihm aufgrund der numerologischen Symbolik vernünftig erscheint, kann es eine derartige Monstrosität in China nicht gegeben haben. In der chinesischen oder japanischen Architektur ist ein Saal stets ein abgetrennter Pavillon.

38. Kommentar zum *Nei King,* aaO., Kap. 66, S. 136.

39. Der Jupiterzyklus zählt zwölf Jahre; er beherrscht den Zyklus von sechzig Jahren (genannt 元 *Yuan*) und den von 三 元 drei *Yuan,* der hundertachtzig Jahre zählt (fünfzehn Jupiterzyklen). Es ist festzustellen, daß dieser Zyklus sehr nahe dem von einhundertneunundsechzig

Jahren ist, der die Wiederkehr des »Jupitereffekts« kennzeichnet, eine Periode, in der sich die fünf wichtigsten Planeten in Konjunktion befinden und einen maximalen Einfluß auf die Erde ausüben. Der gegenwärtige chinesische Zyklus endet im Jahre 1983, und seit 1982 ist der Jupitereffekt herrschend. Siehe Gribbin und Placemann, *The Jupiter Effect,* London, 1974.

40. Havret, aaO., S. 26.

41. 四柱 *Seu Tchou* sind die vier Binome, die Säulen des Schicksals, die jeweils das Jahr, den Monat, den Tag und die Stunde bezeichnen. Die acht Zeichen sind die Ideogramme, die zur Niederschrift der vier Säulen dienen. Es handelt sich dabei um zwei auswechselbare Ausdrücke: vier Säulen ist literarischer, aber 八字 *Pa Tseu,* »acht Charaktere«, wird häufiger benutzt. Dieser Begriff wird von Marco Polo zitiert. Siehe Lister, *Marco Polo's travels,* in *Xanadu Kublai Khan,* London, 1976, S. 100 und 101.

42. Über die Bedeutung des persönlichen Namens, siehe Granet, aaO., S. 41 und 42, Paris 1929. Dieselbe Auffassung in Indien; siehe L. Chochod, *Occultisme et Magie en Extrême-Orient,* Paris, 1945, S. 52.

43. Siehe C. P. Fitzgerald, *China,* 4. Auflage, London, 1976, S. 20 ff. Die Ideogramme des Zehnerzyklus gibt es in beinahe allen mit Datierungen und mit den Namen der königlichen Vorfahren verbundenen Inschriften.

44. Zum Ursprung der zyklischen Zeichen siehe Needham, aaO., Band III, S. 396 ff., und zu ihrer Bedeutung zu Wahrsagezwecken ebenda, Band II, S. 357 ff. Zur Inversion zwischen den Himmlischen Stämmen und den Irdischen Zweigen siehe Granet aaO., S. 154 und 155.

45. Die hier gegebene Etymologie entstammt dem 說文解字 *Chou Wen Kie Tseu* (aus dem Jahre 121 n. Chr.), übersetzt von Wieger, *Caractères chinois,* 9. Auflage, T'ai Wan, 1978, ergänzt durch die Arbeiten von Karlgren, *Analytical Dictionary of Chinese and Sino-Japanese,* Paris, 1923, und *Grammata Serica,* Gothenburg, 1940; sowie dem *Dictionnaire des formes anciennes,* 甲古文篇 *Kia Kou Wen Pien.*
Mein ausschließliches Ziel war das Studium der Tradition der Wahrsagung. Ich hielt es nicht für erforderlich, sämtliche alte Formen der Ideogramme und die zahlreichen und oftmals phantastischen Erklärungen chinesischer und westlicher Gelehrter anzuführen.

46. Die Tafel der zwölf zyklischen transzendenten Tiere ist weitgehend von der sehr gediegenen Untersuchung von C. S. Wong, *A Cycle of Chinese Festivities,* Singapur, 1967, beeinflußt. Diese ausführliche Arbeit enthält zudem eine vortreffliche Dokumentation.

47. Needham, aaO., Band II, S. 216ff. Manfred Porket, *The Theoretical Foundations of Chinese Medicine,* London, 1979, spricht von den fünf »Entwicklungsphasen« (S. 45ff.), wohingegen Bary (aaO., S. 298) von »agents« (Anm. des Übersetzers: In diesem Buch mit »Wirkkräfte« wiedergegeben) spricht.

48. Jacques Lavier, *L'acupuncture chinoise,* Paris, 1966, S. 118ff.

49. Die Chinesen benutzen für »Erde« zwei verschiedene Begriffe: die dem Himmel entgegengesetzte Erde heißt 地, *ti,* wohingegen der Erdboden 土 *t'ou* genannt wird.

50. Dieses Diagramm enthält das 難經 *Nan King* (Sammlung *Seu Pou Pei Yac,* Band 65, S. 15). Die Chinesen haben stets angenommen, daß es Zyklen in Jahren, Tagen und Stunden gibt, die denen entsprechen, die wir Biorhythmen nennen. In dieser Perspektive scheint der Monat durch eine Dekade ersetzt zu sein.

51. *Nei King,* aaO., Kap. 67; *Pao P'ou Tseu,* aaO., S. 70.

52. Nach dem 近代秘密社會史料 *Kin Tai Mi Mi Che Houei Che Liao,* »Historische Angaben über die gegenwärtigen Geheimgesellschaften«, Peking, 1935, Kap. 6, S. 35, reproduziert.

53. Das 月令 *Yue Ling* nennt im Kapitel 礼記 *Li Ki,* »Buch der Riten« (siehe oben, Seite 20) beinahe alle diese Konstellationen. Das vollständige Verzeichnis enthält das 淮南子 *Huai Nan Tseu,* »Das Buch des Prinzen Huai Nan« (um 120 v. Chr.). Ich mußte das Verzeichnis der Konstellationen völlig umarbeiten, denn Havret gibt ihnen keinen Raum, und Needham begnügt sich mit der Angabe der Position des »signifikativen Sterns« einer jeden Konstellation. Erstaunlicherweise enthalten die in den Wörterbüchern von Couvreur, Giles, Baller und Mathews angegebenen Verzeichnisse der Gestirne alle den gleichen Fehler, indem sie gleichzeitig mehrere Sterne des Widders der Konstellation Nr. 9 beigeben (was einen Irrtum von 90° bedeutet) und den Konstellationen Nr. 16 und Nr. 17 (was exakt ist).

54. Es ist sehr seltsam, daß meines Wissens die Beziehungen der Konstellationen und der Wochentage niemals angegeben werden. Jeder Planet trägt den Namen einer Wirkkraft, und die meisten Wörterbücher sprechen von »verbundenen Elementen« (Aber warum sieben? Und warum die Sonne und der Mond?). Tatsächlich handelt es sich um die »sieben Himmelslichter« 七曜 *Ts'i Yao,* die Sonne, den Mond und die fünf Planeten. Fest steht, daß die Liste dieser Himmelslichter genau mit den Benennungen unserer Wochentage übereinstimmt; das kann kaum ein bloßer Zufall sein.

55. Zitiert nach Granet, *La Pensée chinoise,* S. 177; siehe seine ein wenig zu

systematischen Ausführungen, S. 182 ff. Der große Philosoph der Numerologie ist Chao Yong (1011–1077); für ihn sind die Beziehungen Yin/Yang nichts weiter als ein Zahlenspiel.

56. Granet, aaO., S. 151, 160–161 und 173.

57. Alle Erstübersetzer des *I Ging* betrachteten die Wahrsagung als einen kindlichen Aberglauben. Da das *I Ging* das am meisten verehrte der klassischen Bücher ist, das als einziges der Zerstörung durch die von Kaiser 秦始皇 Ts'in Che Houang angeordnete Bücherverbrennung entging, meinten die Erstübersetzer, daß ein dermaßen respektiertes Buch nicht einfach ein Wahrsagehandbuch sein könne, sondern einen verborgenen Sinn haben müsse! Die Voraussetzungen dieser Überlegungen waren falsch, da die Wahrsagung in den Augen der Chinesen ein außerordentlich religiöser Akt ist. Es überrascht nicht, daß die unter diesem Blickpunkt vorgenommenen Übersetzungen für uns ohne jedes Interesse sind.

Richard Wilhelm hat in seinem *I Ging* (übersetzt ins Englische von C. F. Baynes, New York, 1950) als erster ein wirkliches Verständnis für den Sinn des Textes gehabt. Die zahlreichen späteren Bearbeitungen schulden ihm Dank. Die einzige Übersetzung, die eine persönliche Note zeigt, ist die von Blofeld, *I Ching, the Book of Change*, London, 1965; die engen Kontakte mit dem chinesischen Milieu ermöglichten ihm eine Anpassung an Ansichten chinesischer Gelehrter.

58. Blofeld, aaO., S. 225 ff.

59. Die Photographie dieses sehr eindrucksvollen geomantischen Kompasses wurde mir von der Inhaberin, Frau Gazai-Normandin übergeben.

60. Die kosmischen Einflüsse sind im *Nei King*, Kap. 68, beschrieben.

# Glossar

*Affinität.* Günstige Verbindung zweier oder mehrerer Zeichen untereinander. Ergänzung.

*Akupunktur.* Behandlung, die darin besteht, in bestimmte Punkte des Körpers Nadeln einzustechen, um das Gleichgewicht der Körperenergien wiederherzustellen und um Krankheiten und Gebrechen zu heilen oder ihnen vorzubeugen.

*Astrologie.* Eine Methode des Wahrsagens, die sich auf die Positionen der Planeten und auf die Tierkreiskonstellationen zum Zeitpunkt eines Ereignisses, insbesondere der Geburt, stützt. Weiterhin jede Form der Wahrsagung. Die chinesische Methode ist eigentlich nur sekundär eine Astrologie, da sie sich auf einen Zeitzyklus stützt und nur in dem Maße von den Gestirnen abhängig ist, als diese die Grundlage für eine kalendarische Berechnung sind. Die achtundzwanzig Mondkonstellationen spielen nur sekundär eine Rolle. Man sollte besser ganz klar von einer Chronomantik sprechen.

*Astrologisches Thema.* Sämtliche konkreten Gegebenheiten (Position der Gestirne zu einer gegebenen Zeit) auf die sich ein Horoskop gründet. Diese Definition gilt nicht völlig uneingeschränkt für die chinesische Wahrsagung, handelt es sich hier doch nur um die Erforschung der vier Binome (oder der acht Zeichen) und der herrschenden Konstellation.

*Bestiarium.* Verzeichnis der mit den Himmelsrichtungen (Großbuchstaben), den Zwölferzeichen (römische Ziffern) und den achtundzwanzig Konstellationen (arabische Ziffern) verbundenen Tiere: Affe, IX, 20; Büffel, II, 9; Dachs, 3; Damhirsch, 24; Drache, V, 2; Drache, Grüner, E.; Einhorn, 8; Fasan, 17; Fledermaus, 10; Fuchs, 5; Gibbon, 21; Hahn, X, 18; Hase, IV, 4; Hirsch, 26; Hund, XI, 116; Krokodil, 1; Leopard, 7;

Pferd, VII, 25; Rabe, 19, Ratte, I, 11; Regenwurm, 28; Schildkröte, Schwarze, N; Schlange, VI, 27; Schwalbe, 12; Schwein, XII, 13; Stachelschwein, 14; Tapir, 22; Tiger, III, 6; Tiger, Weißer, 0; Vogel, Zinnoberroter, S; Wolf, 15; Ziege, VIII, 23.

*Binome* (die vier). Zusammengesetzt aus zwei Ideogrammen, wobei das erste dem Zehnerzyklus, das zweite dem Zwölferzyklus zugehörig ist. Den Chinesen dienen sie zur Definition der Zeit. Die »Säulen des Schicksals« sind Synonyme.

*Ekliptik.* Bahn, die die Erde in ihrer jährlichen Bewegung beschreibt.

*Elemente.* Siehe Wirkkräfte.

*Embolismus.* Im griechischen und chinesischen Kalender gebräuchliche Schaltmonate zum Ausgleich der zwischen dem astronomischen Sonnenjahr und den zwölf Monaten des Mondjahres vorhandenen Differenz.

*Geomantie.* Ein Begriff, der hier eine völlig andere Bedeutung hat als der im Westen (wobei man Erde auf einen Tisch wirft und dann die Figuren untersucht, die sich dabei gebildet haben). In China handelt es sich darum, unter Zuhilfenahme eines Kompasses und unter Berücksichtigung der zyklischen Zeichen (in ihrem Verhältnis zu den Hauptpunkten), den günstigsten Ort und die günstigste Ausrichtung eines Bauwerks, einer Wohnstätte oder eines Grabs zu finden.

*Himmlische Stämme* (die zehn). Die Zeichen (Ideogramme) des Zehnerzyklus.

*Horoskop.* Untersuchung des Stands der Gestirne zur Stunde der Geburt eines Kindes und Darlegung der sich daraus ergebenden Rückschlüsse. Anwendung der astrologischen Gegebenheiten auf einen besonderen Fall. Das chinesische Horoskop beruht auf vier konstanten Zyklen (Sechziger), die jeweils das Jahr, den Monat, den Tag und die Stunde bestimmen. Obwohl diese chinesische Methode anders ist als die im Westen übliche, scheint mir der Begriff »Horoskop« auch in diesem Fall durchaus angebracht.

*Ideogramm.* Ein graphisches Zeichen, das nicht die Aussprache, jedoch den Gedanken, den dieses Wort ausdrückt, wiedergibt: Es handelt sich dabei um die einfachen chinesischen Schriftzeichen ( 文 ), insbesondere um die zyklischen Zeichen.

*Irdische Zweige* (die zwölf). Die Zeichen (Ideogramme) des Zwölferzyklus.

*Konstellationen* (die achtundzwanzig) oder *Chinesischer Tierkreis.* Die achtundzwanzig Mondstationen oder -aufenthalte, durch die der Mond während eines Erdumlaufs hindurchgeht. Ihre Positionen scheinen mit der vor 4400 Jahren vorhanden gewesen Ekliptik zusammenzuhängen. Wie das auch bei unseren Tierkreiszeichen und den Perioden, denen sie angehören, der Fall ist, stimmt schon längst keines von ihnen mehr mit einem Mond-Tag genau überein.

*Kosmischer Zyklus.* Der im *Nei King* definierte Zyklus: 五運 *wou Yun,* die »fünf Bewegungen« und 六氣 *lieou K'i,* die »Sechs Energien«, die jeweils mit der Erde und mit dem Himmel verbunden sind und die alle Phänomene des uns umgebenden Universums beherrschen. Dieser Zyklus unterscheidet sich sehr von dem der chinesischen Nativitätsastrologie (die das Schicksal des Individuums regiert, und die wir hier studieren).

*Lichter* (die sieben). Die Sonne, der Mond und die fünf Hauptplaneten. Jedes Licht tritt im Laufe von achtundzwanzig Tagen, der Zeit, die der Mond braucht, um zum selben Punkt der Ekliptik zurückzukehren, viermal in Erscheinung. Ihre Ordnung entspricht genau der unserer gegenwärtigen Wochentage. Die Planeten sind in den Almanachen mit dem Namen der Wirkkraft bezeichnet, der ihnen jeweils zugeordnet ist. Viele Autoren haben nicht verstanden, daß es sich dabei um diese handelt.

*Lunation* (oder Lunarmonat). Zeitraum, der einer Umdrehung des Mondes um die Erde entspricht.

*Mondstationen.* Durch die achtundzwanzig Konstellationen gekennzeichnet, entsprechen sie beinahe annähernd den achtundzwanzig Tagen, die der Mond benötigt, um bei seinem Umlauf um die Erde zum selben Punkt der Ekliptik zurückzukehren.

*Numerologie.* Wahrsagungsmethode, die auf Ziffern und Zahlen beruht.

*Periode.* Um Verwechslungen auszuschließen, haben wir zur Beschreibung der durch ein Binom dargestellten astrologischen Monate diesen Begriff benutzt. Diese Perioden entsprechen dreißig Graden auf der Ekliptik, beginnen jedoch fünfzehn Grade vor unseren Tierkreiszeichen.

*Säulen des Schicksals* (die vier). Die vier Binome: des Jahres, des Monats, des Tags und der Stunde, die jeden Augenblick charakterisieren. Gleichwertiger Ausdruck: die »acht Zeichen des Schicksals«.

*Schalttag* oder *Schaltmonat.* Zusätzlicher Tag oder Monat, wie der 29. Februar in einem Schaltjahr.

*Sechzigerzyklus.* Zyklus der sechzig Binome (Säulen des Schicksals), der die Verbindung der Zeichen des Zehnerzyklus und des Zwölferzyklus prägt.

*Solarfristen* (die vierundzwanzig). Aufteilung des Sonnenjahres in vierundzwanzig Teile. Jeder Teil entspricht 15° auf der Ekliptik. Die ungeradzahligen Fristen heißen 節 *ts'ie,* »Bambusknoten«, die geradzahligen Fristen heißen 氣 *k'i,* »Energie«. Eine Periode, das heißt ein astrologischer Monat, setzt sich aus einem *ts'ie* und einem *k'i* zusammen. Die *k'i* entsprechen genau unseren Tierkreiszeichen. Die chinesischen astrologischen Perioden beginnen etwa fünfzehn Tage vor den unsrigen. Die Stationen des Winters sind kleiner als die des Sommers. Für die Tierkreiszeichen muß man die Stunde, in der eine jede Periode beginnt, ganz genau in Rechnung stellen.

*Sonnenwende.* Einer der beiden Augenblicke, da sich das Jahr auf mittlerem Wege zwischen den beiden Tagundnachtgleichen befindet. Die Sonne, die dann ihre Wendekreise erreicht, ist weit vom Äquator entfernt und scheint anzuhalten. Datum: um den 21. Juni und den 22. Dezember. Für die Chinesen markiert die Sonnenwende den Kulminations- und nicht den Anfangspunkt der Jahreszeiten.

*Stunde, chinesische.* Entspricht zwei unserer Stunden; wobei die erste Stunde um 23 Uhr beginnt und um Mitternacht kulminiert, die zweite Stunde um 1 Uhr, Kulmination um 2 Uhr usw.

*Sympathie.* Wechselseitige Anziehung, Freundschaftsband zwischen zwei Zeichen oder zwischen zwei Individuen.

*Tagundnachtgleiche.* Eine der beiden Zeitpunkte im Jahr, da der Tag und die Nacht gleich lang sind, während die Sonne über dem Äquator steht. Dies ereignet sich um den 20. März und den 23. September. Für die Chinesen markiert die Tagundnachtgleiche den Kulminationspunkt, nicht den Beginn der Jahreszeiten. Die Frühjahrs-Tagundnachtgleiche oder der Punkt Gamma $\Gamma$, beim Eintritt der Sonne in das Tierkreiszeichen des Widders, kennzeichnet im Abendland den Beginn des traditionellen astrologischen Zyklus.

*Tiere* (die zwölf). Alte, mit den Zeichen des Zwölferzyklus verbundene Symbole. Wenn auch die Umgangssprache zu einer Vermengung der Begriffe neigt, darf man sie weder mit den Zeichen des Zwölferzyklus noch mit denen des Tierkreiszeichens gleichsetzen.

*Tierkreis.* Ein himmlischer Sphärengürtel, der auf beiden Seiten der Ekliptik 8° 5′ breit ist und auf dem sich die Sonne, der Mond und die Hauptplaneten bewegen. Der Tierkreis ist in zwölf gleich große Teile, die sogenannten »Zeichen« (Tierkreiszeichen), unterteilt. Der Name Zodiakus ($\zeta\omega\delta\iota\alpha\kappa o\varsigma$, von $\zeta\omega o\nu$, Lebewesen) rührt daher, daß die zwölf Zeichen seit uralten Zeiten durch Lebewesen symbolisiert werden.

*Tierkreis, chinesischer.* Unsaubere Benennung, wenn man darunter die zwölf Tiere bezeichnet, da sie nicht mit Konstellationen verbunden sind, sondern mit der Zahlenreihe der Zwölferreihe. Die Bezeichnung ist einwandfrei, wenn man darunter die achtundzwanzig Konstellationen, die Stationen des Mondes während einer Lunation, versteht.

*Wahrsagung.* Eine Methode, die es gestattet, zukünftige Ereignisse oder Verborgenes auf eine oftmals magisch anmutende Art zu enthüllen. Die chinesische Wahrsagung setzt sich nicht so sehr zum Ziel, die Zukunft vorauszusagen, als vielmehr den Charakter eines Individuums herauszufinden und zu erkunden, ob eine bestimmte Handlungsweise günstig ist oder nicht. Sie neigt zu einer harmonischen Vereinigung des Mikrokosmos »Mensch« mit dem Makrokosmos »Universum«.

*Wirkkräfte* (die fünf). Die fünf Kräfte, deren Wirken die gesamte Evolution des Universums bestimmt: das Holz, das Feuer, die Erde, das Metall und das Wasser. Anstatt des häufiger gebrauchten Begriffs »Elemente« ziehe ich diesen Ausdruck vor. »Elemente« erscheint mir zu statisch, der Ausdruck läßt zu leicht an eine Substanz denken.

*Yang.* Männliches, aktives Prinzip.

*Yin.* Weibliches, passives Prinzip.

*Zehnerzyklus.* Zahlenreihe der zehn Zeichen (zyklische Zeichen).

*Zeichen des Schicksals* (die acht). Die Ideogramme, die zur Bezeichnung eines jeden Augenblicks dienen und die Grundlage eines jeden chinesischen Horoskops sind. Sie setzen sich aus zwei Reihen von Ideogrammen zusammen: aus einer Zehner- und aus einer Zwölferreihe. Diese Ideogramme tragen den Namen der zyklischen Zeichen. Synonyme: Die vier Säulen des Schicksals und die vier Binome.

*Zwölferzyklus.* Zahlenreihe der zwölf Zeichen (zyklische Zeichen).

*Zyklische Charaktere.* Siehe Zeichen des Schicksals.

## Abbildungen

Die in diesem Werk veröffentlichten Diagramme stammen vom Autor. Bezüglich der Lampenböden im ersten Teil und der Abbildungen im Kapitel »Das zweite Stadium der Manifestation der Energie der fünf Wirkkräfte« siehe Anmerkung 22. Die Abbildungen im Kapitel »Die achtundzwanzig Zodiakalstationen« sind traditionellen volkstümlichen Almanachen entnommen. Die Herkunft der hier nicht genannten Abbildungen ist bei den Anmerkungen angegeben.